新常态视域下重庆企业创新文化建设研究

张礼建 / 著

本书获以下项目资助：

重庆市中国特色社会主义理论体系研究专项课题：「新常态下重庆市创新文化建设的路径研究」（委托项目：2016ZDZT07）

中央高校基本科研业务费项目人文社科专项「新时代推进政府购买公共服务市场化机制研究」（项目编号：2019CDJSK49YJ10）

西南大学出版社
国家一级出版社 全国百佳图书出版单位

图书在版编目(CIP)数据

新常态视域下重庆企业创新文化建设研究/张礼建著.--重庆：西南大学出版社,2022.11
ISBN 978-7-5697-1707-5

Ⅰ.①新… Ⅱ.①张… Ⅲ.①企业文化—建设—研究—重庆 Ⅳ.①F279.277.19

中国版本图书馆CIP数据核字(2022)第239318号

新常态视域下重庆企业创新文化建设研究
XINCHANGTAI SHIYU XIA CHONGQING QIYE CHUANGXIN WENHUA JIANSHE YANJIU

张礼建　著

责任编辑	雷　刚
责任校对	周　杰
选题策划	秦　俭
装帧设计	闰江文化
排　　版	夏　洁
出版发行	西南大学出版社（原西南师范大学出版社）
网上书店	https://xnsfdxcbs.tmall.com
地　　址	重庆市北碚区天生路2号
邮　　编	400715
电　　话	(023)68868624
印　　刷	印通天下网络科技有限公司
幅面尺寸	170mm×240mm
印　　张	15.75
字　　数	258千字
版　　次	2022年11月 第1版
印　　次	2022年12月 第1次印刷
书　　号	ISBN 978-7-5697-1707-5
定　　价	58.00

前言

文化作为一种社会现象,从广义上来说是指人类社会活动及其物质和精神生活方式的总和;从狭义上来说是指社会的精神生活方式的总和,包括价值观念、制度体系、行为规范和物质载体等。企业文化是文化系统中的子文化,而企业创新文化又是企业文化下的子文化。文化、企业文化、企业创新文化属于不同层次,企业创新文化是大文化系统中的一个子系统。有学者调研发现,目前我国大中型工业企业文化多数为效果型文化,约占到60%,而创新型文化仅占15%[1]。同时,一国的自主创新能力的高低,不仅体现在国家对尖端科技的掌握上,更体现在每个技术创新主体,即企业的自主创新能力上。研究创新文化之必要,在于创新文化是创新实践的环境、条件与中介,在现实社会中和不同的区域里,任何创新活动都离不开创新型文化的支撑。

在一个区域与企业里,价值观、制度、行为等如何都可回溯到文化的创新。有学者研究,创新型企业文化大都具有团队协作精神、以客户为中心、平等对待员工、激励与创新这样一系列共通性文化元素。创新与文化的内在关联是对创新文化重视与研究的逻辑基础,在深入分析过程中必然涉及影响创新活动开展的相关文化元素在什么机制下构成一个系统,对于一个区域、行业、产业分析中,最后都会落实到一个个具体企业在构建创新文化时如何与本民族的文化相结合,形成一种有利于促进创新活动的文化环境和文化氛围。文化是软的,但对创新的激励与支持是持续的,研究创新文化显得尤其重要。

---

[1] 朱凌.创新型企业文化的结构与重建[M].杭州:浙江大学出版社,2008:7.

在一个新的经济发展形态下,企业如何构建影响创新活动开展的创新文化,此类问题引起我们展开这方面的探索。以上种种也是我们理解、思考和研究创新文化的路径。也是基于此,我们才展开新常态下创新文化建设的研究。

创新文化是指与创新有关的文化形态。本书的分析,主要从三个维度来展开,其一是理论分析。创新文化是文化的一个子系统,也应包括对文化固有的价值观念层面、制度体系层面、行为规范层面、物质载体层面,具体在企业中如何体现,作用如何,功能如何等;其二是涉及传统的文化元素,包括价值观、信念、态度等,从传统或习惯的软的方面的分析研究;其三是梳理典型的、在创新活动方面较有成效的企业内的文化元素,梳理出具有共性的元素,结合同行业、产业的特征等进行分析。如此从三个维度来展开对影响创新活动的创新文化的分析研究,通过对与重庆产业特点相近的国内外典型创新型企业中的企业文化进行梳理分析,从中归纳抽取出与创新活动有关的具有共性的文化元素,并结合重庆市的产业实际,将重庆市典型企业中的企业文化拿来进行对比,从而对新常态下重庆市创新文化建设提出一些建议,是为本研究的目的所在。

目录

引言 / 001

第一章　创新及创新文化概念界定及其理论基础 / 001

　　第一节　我国经济发展新常态的概念界定及其要求 / 002

　　第二节　创新文化的概念 / 006

　　第三节　创新文化的理论基础 / 011

第二章　创新文化的文献综述 / 015

　　第一节　国外研究状况 / 016

　　第二节　国内研究状况 / 020

第三章　国家及重庆市促进创新文化建设的相关政策 / 029

　　第一节　国家层面相关创新文化政策分析 / 031

　　第二节　重庆市层面创新文化的相关政策 / 042

第四章　重庆市促进创新活动开展的文化建设现状 / 051

- 第一节　重庆市创新文化的价值观念的建设现状 / 052
- 第二节　影响创新活动的创新文化制度体系的建设现状 / 056
- 第三节　影响创新活动的创新文化中行为规范的建设现状 / 059
- 第四节　重庆市创新文化中的实物载体的建设现状 / 062

第五章　创新文化典型案例对比分析 / 067

- 第一节　国外典型创新型企业文化现状分析 / 068
- 第二节　国内企业创新活动及其文化现状 / 079
- 第三节　创新型企业创新文化中的共通元素分析 / 093

第六章　重庆市主要产业优势及代表企业创新文化现状 / 113

- 第一节 ‖ 重庆市主要产业及其优势概述 / 114
- 第二节 ‖ 促进创新活动的创新文化构建路径 / 115
- 第三节 ‖ 创新型企业文化对推进重庆创新文化建设的启示 / 119

第七章　新常态下重庆市企业创新文化推进路径的思考 / 123

- 第一节 ‖ 新常态对重庆市产业的影响及要求 / 124
- 第二节 ‖ 新常态下重庆市创新文化建设路径分析 / 128
- 第三节 ‖ 推动创新文化建设的制度体系建设 / 138
- 第七章附：重庆市民营企业家创新意识调查研究
  ——基于202份调查问卷的分析 / 145

全书附：

- 试论"峡光模式"在科技企业孵化器模式上的创新 / 160
- 重庆国有企业技术创新模式选择研究 / 168

重庆市科技企业孵化器现状、问题及对策研究 / 176

基于人文向度的技术创新路径分析 / 183

试论转型期社会中企业创新的动力机制建设 / 193

试析文化中内蕴的创新元素及其培育路径 / 202

区域共享视角下影响科技资源持续供给的因素探析

　　——基于公共物品理论的视角 / 214

缺陷叠加:透视政府购买公共服务市场化困境之谜

　　——基于L市民政局公共服务购买案例的分析 / 223

后记 / 239

引言

创新是一个国家和民族发展的脊梁,在经济全球化的今天,一国的创新能力在很大程度上决定了该国维护自己经济主权的能力。创新是相对于传统而言,一般是指人作为主体针对已有的知识、物质和技术产品或管理方式,在特定的环境中以有别于常规的见解导向,改进或创造新的事物、方法、元素、路径、环境,且能获得一定有益效果的行为。同时,任何创新活动的开展都是在文化的土壤中展开的,文化是深层影响创新活动特别是持续创新的基础元素。不同的文化元素及其组合对创新活动有不同的影响,尤其是在企业的科技创新活动中。

探寻影响创新活动的文化元素是一件有意义的事情,但不能是在固定的理论和既定框架中去探寻,理论来源于实践,这种意义与价值的探寻更应在实际创新活动中,特别是创新活动的主体——企业的创新活动中去探寻。通过唯象研究,即到历史上和现实中在创新活动中卓有成效的企业中去梳理与挖掘,剖析创新型文化在企业微观层面的表现形式和内涵构成,在其实际运作中去梳理不同层级、不同职能的企业子文化,并分析这些子文化在促进企业创新时的具体特征与表现,分析企业子文化能有效发挥作用的平台。这是一个在双向互动中探索的过程。从另一个方面来讲,从创新型企业中去梳理出众多创新活动背后潜在的文化元素,再在众多同样如此的企业中筛选出具有共性的文化元素,从而对创新文化的构建提供有益的启示,我们相信这样的探索是有价值的。

基于经济发展的长周期视角,我国已进入经济新常态的发展态势中,在结构性减速的新常态下,我国面临经济总体质量和效益迈向中高端水平的新挑战,意味着对质量、效益、创新、生态文明和可持续发展提出了新要求。特别是驱动经济发展的动力的转换,使科技的重要性显得如此重要与引人关注,"我国经济社会发展和民生改善比过去任何时候都更加需要科学技术解决方案,都更加需要增强创新这个第一动力。"[①]科技创新活动离不开支撑创新活动有效且持续进行的文化元素的影响。作为具体的区域创新活动而言,构建创新文化对具体的创新活动的支撑就成为一个值得研究的新课题。在当今时代,应对发展的新要求,贯彻新发展理念、构建新发展格局上,研究创新活动的文化元素就显得非常必要。

本研究通过梳理国内外创新活动较为成功的企业中的企业文化,通过筛选、归纳,从规范、行为、物质载体、表达方式和价值观方面梳理出有共性的文化元素,进而思考这些文化元素与企业创新活动的内在关联,由此来思考影响创新活动的具备共性的文化元素,进而设想以此来构建促进创新活动开展的创新文化框架。在此理想的框架下,参照对比重庆市企业现有的企业文化现状,不同产业的创新活动的文化元素虽然有所不同,但在宏观层面上,促进企业有效创新活动的文化元素构成应该是有一定共性元素。在调研与文献梳理的基础上,本研究针对重庆区域的产业特征,通过对比寻找影响创新的文化元素的得与失,梳理其在企业创新文化元素方面存在的差距,从而探索在新常态下适合重庆市区域产业特征的创新文化,为其创新活动的有效且持续开展提出企业文化建设上的合理建议。

党的十九大明确提出加快建设创新型国家。"创新是引领发展的第一动力,是建设现代化经济体系的战略支撑。要瞄准世界科技前沿,强化基础研究,实现前瞻性基础研究、引领性原创成果重大突破。加强应用基础研究,拓展实施国家重大科技项目,突出关键共性技术、前沿引领技术、现代工程技术、颠覆性技术创新,为建设科技强国、质量强国、航天强国、网络强国、交通强国、数字中国、智慧社会提供有力支撑。"同时又强调,加强国家创新体系建设,强化战略科

---

① 习近平.在科学家座谈会上的讲话[M].北京:人民出版社,2020:4.

技力量。深化科技体制改革,建立以企业为主体、市场为导向、产学研深度融合的技术创新体系,加强对中小企业创新的支持,促进科技成果转化。倡导创新文化,强化知识产权创造、保护、运用。培养造就一大批具有国际水平的战略科技人才、科技领军人才、青年科技人才和高水平创新团队。这些战略的实施离不开创新的土壤,即促进企业创新活动的文化元素的支撑。研究创新型企业的文化元素并对中国优秀传统文化加以继承,结合区域实际特征,相信能走出一条中国式的创新文化之路。

重庆市经济发展进入新常态,经济和社会发展由资源驱动逐渐转为创新驱动。重庆市"十四五"规划明确提出"强化企业创新主体地位","坚持创新驱动发展,加快建设具有全国影响力的科技创新中心"。在创新驱动发展战略要求下,转变经济发展方式对于破解经济发展深层次矛盾是一个必然选择。而深入实施创新驱动发展战略,不仅依赖于经济、社会的物质保障,而且需要创新文化的支撑和驱动。在新常态下对创新文化建设的路径进行研究,是推动重庆市创新型城市建设和西部创新中心建设的重要支撑。

本书基于马克思唯物主义理论对构成社会经济结构的生产力和生产关系的经典论述,强调对创新文化建设的理解不应限于其对生产力的推动,也应当从对生产力产生影响的生产关系这一维度进行研究,即从影响生产力提升和生产关系优化的、促进创新活动开展的企业创新文化的维度来思考,以此寻找推进创新活动开展的文化建设路径。这是本书针对转型期企业创新活动有效开展在文化建设上的一种尝试和探索。

本书基于对比分析,针对当前重庆市区域典型产业中代表型企业影响创新活动的企业文化元素分析而展开研究。我们认为,一个企业的创新活动的展开并不仅是技术创新活动本身,非技术因素及技术与非技术因素之间的协同下共同产生的创新机制和影响这种机制的文化元素对创新活动的开展和推进是有很大的关联的。从宏观上梳理并对比分析,重庆市相关产业中典型企业存在创新活动的要素聚集不足(创新发展指标与上海、深圳对比)、创新驱动能力有待加强,资源环境约束对创新的趋紧,公民科学素养有待提升,科普基础设施建设有待完善,全社会创新环境氛围、企业特别是中小民营企业的创新意识有待加强等问题。我们从影响创新活动的文化建设的四个方面：价值观念、制度体系、行为规范和实物载体着手，通过文献调研与实地调研，以期为重庆企业建设创新文化，优化创新环境，构建充满活力的创新生态系统提供可能的路径选择。

第一章

创新及创新文化概念界定及其理论基础

第一节 ‖ 我国经济发展新常态的概念界定及其要求

(一)新常态的提出背景

党的十八大以来,中国特色社会主义进入新时代,经济发展走向了新的阶段,进入了新常态,经济各领域的发展都面临着新挑战,对我国新的发展格局的形成和发展战略的制定都提出了新的要求。

改革开放以来,党和国家领导人深入分析国内外的经济发展环境,根据时代的发展变化,调整我国经济发展的战略,制定相关配套的政策措施,服务于经济发展。习近平总书记多次论及世界经济和中国经济发展面临的风险与挑战,深入分析了当前我国经济运行所面临的矛盾和问题,对进入新时代我国经济的发展特征做出了准确的判断。从经济发展进程和成就看,我国的经济取得了辉煌的成就,在进展上经历了一个高速发展时期,有30多个年份的GDP年均增长率接近甚至超过10%。但是,随着改革开放进入深水区,人口红利的优势减弱,国内国外的发展环境日新月异,依靠低端制造和低成本出口的传统发展模式已经无法维持中国经济的高速增长,中国的经济发展走向了转型的阵痛期。从我国经济发展的阶段性特征考察,我国的GDP增速从2012年起开始回落,2012年、2013年、2014年上半年增速分别为7.7%、7.7%、7.4%,是经济增长阶段的根本性转换。中国告别了过去30多年平均10%左右的高速增长,GDP的增速明显放缓,经济发展进入提升经济质量阶段,出现了新的常态化特征。面对新的经济发展现状,党和国家领导人对世界经济总体发展趋势进行了深刻分析,总结出我国现阶段经济发展呈现的新特征即"三期叠加"。所谓"三期叠加"具体指的是我国正处在经济增长速度换挡期、结构调整阵痛期、前期刺激政策消化期,在这样的大背景下,做出了我国经济发展进入新常态的重大判断。新常态,有学者认为是当经济增长速度回落到一个新的运行区间,并由此带来的产业结构、经济增长动力、资源配置方式等进入到新阶段的一种平稳均衡状态。经济发展进入新阶段,经济增速回落,我们需要保持平常心,理性、从容地对待新常态。在新常态下更要尊重发展这个硬道理,但更注重发展的质量与效益,使发展速度保持在合理区间,注重遵循"三个规律",即遵循经济规律的科学发展、自然规律的可持续发展、社会规律增强包容性发展。在新常态下,以提高经济增长质量和效益为中心,提升经济质量,注重企业效益、民生效益、生态效益的综合考量,实现没有水分的增长,不能单纯以GDP为唯一指标,加快经济结构的战略性转变。

(二)新常态的下对创新的内在要求

2014年5月,习近平总书记在河南考察时谈到当前我国经济发展的阶段时首次提及"新常态"。习近平总书记指出,新常态主要表现在经济领域,不要滥用新常态概念,要保持战略上的平常心态。这为我们把握新常态明确了特定的领域。新常态主要指在经济领域的新常态,指经济发展从高速增长转为中高速增长,经济结构优化升级,从要素驱动、投资驱动转向创新驱动这样的阶段。习近平总书记在河南考察时说,中国发展仍处于重要战略机遇期,要增强信心,从当前中国经济发展的阶段性特征出发,适应新常态。

从时间上看,新常态是我国不同发展阶段更替变化的结果。改革开放以来,我们用几十年时间走完了发达国家几百年走过的发展历程,经济总量跃升为世界第二,制造业规模跃居世界第一,创造了世界发展的奇迹。然而,随着经济总量不断增大,我们在发展中遇到了一系列新情况、新问题。从空间上看,我国的出口优势和参与国际产业分工模式面临新挑战,经济发展新常态是这种变化的体现。我国出口增速拐点已经到来,今后再要维持出口高增长、出口占国内生产总值的高比例已不大可能。

从时空两方面综合来看,我国发展的环境、条件、任务、要求等都发生了新的变化,经济发展进入新常态。决策层首次以新常态来判断当前中国经济的特征,并将之上升到战略高度,表明了中央对当前中国经济增长的阶段性规律有了深刻的认识与把握,在此认识基础上决定了未来一段时期中国宏观经济政策的选择基调。要理解与把握,其一,经济增长速度由高速增长向中高速增长转变;其二,发展方式由规模速度型粗放增长向质量效率型集约增长转变;其三,增长动力由要素驱动向创新驱动转换;其四,产业结构由中低端向中高端转换。

在经济发展新常态下,传统的依靠大规模人口红利和自然资源等要素投入的低端制造业已经不能适应我国经济发展的新要求,粗放型的经济增长方式已经难以为继,只有加快产业结构调整和转变经济发展方式,才能让我国摆脱经济下行的压力。加快产业结构调整一方面是要使我国的产业结构合理化,使资源在各产业中合理配置,这样才能够发挥资源的最大效用,适应市场变化的需求;另一方面是要使我国的产业结构优化,加快产业升级,大力发展第三产业和高科技产业,提高我国企业和产品的核心竞争力,在世界市场体系中发挥更加重要的作用。转变经济发展方式,就是要由以消耗自然资源等为代价的不可持续性发展转变为资源节约型、环境友好型的可持续性发展;由粗放型的发展转向集约型的发展;由主要依靠出口拉动经济转向出口、消费、投资协调发展;由结构失衡转向结构均衡、由高碳经济转向低碳经济;由投资拉动经济发展转向由技术进步拉动经济发展。

产业结构的升级和经济发展方式的转变是新常态下我国经济发展的前进方向,但是产业结构的升级和经济发展方式的转变不是自发的,不是自然而然的,必须要依靠技术创新才能够得以实现。在科技进步的当下世界,科学技术作为第一生产力,对一个国家经济发展的影响越来越大。技术创新是促进产业结构升级的决定力量,是转变我国经济发展方式,提高国家竞争力的关键所在。技术创新不仅能提高生产要素使用效率,从而在单位时间内制造更多的产品,而且能提升关键技术的领先水平,提高产品竞争力,在产品质量、品种上获得竞争优势。产业转型升级就是产业从价值链的中低端向中高端的上升过程,而创新就是推动这一上升过程的动力所在。技术创新的主体是企业,企业文化是企业创新和持续创新的基础。由此,产业结构调整与升级必然与企业内部的文化相关,它在企业创新的动力、方向、持续性上就显得非常重要。从内涵上理解,企业文化"就是由企业群体共同拥有的一系列行为规范所构成的体系"[①]。

中国社会科学院的张平研究员通过研究发现,新常态下经济增长的新动力主要来源于三个方面:"提高人力资本质量,以自主创新逐步替代技术引进和模仿,为经济增长提供不竭动力;促进信息、知识、创意、制度等新生产要素不断产生,让经济增长获得更多新增动力;通过供给侧结构性改革消除要素配置扭曲,提高全要素生产率,激发经济增长内生动力。第一方面的动力来自科技创新,第二和第三方面的动力来自制度创新以及系统创新[②]。其背后是创新型文化的支撑。因此,在经济进入发展新常态之后,创新成为经济转型发展的关键动力。支撑创新活动持续开展的创新型文化构建是一个不能忽视的重要课题。

从宏观上分析,在如何破解发展难题、厚植发展优势和解决发展动力问题上,党的十八届五中全会提出了"创新、协调、绿色、开放、共享"的发展理念,并将"创新"放在了新发展理念的首位。"创新是引领发展的第一动力"[③],"抓住了创新,就抓住了牵动经济社会发展全局的'牛鼻子'"[④],创新是一个国家经济发展的原动力,科技创新能力是国家发展的核心支撑。2019年,我国人均GDP已经超过一万美元,在如此的发展过程中,如何避免陷入"中等收入陷阱"?如果不能顺利转变经济发展理念和发展方式,经济发展的动力就会枯竭,从而导致经济停滞不前,在世界激烈竞争中处于劣势。全球新一轮的科技革命和产业变革正在孕育兴起,这对于我国而言既是机遇,也是挑战,能否通过科技创新升级产业结构、转变经济发展方式决定着我国能否在国际竞争中获得主动权,这对于国家未来的发展至关重要。创新是一个民族进步的灵魂,为国家的可持续发展提供原动力,要破解当前中国经济发展进入新常态所面临的新难题,就要大力创新。2016年5月,中共中央、国务院研究制定了《国家创新驱动发展战略纲

[①] 柏林科学技术研究院.文化VS技术创新:德美日创新经济的文化比较与策略建议[M].吴金希,张小方,朱晓萌,等,译.北京:知识产权出版社,2006:39.

[②] 张平.抓住创新这个"牛鼻子[EB/OL].人民网[2021-05-08].theory.people.com.cn/n1/2016/0408/c40531-28259255.html.

[③] 习近平.在省部级主要领导干部学习贯彻党的十八届五中全会精神专题研讨班上的讲话(2016年1月18日)[M].北京:人民出版社,2016:8—9.

[④] 习近平.在省部级主要领导干部学习贯彻党的十八届五中全会精神专题研讨班上的讲话(2016年1月18日)[M].北京:人民出版社,2016:8—9.

要》,明确指出:"创新驱动就是创新成为引导发展的第一动力,科技创新与制度创新、管理创新、商业模式创新、业态创新和文化创新相结合,推动发展方式向依靠持续的知识积累、技术进步和劳动力素质提升转变"[①],创新对于我国未来的经济发展、社会进步的重要性和作用不言而喻。

《"十四五"国家战略性新兴产业发展规划》提出,要以科技创新为源头,加快打造战略性新兴产业发展策源地,提升产业集群持续发展能力和国际竞争力。因此,在中国经济发展进入新常态、转向高质量发展的关键时期,实施创新驱动发展战略显得尤为必要。研究在新常态下影响企业创新活动持续开展的创新文化便是题中应有之义。

第二节 ‖ 创新文化的概念

(一)文化与创新的内涵

从广义上讲,文化是人类社会历史发展过程中所创造的物质财富和精神财富的总和;从狭义上讲,文化特指精神财富,如文学、艺术、教育、科学等。美国学者泰勒认为,"所谓文化,就其广泛的民族学意义上来说,是知识、信仰、艺术、道德、法律、风俗及任何人作为社会成员而获得的所有能力和习惯的复合体"。研究国家创新文化的名著《文化VS技术创新:德美日创新经济的文化比较与策略建议》认为,文化是一个体系,包括群体共同拥有的规范、行为、表达方式和价值观,以及这个群体共同创造的、能显示其文化特色的建筑物、城市、艺术品、制度和法律等。综合上述观点可认为:文化是人类社会中特定范围内的群体成员所共享的、能够将一个群体的成员与其他群体的成员区别开来的一整套价值观、信念和社会行为准则。其中,价值观是文化的核心内涵,制度、规范、行为方

---

① 中共中央 国务院印发《国家创新驱动发展战略纲要》,2016年5月。

式、器物层面所表现出来的特点则是文化的外在表现。

文化能对群体内的个体行为产生深远而持久的影响是因为：首先，文化具有普遍性。文化广泛存在并渗透于社会群体生活的各个方面，不受某种社会文化影响和熏陶的人是不存在的；其次，文化具有稳定性。它是一个群体在长期的生存发展过程中形成并积淀下来的，具有一定的稳定性，不会因为一时一事而发生重大的改变。因此，它对生活于其中的群体的影响全面、深刻而且长久；最后，文化具有重要的导向性。文化既然是群体长期形成的共同遵守的行为准则、共同信仰的价值观，它必然对生活于其中的群体的行为具有一定约束性和导向性，它是群体中的人们判别是非、区分优劣的内在标准。因此，人类社会的一切创新活动都是深深根植于社会的文化氛围之中的。在创新实践过程中，文化是各种层次创新体系的灵魂，具有最终影响力和决定力。同时，不同的文化对人们行为的影响是不同的，有什么样的文化就会有什么样的创新方式，也必然会产生相应的创新结果。所以说，文化是提高社会和组织创新能力的关键。

关于"创新"的概念最早是1912年由经济学家熊彼特从经济学的角度提出的，20世纪50年代中后期熊彼特的"创新理论"被从日本引入国内。随着"科教兴国"战略的推进和倡导国家创新体系的构建，创新理念及创新行为越来越得到重视。我国从国家层面对创新体系进行了推进。创新是一个民族进步的灵魂，是一个国家兴旺发达的不竭动力，在党的第十九次全国代表大会报告中，"创新"字样共出现了58次，创新是发展的第一动力达成了普遍的共识。进入新时代，我国的发展必须坚持科学发展，必须坚定不移地贯彻创新、协调、绿色、开放、共享的发展理念，加快建设创新型国家。

一般而言，创新是创新主体创造现实世界中所没有的、具有价值的新事物、新现象、新质态；创新是一种活动，是一个过程，是人类在前人的基础上所进行的创造、提升和超越活动。人类社会发展到今天，创新渗透在社会生活的各个领域、各个方面，渗透于各个细节中，可以说，创新是人类社会生活中的一项基本活动。

创新活动的主体是人，创新的关键是人充分地发挥内在积极性、主动性、创造性。人所处的社会是个文化的社会，文化对人的影响是全方位、深层次、持续性的,它通过作用于人的思想、影响人的活动,进而对创新活动产生影响。从这个意义上说,创新文化对创新活动具有导向性和牵引性,是各种创新活动所赖以进行的文化环境。

(二)创新文化的内涵

关于"创新文化"的概念,学者金吾伦指出,创新文化是指与创新相关的文化形态,它主要涉及两个方面:一是文化对创新的作用;二是如何营造一种有利于创新的文化氛围。这里所涉及的创新文化是指与创新有关的价值观、态度、信念等人文内涵,在此基础上对人的创新行为产生影响。学者代贤萍认为创新文化是一种有利于创新的环境、氛围和精神平台。学者郭传杰认为,从功能上定义,创新文化是有利于催发创新动机、提升创新能力、维持创新活动的人文生态环境;从组成上界定,创新文化是在创新实践中产生并有利于创新活动的价值理念以及相应的行为规范和工作环境的多元复合。陈依元则认为,创新文化是特指与创新实践相关的、有利于自主创新的文化形态,它是以创新价值观为核心的,包括主体创新文化、制度创新文化和环境创新文化三个层次的内涵。

由上可知,关于创新文化的概念,学者从不同的角度给出了定义,略有不同,但其核心内涵是一致的,即它是一种以未来发展为导向、倡导创新的价值观念、制度体系、行为规范与人文精神的综合体。因此,我们认为,创新文化是与创新实践相关的,以追求变革、崇尚创新为基本理念和价值取向的综合体系。创新文化作为一个体系,包括创新文化价值观念、制度体系、行为规范、实物载体四个方面的内容,四个维度在内在属性上与创新活动有着内在关联。其结构如下图所示:

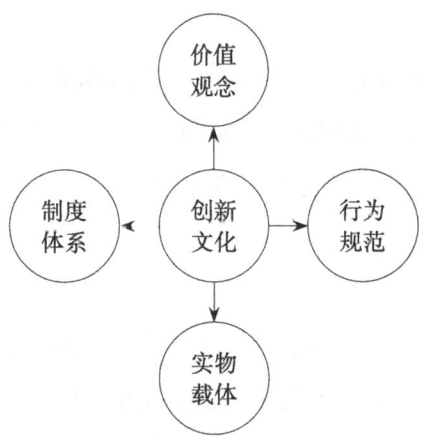

创新的价值观是创新文化的核心,从根本上影响创新活动。通过梳理创新型企业的实践活动我们认识到,创新文化的核心价值表现为变革意识、超越精神、宽容失败、人文关怀等要素。创新文化不仅通过理想、精神、境界、信念、意志、兴趣和激情等形式作用于人们的世界观、人生观和价值观,从而给创新活动的开展和持续以巨大的推动力,而且还常常触发创新活动主体的创新灵感、直觉和想象,直接渗透于创新活动的各环节。

制度体系是创新文化建设的必要前提。创新文化是一种人文环境,任何文化都必须通过一定的制度、规范等体现出来。制度体系与创新文化的匹配状况决定了创新及其作用的发挥水平。影响创造个体的外在因素主要包括文化因素和社会因素两大部分,其中,文化因素是首要因素,是产生创新的必要条件。一个人如果没有创新文化氛围的熏陶和有利于创新的制度保证,即使有创新的天赋,也不会有创新的成果。

行为规范是创新主体开展创新活动的重要保障。求实求新、竞争进取是对创新主体在创新行为中的要求,同时行为规范包括以人为本的创新发展理念、全民科学素养水平、科技创新的诚信和风气、互动与交流的创新行为等。

任何文化都需要相应的载体来实现其作用,创新文化建设的实物载体意味着将创新以自下而上的模式推进,包括创新型企业内部搭建的创新平台。创新创业平台的搭建和完善、科研院所和高校创新资源的共享与传播、社区创新服务平台的建立等,对企业及社会创新的整体文化氛围的形成有着重要功能引导。

本书基于创新文化价值观念、制度体系、行为规范和实物载体四个方面,围绕重庆市创新文化建设的现状进行调研分析,力求把握其现状,在对比的基础上,寻找其不足所在,从而试着提出相关的对策与建议。

(三)创新文化的重要性

文化对于创新的重要性,在这里主要指科技创新具有重要的影响力,文化根植于人们的头脑之中,对于人的思维和行为方式有着潜移默化的影响。"文化是一个国家、一个民族的灵魂。"党的十九大报告明确提出,要加强国家创新体系建设,强化战略科技力量,倡导创新文化。创新文化的建设,就是要为创新活动建设出一个符合创新规律、鼓励创新精神、有利于创新的良好环境,营造出一个良好的文化氛围,使创新成为人们自发性的思维习惯,再通过尊重人的首创精神,为创新活动的进一步开展提供良好的整体氛围。

关于创新文化对于创新活动的重要作用,学者金吾伦认为,要了解文化对于创新活动的影响,就要把握创新活动过程的发展逻辑。认为,创新活动从种子、孵化和开花结果大致经历了三个阶段。在种子阶段,头脑中的新思想、新观念开始萌芽,但是是不成熟的,因此只是一粒待萌发的种子。种子的萌芽需要阳光、水分和土壤的支持,新的思想和观念也需要物质和精神资源的支持,这样新思想、新观念才能发展为现实所需的创新活动。影响创新的文化,按照金吾伦的理解,可以分为内在文化和外在文化。内在文化主要是指根植于人们头脑中的观念文化,外在文化主要是指影响创新活动的制度文化。观念文化对于创新的影响是很好理解的,因为观念文化根植于人们的头脑之中,所包含的诸如信念、价值观潜移默化地影响着人们的思维方式,是创新的内在动力,决定了人们能否创新。而制度文化主要是指影响创新活动的外部环境,是创新活动的外在动力,创新活动也是创新人群的社会活动,受到社会环境,诸如政策、法规等因素的影响,鼓励创新的宽松的社会环境能够聚集创新人才,发挥创新成果的最大效用,成为创新活动发展的温室。

文化深深地影响着个人和整个民族的创新意识和创新活动,实施创新驱动发展战略,培育全社会的创新意识和创新能力,创新文化(包括内在的观念文化和外在的制度文化)的建设是必不可少的,只有发掘、培育文化中鼓励创新的因子,才能促进人们自觉、自发地进行创新活动;只有培育出鼓励创新的文化,社会可持续的、常态化的创新活动才能开展并延续下去。"创新导向的文化会促进持续的创新行为和创新结果。所以,文化成为企业创新能力的决定因素。"[1]

第三节 ‖ 创新文化的理论基础

(一)生态学理论

传统上,对于影响创新活动的创新文化研究,主要是从器物和制度等方面着手,关注得更多的是文化的表层。随着科技创新实践的不断深入,我们认为,创新逐步上升为一种理念、一种文化。从生态学的角度来看,作为一种新的文化形态,创新文化是一个新的文化物种,它源于其他文化形态,并在科技创新的实践环境中由其他文化形态演替而来;同时,它又是一个动态的、复杂的有机体,并不断地与其他文化物种、自然环境和社会环境之间进行着信息的交换和能量的流动,在新陈代谢中不断发展壮大。

就科技创新活动而言,真正影响一个组织创新能力的根本性原因是组织内部是否形成了有利于创新的文化氛围。组织研究是"组织情境下的人和群体共享的价值观和规范的集合,也控制着他们与其他人,还有组织外的利益相关者相处的方式"。[2]创新文化作为一种文化形态,其核心是适应创新活动的价值观。文化创新则侧重于文化自身要素的不断丰富、完善和发展,它是文化自我发展的内在动力。通过文化的自我发展、自我创新,使文化中蕴含更多的创新

---

[1]张莹莹,周禹.中国创新模式[M].漆思媛,译.北京:中国人民大学出版社,2018:73.
[2]张莹莹,周禹.中国创新模式[M].漆思媛,译.北京:中国人民大学出版社,2018:73.

元素。因此,创新文化是文化创新的结果;反之,离开文化创新,创新文化也将不复存在,文化创新是创新文化得以存续和发展的前提和条件。

生态学理论强调挖掘创新活动背后的文化因素,即创新文化,并对创新文化与文化创新的区别及关系做了较为细致的论述,为创新文化建设和科技创新实践提供了更加科学的理论支撑。

自熊彼特提出"创新"概念以来,学者们从要素、结构和驱动机制等方面对创新系统进行了大量深入的研究,LundvaL 提出的"创新系统"主要是静态、线性的研究,其研究范式的转变来自 2004 年美国竞争力委员会在《创新美国——在挑战和变革的世界中实现繁荣》的研究报告中提出的"创新生态系统",由此学者们开始关注不同主体之间的相互作用,偏重动态、非线性研究,后期又逐步提出了共生、协同、演化[①],并从不同视角研究了创新生态系统的主要特征、结构和运行。生态学视角更关注要素之间、要素与环境之间的相关作用、互动,不仅具有生态性的特点,同时还具有系统性的聚合、协同和创新性特点。

(二)制度经济学理论

经济发展并不同于经济增长,在熊彼特看来,经济增长的出现常常是我们所谓的发展的一个条件。但即使它们常常使得我们所谓的发展成为可能,它们也并不从自己身上来创造这种发展,即分析影响经济发展的因素,需要从经济体自身内部自行发生的变化中探求,这种变化是资源使用方式的进步,即创新。

与创新实践活动有关联的文化元素有价值观、态度、信念、取向以及人们普遍持有的见解,它们在经济发展的长周期演变中是作为内生因素存在的。在制度经济学的研究场域中,文化作为"非正式约束"长期影响着经济发展,正如经济学家诺思所言,对包含在非正式约束中的信息进行文化处理,"长期"意味着它在制度的渐进演化方面起着重要的作用,从而成为路径依赖的根源。这意味着文化内在性影响制度变迁,而制度最终决定经济发展的方向和结果。诚然,文化的渐进性和渗透性决定了其作为非正式约束不会立即对正式规则的变化

---

① 何地,郭燕青.中国情境下创新生态系统研究演进脉络梳理及前沿热点探析——基于文献计量分析[J].软科学,2018(9):9—12,33.

做出相应的反应,意味着文化对于经济发展和经济变迁的作用是间接与缓慢的,但从"人类进步"的经济意蕴中,持续性和稳定性的经济发展是关键,而文化则对理解这种经济变迁的方式有着重要影响。

那么,在具体的创新实践活动背后去寻找其支撑的文化元素,就应该在价值观、态度、信念、取向以及人们普遍持有的见解中概括归纳。依此逻辑思路,什么样的价值观、态度、信念、取向或见解对创新活动有决定性的影响作用呢?我们认为有两种理路来思考,其一是从学理的角度;其二是从具体创新活动的概括归纳的角度。前者是由上到下,后者是由下到上。对于前一种角度,前面我们已分析了文化与创新的关联性,后者才是我们关注的重点。这也正是塞缪尔·亨廷顿比较加纳与韩国在20世纪60年代初的经济数据和两国在30年后的经济发展情况后,得出两国发展快慢不同的重要原因是文化的结论时采取的方法。或者说,从方法的角度看它是一种唯象研究,而有时这往往是一种最有说服力的方法。

制度经济学理论重视到具体的创新实践活动背后,即从价值观、态度、信念、取向以及人们普遍持有的见解中去寻找其支撑的文化因素。任何创新实践活动的开展都离不开创新,而创新又受其背后文化的引导与支持。可以说,制度经济学理论为发现不同创新实践活动中内蕴的共同创新文化提供了潜在的可能。

任何创新活动都根植于其特定的文化土壤。文化因素影响着个体与群体的个性和行为,进而在很大程度上决定一个组织的创新成败。因为有什么样的组织文化就会有什么样的组织行为,"所谓文化,就是由企业群体共同拥有的一系列行为规范所构成的体系。"[1]

(三)国家政策理论

近年来,无论是在理论界还是在实践中,创新文化对于创新的重要性都逐渐得到国家层面和企业层面的重视。《中共中央 国务院关于实施科技规划纲要

---

[1]柏林科学技术研究院.文化VS技术创新:德美日创新经济的文化比较与策略建议[M].吴金希,张小方,朱晓萌,等,译.北京:知识产权出版社,2006:39.

增强自主创新能力的决定》中明确提到,一个国家的文化同科技创新有着相互促进、相互激荡的密切关系。创新文化孕育创新事业,创新事业激励创新文化。在国家层面我国明确提出了创新文化的问题,同时提出,要在全社会广为传播科学知识、科学方法、科学思想、科学精神,提高全民族的科学文化素质,大力发展创新文化,努力培养创新精神。党的十九大报告中指出:"我们要加快建设创新型国家,创新是引领发展的第一动力,是建设现代化经济体系的战略支撑"[1]。"加强国家创新体系建设,强化战略科技力量。深化科技体制改革,建立以企业为主体、市场为导向、产学研深度融合的技术创新体系,加强对中小企业创新的支持,促进科技成果转化。倡导创新文化,强化知识产权创造、保护、运用。培养造就一批具有国际水平的战略科技人才、科技领军人才、青年科技人才和高水平创新团队。"[2]

不同国家对创新文化的政策法规指引都是以国家的性质、社会制度和文化传统为基础制定的,对本国内的企业创新文化建设都有着巨大的影响和制约作用。我国领导人从新常态下特有的国情出发提出创新文化的前进方向,将极大地促进我国企业创新活动的开展与发展。

---

[1] 习近平.决胜全面建成小康社会 夺取新时代中国特色社会主义伟大胜利——在中国共产党第十九次全国大会上的报告[M].北京:人民出版社,2017:31.
[2] 习近平.决胜全面建成小康社会 夺取新时代中国特色社会主义伟大胜利——在中国共产党第十九次全国大会上的报告[M].北京:人民出版社,2017:31.

第二章 创新文化的文献综述

第一节 ‖ 国外研究状况

国外学者关于文化的研究和探讨十分丰富,其中涉及创新文化的不在少数。在社会与文化关系研究、区域创新、企业创新、国家创新系统等方面的研究都会涉及创新文化的研究。

关于"创新文化"概念的研究。Frohman 认为创新文化是一种培育创新的文化,它能够唤起一种不可估量的能量、热情、主动性和责任感,来帮助组织达到一个非常高的目标[1];Thornberry 等认为创新文化的内涵包括对组织内创新行为的奖励和对创新冒险尝试的激励,表现形式包括创新价值观、创新信念和创新意愿等[2];Robinson 和 Cousins 将创新文化类比为生物学 DNA,是组织内部最为关键的精神密码[3];Jing 等认为创新文化具体表现为主张、促进和保护创新行为的价值观和宽容失败的氛围[4];德国柏林科学技术研究院在《文化 VS 技术创新:德美日创新经济的文化比较与策略建议》中认为创新不是简单的、线性的因果过程,它是在复杂的社会系统中包含若干因素的交互过程。纵观人类科技、产业和社会发展的历史,科学技术与社会从来都是相互渗透、相互影响的。

在研究文化,特别是创新文化与社会发展的关系方面,从文化与社会经济、政治、道德等各方面都有学者进行过较为深入的分析和研究。在讨论文化和经

---

[1] Frohman A L. Building a culture for innovation[J]. Research & Technology Management, 1998(March-April): 9—12.

[2] Thornberry D M. *Fostering a culture of innovation*[R]. Proceedings of the United States Naval Institute, 2003, 129(4): 44—48.

[3] Robinson T, Cousins J. Internal participatory evaluation as an organizational learning system: A longitudinal case study [J].Studies in Educational Evaluation, 2004, 30:1—22.

[4] Jing X, Tang B, Yan H. *System analysis and model construction of innovative culture*[C]. 2011 International Conference on Management and Service Science, 2011, 1(2):1—4.

济的关系方面,戴维·兰德斯在《国富国穷》一书中也提出了"文化使局面完全不一样"的观点,他认为,有良好的价值观诸如乐观好学、积极肯干、明达事理等的民族更能获得经济上的成功。在《不发达是一种心态》一书中,劳伦斯·哈里森主要从文化的视角出发探讨了经济的增长原因,通过国家与国家之间的对比,他认为国家在决策时需要一种内在价值观来抵御短期的诱惑,这样才能实现经济的可持续发展。[①]美国社会学家丹尼尔·贝尔强调:"最终为经济提供方向的并不是价格体系,而是经济生存于其中的文化价值体系。"[②]哈佛大学工商管理教授迈克尔·波特分析了态度、价值观、信念等文化因素在经济发展中所起的作用,认为国家竞争力的加强最艰巨的任务之一就是改变经济文化。韦伯在其《新教伦理与资本主义精神》中解释资本主义兴起的原因时,认为它基本上是一种根植于宗教信仰的文化现象。道格拉斯·诺斯在《体制、体制变化及经济运作》一书中反复谈到体制与文化的关系,认为"社会传播的信息,而这种信息是我们所说的文化的一部分……表现为以语言为基础的记载和解释传感器官传递给大脑的那些信息的一种概念架构"。[③]1994年,德国柏林科学技术院出版的《文化 VS 技术创新:德美日创新经济的文化比较与策略建议》一书系统地分析了美、日、德创新产业的竞争力优势的原因,它从创新过程、创新性组织、创新的环境以及跨文化创新的角度分析了文化之于技术创新的重要作用,并针对企业、政府如何管理,以更好地促进创新成功提出了建设性意见。

在国家创新体系、区域创新体系领域,学界通常借助硅谷的例子来研究创新文化。萨克森宁在《硅谷优势》一书中明确认为,创新与创新文化紧密相关。书中将美国东部波士顿地区的 128 号公路[④]与硅谷做了比较,萨克森宁认为

[①] Harrison L E.*Underdevelopment is a state of mind:the Latin American case*[M].Madison Books,2000:15.
[②] 丹尼尔·贝尔,欧文·克里斯托尔.经济理论的危机[M].陈彪如,唐振彬,许强,等,译.上海:上海译文出版社,1985:66—112.
[③] North D C.*Institutions, institutional change and economic performance*[M].Cambridge University Press,1990:37.
[④] 毗邻美国马萨诸塞州波士顿市,是一条长约90公里的环形公路,20世纪50至70年代这里曾是美国最重要的高新科技园区。

128号公路之所以被硅谷超越,根本原因在于这两个区域的文化差异。[1]斯坦福大学的李钟文认为"硅谷不是计划创造出来的,资金对于高科技的发展固然重要,但更重要的是能发挥人的创造活力的体制和文化,歧视企业家和创业精神的经济不会有活力"。[2]2016年Padilha C K和 Gomes G在其著作《创新文化在产品创新、工艺创新中的表现:基于纺织业企业的调查》中认为:创新文化是经济发展的增长基础并可能成为可持续竞争优势的来源,对于在市场上想要存活的组织来说是至关重要的,其中组织文化是刺激创新的因素之一。[3]国外对创新文化特点的研究主要是从文化维度的视角出发,荷兰国际文化合作研究所所长Hofstede及其同事提出了考察国家文化的5个角度——个人主义与集体主义、权力距离、不确定性规避、刚柔性、长短期导向[4]。Green和Cluley证实了企业的组织结构和文化能促进创新。[5]Duygulu等从知识分享、学习和发展、社会网络和合作、分配的空闲时间、容忍错误、奖励和激励制度、管理差异、团队合作8个维度,探讨了企业文化和创新之间的接口[6]。

创新文化的作用的相关研究。关于创新文化的作用,Panagiotis等认为文化影响着国家的创新力和竞争力,一个已经具有或者正在营造创新文化氛围的国家或社会在未来将更具核心竞争力。Whittinghill等认为,如果组织文化氛围是不鼓励创新的,那么组织可以通过重塑、修改文化氛围来建设创新文化,以此提高组织的创新性,使组织能够应对未知复杂的挑战。Ruth maria等基于资源视角与上层角度,发现创新型企业文化和变革型领导行为可以推动企业的创新

---

[1] 安纳利·萨克森宁.地区优势:硅谷和128公路地区的文化与竞争[M].曹蓬,杨宇光,等.译.上海:上海远东出版社,1999:33.

[2] 李鐘文,威廉·米勒,玛格丽特·韩柯克,等.硅谷优势:创新与创业精神的栖息地[M].北京:人民出版社,2002:18—20.

[3] Padilha C K, Gomes G.Innovation culture and performance in innovation of products and processes:a study in companies of textile industry[J].Rai Revista De Administração E Inovação,2016:13.

[4] Hofstede G. *Culture's Consequences: International Differences in Work-related Values*[M]. LosAngeles: Beverly Hills, 1980.

[5] Green W, Cluley R. The field of radical innovation: Making sense of organizational cultures and radical innovation[J].Industrial Marketing Management, 2014, 43(8):1343—1350.

[6] Duygulu E, Ozeren E, Bagiran D, Appolloni A, Mavisu M. Gaining insight into innovation culture within the context of R&D centres in Turkey[J].International Journal of Entrepreneurship & Innovation Management, 2015, 19(2): 117—146.

性,提高新产品的更迭速度。日本花王集团前总裁常盤文克在其著作《创新之道:日本制造业的创新文化》中提出"缄默的知识"是推动企业不断创新的力量,认为它是在企业等组织中经过长年累月的积累而获得的东西,"这种东西只可意会不可言传,是由企业供给的,它包括企业在运行中的组织形式、工作方式、对于事物的思维方式和处理方式,还有企业文化、企业风气、企业传统等这些东西凝结后固化形成的知识"[①]。

创新的决定性因素方面的研究。值得重视的是德国柏林科学技术研究院历时5年多研究后发布的一份专项研究报告。早在20世纪80年代中期,面对日本企业的快速发展态势和德国工业竞争力的下降,柏林科学技术研究院成立了一个名为"技术创新成功的文化因素"研究组,对如何成功地实施技术创新进行了较为系统的研究,分别深入地分析了德国、美国、日本的创新特点及其背后的文化因素,最后以《文化VS技术创新:德美日创新经济的文化比较与策略建议》出版,其中一部分专门分析了"创新的决定因素",提到使技术创新获得成功的决定性因素是通用的,书中认为有5个因素,"这些因素是:能力(competence)、自由度(leeway)、整合、执著和知识"[②]。该研究报告认为在一个组织内个体与创新团队或创新组织的灵活性、机敏对创新力的提升非常重要;宽松环境下的自由、容忍差错、允许研究失败和压力交织培育创新;创新过程中整合企业众人分散的知识和技能,以及战略目标规划对于组织的全面整合,战略联盟的整合对协作绩效的增强;在创新中需要忍耐和毅力即"执著",才能使创新坚持到最后。该研究报告认为,这5个决定性因素对技术创新而言必不可少,决定着创新团队的成功,反之报告认为一个组织如果不能同时具备个体的创新力和毅力、合理的组织结构、协同的工作网络和激励机制就很难实现创新的成功。这5个因素中,创新力、毅力属于个人层面;知识、能力、自由度、整合、执著属于团队层面;网络、动机、结构属于组织层面。让这三个层面有效地形成一个系统,需要企业文化来引导。

[①]常盤文克.创新之道:日本制造业的创新文化[M].董旻静,译.北京:知识产权出版社,2007:78.
[②]柏林科学技术研究院.文化VS技术创新:德美日创新经济的文化比较与策略建议[M].吴金希,张小方,朱晓萌,等,译.北京:知识产权出版社,2006:46.

第二节 ‖ 国内研究状况

国内关于创新文化相关内容的研究是从我国著名学者竺可桢等留学回国后开始的,他们将国外的相关知识与研究带回国内,结合国内的实际并进行改良和推广。改革开放后,很多研究者在论述文化与科技创新融合的问题时往往倾向于以某一具体的特例为说明对象,如分析海尔、华为等企业的文化与科技创新融合的成功案例或从自己的研究领域出发,如社会学、科学技术哲学等专业学科的角度出发去理性地探究两者的关系和融合方式。

在我国,熊彼特的"创新理论"在20世纪50年代中后期才从日本引进,创新文化的构建是随着"科教兴国"战略的推进和国家创新体系的建立才逐步引起重视的。20世纪90年代后期,我国提出创建"国家创新体系",全国技术创新大会召开,广大学术工作者对"创新文化"的概念、内涵、作用等相关理论进行了研究,发表了一些有价值的学术文章、论著,取得了一定的成果。过去十年国内关于创新文化的文献数量直线上升,我国学者对创新文化的研究主要集中在下面几个视角。

对创新文化概念本质的分析。在厘清创新文化的概念时,有学者认为有必要就文化的概念进行简单的阐述。从广义上讲,文化是人类社会发展过程中所创造的物质财富和精神财富的总和;从狭义上讲,文化特指精神财富,如文学、艺术、教育、科学等。美国学者泰勒认为,"所谓文化,就其广泛的民族学意义上来说,是知识、信仰、艺术、道德、法律、风俗及任何人作为社会成员而获得的所有能力和习惯的复合体"。研究国家创新文化的《文化VS技术创新:德美日创新经济的文化比较与策略建议》认为,"社会的创新文化、创新精神对整个社会创新习惯的养成、创新能力的持续提高起着关键作用"[1]。该书还认为文化是一个体系,包括群体共同拥有的规范、行为、表达方式和价值观,以及这个群体共同创造的、能显示其文化特色的建筑物、城市、艺术品、制度和法律等。从上述

---

[1] 柏林科学技术研究院.文化VS技术创新:德美日创新经济的文化比较与策略建议[M].吴金希,张小方,朱晓萌,等,译.北京:知识产权出版社,2006:3.

各种论述可以看出,在本质上,文化是人类社会中特定范围内的群体成员所共享的、能够将一个群体的成员与其他群体的成员区分开来的一整套价值观、信念和社会行为准则。文化反映了这个群体的习惯、性格、气质和传统,并通过这个群体的行为模式、制度体系等表现出来。其中,价值观是文化的核心内涵;规则、制度、风尚、习俗,以及器物层面所表现出来的特点则是文化的外在表现。

文化之所以对群体内人们的心智模式和行为方式产生深刻而持久的影响,是因为:其一,文化具有群体共性和普遍性。它广泛存在于社会群体的各个层次之中,每一种文化之中还有各种各样的亚文化,多种层次的文化影响到生活在其中的群体中的每一个人,不受某种社会文化熏陶的人是不存在的。其二,文化是一种长久的历史积淀。它是一个群体在生存发展过程中长期形成的,它与这个群体生存的自然环境、重大历史事件、重要历史人物、社会人文传统,例如,宗教文化、饮食习俗等有着密切关系。它是长期演化而形成的,是在历史长河中反复打磨、洗刷而逐渐演变而来的,具有一定的稳定性、刚性和黏滞性,它不可能因为一时一事而做重大的改变。因此,它对生活在其中的人群的影响全面、深刻而且长久。其三,文化具有重要的导向性。文化既然是群体长期形成的共同遵守的行为准则、共同信仰的价值观,它必然具有一定的约束性和导向性,它是群体中的人们判断是非、区分优劣的标准,符合文化传统的行为往往在现实社会中得到鼓励,而有悖于传统文化的行为则往往受到排斥甚至打击。因此,人类社会的一切创新活动都是深深根植于社会的文化氛围之中的。反过来说,在创新的各种要素中,文化是各种层次创新体系的灵魂,具有最终的影响力和决定力。例如,文化总是影响组织成员是否愿意,以及在什么时候、以什么方式、在何种程度上进行创新。有什么样的文化,就会有什么样的创新方式,也必然会产生相应的创新结果。短期内,决定一个组织创新能力的是包含人力资源在内的科技资源的投入,而长期看,创新能力的提高则有赖于包含制度建设在内的优良创新文化的形成。所以说,文化是提高社会和组织创新能力的关键。

迄今为止,对于什么是创新文化,众说纷纭。有学者认为,创新是经济增长的核心引擎与文明存续的根本动力,其辐射范围包括器物进步、技术革新与制度优化,关乎社会发展与民族精神、价值体系、生活方式、文明形态的培育和引领。具有代表性的有,中国科学院在实施知识创新过程中专门定义"创新文化"为:"有利于开展创新活动的一种氛围,是科技活动中产生的与整体价值准则相关的群体创新精神及其表现形式的总和。园区环境、整体形象和规章制度是创新文化的外在表现形式。创新精神、科学思想、价值导向、伦理道德、爱国主义精神是创新文化建设的核心内容。"[1]该定义侧重于"科技活动"中的文化现象。此外,学者王中华认为创新文化是指与科技创新活动相关的精神的和物质的文化环境,"科学精神是创新文化的核心要素"。与之不同,学者侯自新认为只要与创新有关的文化就是创新文化,是以创新的观念和价值取向为核心的文化[2]。也有学者认为它是一种创新精神、创新意识和人文环境。更加宽泛地,也有学者将创新文化理解为科学文化、人文文化、政治文化、经济文化等子文化的互动,认为其核心含义是要在整个社会范围内,形成尊重创新、鼓励创新的文化氛围和相应的制度安排[3]。学者金吾伦把文化创新区分为内在文化与外在文化,认为内在文化就是观念文化,外在文化就是制度文化和器物文化[4]。学者方媛媛从静态和动态两个方面分析创新文化,在静态上创新文化是驱动创新行为的文化要素的集合,在动态上创新文化是一个释放创新动力的文化改革过程。徐智华、刘群慧认为,创新文化就是指能够激发和促进创新思想和行为产生,有利于创新实施的一种内在精神和外在表现相统一的综合体。学者闫伟华认为,创新文化能促进组织的发展和进步,激发组织成员的创新热情,挖掘其创新潜能,以创新价值观指导创新行为。学者邢旭光认为,企业文化创新是指为了使企业的发展与环境相匹配,企业根据本身的性质和特点形成体现企业共同价值观的企业文化。上述对于创新文化的定义,主要是从创新文化的功能、表现特点着手,如引发新思想、促进新实践、鼓励创新、鼓励冒险、激发创造性等,而关于创新文化内在含义的探讨则显得相对薄弱。也有学者认为,创新文化是人们对待

---

[1] 伦蕊.创新文化、科学精神与城市技术人才吸聚力[J].科学学研究,2009,27(2):170—175.
[2] 李文阁.发展创新文化 培育创新精神——访朱清时 侯自新 李景源 金吾伦[J].求是,2006(18):50—53.
[3] 袁江洋,董亚峥,高洁.让创新成为我们的文化传统——创新文化建设问题研究[J].中国软科学,2008(8):66—74.
[4] 金吾伦.创新文化的内涵及其作用[J].现代企业教育,2005(2):10—11.

创新的一种心理状态,这种心理状态可以产生创新意识并诱发创新行为。创新文化的具体表现有"崇尚创新、宽容失败、支持冒险、鼓励冒尖"等。创新文化的主体有两大类,一是直接从事科学创新活动的个人和团队,二是全社会的普通民众。对于第一类主体,创新文化实质上等同于创新精神或者科学精神;对于第二类主体,创新文化就是一种有利于创新的精神氛围。创新文化的主体有两大类,一是直接从事科学创新活动的个人和团队,二是全社会的普通民众。对于第一类主体,创新文化实质上等同于创新精神或者科学精神;对于第二类主体,创新文化就是一种有利于创新的精神氛围。随着创新型国家战略的提出,创新文化的重要性逐渐被人们所认识,这方面的文献占有相当的比重。2016年5月,习近平总书记在全国科技创新大会上指出,我国科技事业发展的目标是,2020年进入创新型国家行列,2030年进入创新型国家前列,到新中国成立100年时成为世界科技强国。中共中央、国务院颁布《国家创新驱动发展战略纲要》,提出了"三步走"战略目标。"三步走"目标中,2020年进入创新型国家行列,2030年我国跻身创新型国家前列,要求我们实现发展驱动力的根本转换。研究制定科技创新政策,是我国经济转型发展,新经济成为经济体系的重要组成部分的必然要求。与此同时,党的十九大提出创新是引领发展的第一动力,是建设现代化经济体系的战略支撑。学者徐冠华基于对科技发展的历史和现状的分析,提出创新文化环境对国家创新能力建设起着关键作用。学者李俊兰也从创建创新型国家的角度对创新文化的重要性进行了论述。学者闫伟华认为,创新文化对创新活动具有导向功能、激励功能、凝聚功能、服务功能、"造势"功能和约束功能等。这些文献都强调了创新文化促进创新活动的重要性。

　　创新文化的中外对比。这方面的文献多从中外文化比较中,尤其是在与美国、日本等发达经济体创新文化的比较中分析说明中国文化的优势和不足,并针对中国创新文化的短板提出一些针对性的改进措施。通过中外创新文化的对比,吴金希提出:"我们必须在扬弃的基础上大胆采取'拿来主义'的策略,遵循以我为主、兼收并蓄、融和提炼,螺旋上升的原则来逐渐优化我们的创新文化。"①除此之外,学者金吾伦从"历史的启示""现实的证据"等方面对西方创新文化进行了总结和回顾,并与中国传统文化进行了比较,提出了"培育中国特色传统生成论的创新文化"的重要思想②。吴金希从美国、日本等创新文化比较中得到的关于发展中国创新文化的若干启示③等。

分析创新文化对企业和经济的影响。学者陈玮对影响中国企业创新的文化和领导力障碍进行了分析,认为对中国企业来说,创造以客户为导向、团队协作、持续改进的组织才能获得成功。学者杜跃平等对文化与企业技术创新影响因素进行了较细致的分析④;王玉芹、张德通过对45家企业的实证研究发现,创新型文化对企业总体竞争力有显著正向效果⑤;辜胜阻等对温州与硅谷的经济文化特征及其对创新模式的影响进行了比较,探讨了经济文化对创新的作用机理,提出了重塑区域文化经济以推动创新的对策⑥;王中华从制度层面等分析了创新文化对昆山自主创新的影响。朱凌在梳理浙江大学创新与发展研究中心对我国企业的调研报告后认为"很多技术创新项目效率不高或没有实现预期效益,主要不在于技术要素,而在于企业的战略、文化、组织结构与流程、制度、市场等非技术要素没有与技术要素达到协同"⑦,并指出了观念、文化创新滞后于技术创新,我国大中型工业企业大多数为效果型文化(60%),而创新型文化仅占12%这一现状。学者刘焕荣等提出,我国企业如果要在新的、更激烈的全球竞争环境中取得好的绩效,就必须从企业建设的最基础要素——企业文化入手,培育有利于提升自主创新能力的创新型文化。我国在企业创新政策方面,围绕创新链部署政策链,推动企业、产业创新发展,进而有效培育和发展新经济。通过打造面向企业全生命周期的普惠性创新政策链,有力推动企业成为技

---

① 吴金希.创新文化:国际比较与启示意义[J].清华大学学报(哲学社会科学版),2012,27(5):151—158,161.
② 金吾伦.创新文化:意义与中国特色[J].学术研究,2006(6):5—10.
③ 吴金希.创新文化:国际比较与启示意义[J].清华大学学报(哲学社会科学版),2012,,2(5):151—158,161.
④ 杜跃平,王开盛.创新文化与技术创新[J].中国软科学,2007(2):150—153.
⑤ 王玉芹,张德.创新型文化与企业绩效关系的实证研究[J].科学学研究,2007(S2):475—479.
⑥ 辜胜阻,郑凌云,张昭华.区域经济文化对创新模式影响的比较分析——以硅谷和温州为例[J].中国软科学,2006(4):8—14,15.
⑦ 朱凌.创新型企业文化的结构与重建[M].杭州:浙江大学出版社,2008:7.

术创新主体。借鉴美国硅谷经验,我国形成了面向种子期、初创期、成长期、成熟期企业的完整政策链条。在创新政策与产业政策的共同作用下,我国的新经济加速发展。

关于创新文化的建设路径研究。在熊彼特提出"创新"概念之后,众多学者都对创新进行了深入的研究与探讨。在此之后,学界对于创新的研究主要有两种路径。一是技术创新学派路径,强调技术创新和技术进步在经济发展中的核心作用。主要研究内容包括技术扩散、转移和推广在内的技术创新体系,建立技术创新扩散、创新周期等理论模型。二是制度创新学派路径,主张把熊彼特的创新理论与制度理论相结合,重点研究制度变革和制度推进对国家经济增长的影响。除此之外还有,吴金希认为创新能力的提高有赖于包含制度建设在内的优良创新文化的形成。通过与日本、美国的创新文化特点的比较研究,他发现我国在创新文化建设的过程中仍然或多或少存在"官本位"文化、过分迷信权威的习惯、一元化的评价标准、小生产者意识,以及诚信文化的缺失等不足,这些都阻碍了创新型社会的形成。[1]学者余呈先提出,创新文化建设就是从文化价值体系和制度设计等方面为创新活动营建良好的氛围和环境,认为建设创新文化必须要树立以创新为主导的价值观,大力弘扬民族文化的优良传统以及全面实施创新教育。李道湘则提出,创新文化建设就是通过创新环境的改造、体制改革、形象设计等一系列活动,造成有利于创新的文化氛围。蒙秋明、陈真波提出,创新文化建设的具体路径是倡导宽容的社会风气、完善创新的政策法规、优化激励竞争机制、营造民主集体氛围等措施。徐冠华提出,创新文化建设必须树立以人为本的观念,建立与创新相应的人生观、价值观、世界观[2]。

创新文化建设方面的相关研究。国内外学者对创新文化的建设做了积极探讨,无论是国家民族文化、企业文化还是高校文化。牛汝辰、尹令华及丁健提出以精神文化为和谐和灵魂,以制度文化为骨骼和框架,以物质文化为体征和表象的有机体系对研究院进行文化建设。程玉琳认为忠心报国、以人为本、以

---

[1] 吴金希.创新文化:国际比较与启示意义[J].清华大学学报(哲学社会科学版),2012(5):151—158,161.

[2] 徐冠华.大力构建有利于创新的文化环境[J].中国软科学,2001(3):1—7.

和为贵、兼容并蓄、尚荣知耻这五个拥有积极因素的传统价值观,对我国创新文化的建设具有促进作用。宋炼发现,加强企业文化建设已成为保障企业可持续发展的重要因素,并且提出了加强企业文化建设的有效措施。葛凤琴和张爱华认为,医院文化建设作为一种潜移默化的精神力量,在医院生产经营过程中发挥着无形的引导、导向、激励作用。

在创新与文化的关系上,中国学术界更多关注的是"文化创新",即狭义的文化内容与形式创新,而对"创新文化",即包含器物技术、习俗制度和精神价值等广泛内容的"大文化"的创新性问题讨论不够。文化对国家、社会、组织和个人创新能力的重要影响,虽然能够通过狭义的文化艺术发生作用,更多的则是通过器物技术、习俗制度和精神价值对群体思维产生广泛而持久的影响,最终作用于组织和个人的创新思维、创新能力。

我国创新文化所面临的问题。学者张炳清提出,就整体而言,我国的创新体系建设整体性布局还不够完善,宏观政策还需要进一步的深化落实。不仅如此,创新活动的主体功能与划分之间存在交叉,界限不清晰,权责不明确。各个创新要素之间难以协调完成高质量的创新活动,对创新活动的评价机制也有待改善。"需要看到建设创新型国家,基础研究、原创研究是我国存在的突出短板。与发达国家、创新型国家相比,我国的基础研究投入水平明显偏低"[1]。不仅如此,创新文化本身值得研究,但是反向思维的创新危机也应值得注意。"追赶型发展最大的问题在于要通过外部竞争压力而非内生需求来驱动创新,随之而来便是山寨产品横生,市场良性竞争被打乱。我国在引进西方创新成果的同时,往往只能学习其器具而并未关注到其内在促进创新活动开展的文化元素及其作用、功能,个别企业的模仿式创新无法持续地引领企业创新活动的开展,同时社会整体创新氛围依然有待提高。

就我国创新文化所面临的问题,国内外学者进行了积极广泛的探讨。乔桂银从整体上探讨了推进自主创新需要解决的问题,其中比较重要的就是创新文化有待培育,因为目前我们一些企业创新意识淡薄,创新观念有待树立,需要培育不畏强手、敢为人先的精神。郭淑兰探讨了制约中国欠发达地区高校科技创

---

[1] 张炳清.科技创新政策与国家治理体系和治理能力现代化[J].新经济导刊,2020(1):27—31.

新能力的因素,认为首要因素就是创新文化有待提高。在实现文化创新的路径上,学者李思屈认为要实现三个层次的文化引领:第一,器物与技术层面的文化表现;第二强调科层制度是创新的双刃剑;第三,重视精神文化与创新引领。这些研究对我们认识创新文化与企业创新活动的内在关联及创新文化的内在构成元素是有启发的。

通过文献梳理,我们感到上述研究从多视角出发研究影响创新活动的创新文化,富有启发意义和实践价值,特别是对于创新文化的特征、构成、功能进行的多角度研究和阐释,对于当下构建适合中国国情的创新文化具有重要的参考价值。就国外创新理论而言,熊彼特的创新理论强调明确创新与发明等之间的内在关系,尤其将创新与经济发展相关联,强调企业家在创新活动中的重要性,创新如何引起技术产业发展以及不同产业技术面对破坏性创新后的反应的分析研究。后来,熊彼特理论逐渐演变成显著的两个支脉,即技术创新经济学派与新制度学。以默顿为代表的西方学者将创新与文化衔接在一起,认为创新经济根植于特定的文化之中,特定的文化决定了一个组织的创新效果和效率。

从国外学者对于创新理论的探讨的文献梳理来看,其研究主要集中在理论建设、经济发展与文化内在关联等方面。而对于具体促进创新产业发展的国家政策制定以及从实践层面鼓励创新发展的研究则相对较少。理论研究的最终目的在于实践运用,一方面创新理论的不断发展应当伴随着创新产业的具体实践,即要结合具体的国家的历史和现实情况;另一方面,通过创新带动的新兴产业的发展也应当充实、丰富、发展创新理论。

现有的国内对于影响创新活动的创新文化的研究较为零散,大都局限于某一领域或某一行业,缺乏对创新文化的整体认识和研究,使得对创新文化的理解与把握处于碎片式,研究较多但认识难以达成共识的尴尬局面。我国目前对影响创新活动的创新文化的研究主要集中在对创新文化概念本质的分析、创新文化的重要性、创新文化的中外对比、创新文化对企业和经济的影响、创新文化的建设路径研究、创新活动与文化的关系以及我国创新文化所面临的问题等维度,即停留在唯象研究层面的居多,在涉及影响创新活动的创新文化的构成元素方面还不够深入,从已有创新型企业文化中提炼、归纳、概括出具有共性的创新文化元素的研究较少。因此,系统分析影响创新活动的创新文化的特点,并结合具体的区域产业特点和行业特征进行深入研究显得十分必要。

第三章 国家及重庆市促进创新文化建设的相关政策

政策的引导是构建一个国家和区域产业发展的先导,同时在具体的产业和区域上,从政策的角度来指导影响创新活动的创新文化的构建也是具有战略性的。但是,这样的政策指导必须以了解与把握具体实际情形为基础。创新是经济社会发展的核心引擎,是物质文明和精神文明存续的根本动力。创新的辐射范围包含器物革新、技术升级与制度优化,这些都关乎着国家和社会进步与民族精神、价值取向、生产生活方式、文明形态的培育和引领,政策的制定显得非常必要。

近年来,重庆市的经济社会发展水平得到了大幅提升,群众的幸福感、获得感明显提高,经济社会转型升级、创新驱动发展问题非常受重视。但在影响创新驱动发展的文化基础层面的研究方面还有待加强,特别是结合区域产业特征和企业内部的具体实际,在对国内外具有显著成效的企业创新文化的借鉴、吸收、消化上有待深入,在对影响企业创新文化形成机制及促进创新发展的影响机制的分析上有待提高。创新发展,离不开创新文化的持续、有力支撑,没有创新文化的创新就如同没有方向盘行驶的汽车,势必影响创新的效率和发展目标的实现质量。最深刻的创新危机,往往隐藏在一定的创新文化问题之中。创新归根到底根植于特定的社会文化土壤里,传统惯例及文化因素会影响社会个体成员和机构的价值取向,进而影响他们的个性与社会行为。

政策在推动创新文化的发展及引导创新行为方面有着积极的作用,是构建创新文化重要的政策工具。在新常态下,重庆市主动借助国家有关创新文化建设的宏观政策,适时制定并实施了多项有利于创新文化培育及发展的政策措施,在促进影响企业创新活动有效开展的创新文化的形成上,以及提升创新文化对经济发展、科技进步的价值,营造创新氛围和提升创新活动质量上取得了积极成效。

第一节 ‖ 国家层面相关创新文化政策分析

新中国成立以来,我国的创新文化与创新生态建设经过1949—1978年初现雏形阶段、1979—1992年渐成基础阶段、1993—2005年战略布局阶段、2006—2011年发力加强阶段和2012年以来的提质加速阶段[1]。自党的十八大以来,我国坚定不移地贯彻实施"创新、协调、绿色、开放、共享"的新发展理念,着力解决发展动力、发展不平衡等关键问题,走高质量发展道路,坚决端正发展观念、转变发展方式,经济发展质量和效益不断提升,科技创新实现新突破,科普和创新文化发展势头良好。经济保持中高速增长,在世界主要国家中名列前茅。2012年我国国内生产总值为51.9万亿元,到2020年该数值已经突破100万亿元,稳居世界第二,对世界经济增长贡献率超过30%。供给侧结构性改革深入推进,经济结构不断优化,数字经济等新兴产业蓬勃发展,高铁、公路、桥梁、港口、机场等基础设施建设快速推进。根据《中国互联网发展报告2020》数据,2019年,我国数字经济规模总量达35.8万亿元,占国内生产总值的三分之一,占比达36.2%,中国的数字经济总量规模和增长速度已经位居世界前列。其中,企业数字化研发设计工具普及率和关键工序数控化率分别达到71.5%和51.1%,产业数字化增加值占数字经济比重达80.2%,制造业成为数字经济"主战场"[2],科技创新实现新突破。正如2021年政府工作报告提到的,"十三五"期间,我国大力实施创新驱动发展战略,创新型国家建设成果丰硕,研发经费投入总量居世界第二,全员劳动生产率和科技进步贡献率稳步提高,通过《专利合作条约》(PCT)提交国际专利申请量跃居世界第一,载人航天、探月工程、超级计算、量子通信等领域取得了一大批重大科技成果。每万人口发明专利拥有量已经提前实现了目标,科技进步贡献率2020年已超60%。创新文化方面,创新文化环境正在形成,营造鼓励创新、宽容失败、开放包容的创新文化成为社会共识;关注创新、服务创新、支持创新、参与创新的良好社会风尚初步树立,大众创新创业

---

[1] 任福君.面向2035的中国创新文化与创新生态建设的几点思考[J].中国科技论坛,2020(5):2
[2] 张辛欣.占GDP比重超三成:数字经济改变中国.[2021-10-27].http://www.xinhuanet/fortune/2020-09/27/c_1126547517.htm,2020-09-27.

渐成潮流。随着社会主要矛盾的转变,我国进入了建设中国特色社会主义的新时代,科技创新政策逐渐从科技管理向创新治理快速转变,创新文化日益成为各级政府关注的焦点,创新文化环境得到不断改善,为进一步推动我国的创新发展和高质量发展奠定了坚实的基础。

科技创新政策是推动科技创新及成果转化的重要因素,也是推动企业创新文化建设的重要政策工具。一般来讲,政策有着不同的层级,可分为国家级、省级(包括自治区、直辖市,下同)和地级市3个层级,地方性政策多围绕上级政策制定和补充。有学者(郭山等)对国家以及31个省级行政区域科技服务业相关政策做的统计表明,全国性政策文本与地方性政策文本均显示,在2016年前后出台的政策文本相对较多,这与国家层面2015年修订的《中华人民共和国促进科技成果转化法》的颁布有关。围绕国家层面政策制定的地方性政策来看,发布地方性政策法规较多的地域多集中在东部地区,如山东、浙江、广东、江苏、上海、福建等地,这与地区经济发展及科技创新成果对地方经济的促进作用和价值形成协同效应相关。

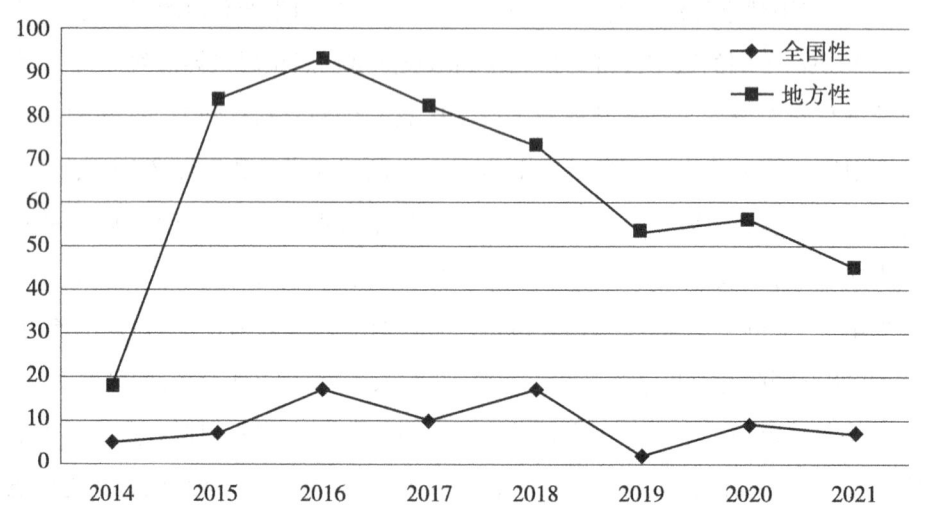

科技政策文本年度分布图[①](其中,上方代表地方性政策文本;下方代表全国性政策文本)

---

① 引自郭山,周洪光.31个省级行政区域科技创新政策统计报告——以科技服务业政策为例[J].图书情报导刊.2021(6,11):65—73.图注表述有改动。

党和国家在价值观念、制度体系、行为规范和实物载体四个方面对创新文化建设都做了大量的阐述,以从政策层面上引导我国创新文化的发展方向。

(一)价值观念方面

2015年10月,党的十八届五中全会提出"创新、协调、绿色、开放、共享"的新发展理念。新发展理念是引领我国发展行动的先导。发展理念从根本上决定着发展的成效乃至成败。习近平总书记在此次大会上强调实现创新发展、协调发展、绿色发展、开放发展、共享发展。牢固树立并切实贯彻这"五大发展理念",是关系到我国发展全局的一场深刻变革,关系到新时期我国的发展思路、发展方式和发展着力点,是我们党认识把握发展规律的再深化和新飞跃。我国的"十三五""十四五"规划纲要均强调将创新理念作为引领发展的第一动力,明确提出了必须把推进创新摆在国家发展全局的核心位置,不断推进理论创新、制度创新、科技创新、文化创新等各方面的创新,让创新贯穿党和国家的一切工作,让创新在全社会蔚然成风。

2017年,党的十九大报告指出:发展是解决我国一切问题的基础和关键,发展必须是科学发展,必须坚定不移地贯彻"创新、协调、绿色、开放、共享"的发展理念。倡导创新文化,强化知识产权的创造、保护、运用。习近平总书记多次强调:"创新是一个民族进步的灵魂,是一个国家兴旺发达的不竭动力,也是中华民族最深沉的民族禀赋。在激烈的国际竞争中,惟创新者进,惟创新者强,惟创新者胜。"[1]同时,要求"在全社会积极营造鼓励大胆创新、勇于创新、包容创新的良好氛围","坚持用创新文化激发创新精神、推动创新实践、激励创新事业","让创新在全社会蔚然成风"[2]。

创新文化与社会密切相关,是经济社会、科技创新与发展的价值观与精神架构,创新文化以科学精神、科学思想和创新意识影响着科学的发展进程。[3]因

---

[1] 习近平.决胜全面建成小康社会,夺取新时代中国特色社会主义伟大胜利——在中国共产党第十九次全国代表大会上的报告[M].北京:人民出版社,2017:31.

[2] 习近平.决胜全面建成小康社会,夺取新时代中国特色社会主义伟大胜利——在中国共产党第十九次全国代表大会上的报告[M].北京:人民出版社,2017:31.

[3] 陈长杰,翟涛,韩子寅,等.创新文化生态系统研究[M].北京:科学出版社,2013:124.

此,弘扬科学家和企业家精神是培育创新文化价值观念的主要做法。科学家精神是创新文化的重要体现,科学家所展现的爱国、创新、求实、协同和育人精神与创新文化的内涵、要求相呼应,弘扬科学家精神的实质就是推动创新文化的发展。2018年,国务院印发《关于全面加强基础科学研究的若干意见》提出,要推动科学普及,弘扬科学精神和创新文化;充分发挥基础研究对传播科学思想、弘扬科学精神和创新文化的重要作用,鼓励科学家面向社会公众普及科学知识。显然,科学家精神在推动创新文化发展方面具有重要作用。2019年,中共中央办公厅和国务院办公厅联合印发《关于进一步弘扬科学家精神加强作风和学风建设的意见》,该《意见》旨在激励和引导广大科技工作者追求真理、勇攀高峰,树立科技界广泛认可、共同遵循的价值理念,加快培育促进科技事业健康发展的强大精神动力,形成服务于创新发展的科学家精神和行为规范。该《意见》明确提出要大力弘扬"六种精神",即:胸怀祖国、服务人民的爱国精神;勇攀高峰、敢为人先的创新精神;追求真理、严谨治学的求实精神;淡泊名利、潜心研究的奉献精神;集智攻关、团结协作的协同精神;甘为人梯、奖掖后学的育人精神。这些精神是科技工作者立足和立业的根本,是科学家精神的核心,通过对科学家精神的传承与弘扬,营造良好的创新文化环境,是对创新文化的发展,更是创新文化在精神层面和行为层面的要求。

创新的主体是企业,创新文化中最常见的类型是影响企业创新活动的创新文化。企业作为技术创新的主体,是知识价值链的末端载体,其在知识转化与应用中的创新行为较为显性,易形成稳定的价值文化。[1]企业家精神是创新文化价值观念的重要内容。改革开放以来,我国民营经济获得了长足的发展,在经济发展中的地位愈加凸显,成为我国经济建设的重要主体。为了支持民营企业提高科技创新能力,推动民营企业向更高质量发展迈进,2018年5月,科技部和全国工商联联合印发《关于推动民营企业创新发展的指导意见》,提到加强优秀创新型民营企业家培育问题,要高度重视培育具有科学素养、高水平战略和创新意识的民营企业家,加大对民营企业家创新思维和能力提升的培训力度。

---

[1] 赵军,杨阳.创新文化的缘起、实践与演进——以中国科学院为例[J].中国科学院院刊,2021,36(2):208—215.

弘扬工匠精神,在实践中培养一批具有全球战略眼光、市场开拓精神、管理创新能力和社会责任感的优秀创新型民营企业家。此举不仅可以培育大批的具有创新意识和能力的民营企业家,还能促进影响企业创新活动持续开展的创新文化的建设发展,因为这些民营企业家本身就是创新文化的符号,他们的价值观念、行为做法都是企业创新文化的一定体现。

(二)制度体系方面

创新是引领发展的第一动力,是建设现代化经济体系的战略支撑,也是推动整个人类社会向前发展的重要力量。

2012年,以习近平同志为核心的党中央在党的十八大上提出了"创新驱动发展战略",坚持走中国特色自主创新道路,解放思想、开放包容,把创新驱动发展作为国家的优先战略,以科技创新为核心带动全面创新,以体制机制改革激发创新活力,以高效率的创新体系支撑高水平的创新型国家建设,推动经济社会发展动力的根本转换,为实现中华民族伟大复兴的中国梦提供强大动力。

2017年习近平总书记在党的十九大报告中强调,要瞄准世界科技前沿,强化基础研究,实现前瞻性基础研究、引领性原创成果重大突破。加强应用基础研究,拓展实施国家重大科技项目,突出关键共性技术、前沿引领技术、现代工程技术、颠覆性技术创新,为建设科技强国、质量强国、航天强国、网络强国、交通强国、数字中国、智慧社会提供有力支撑。加强国家创新体系建设,强化战略科技力量。深化科技体制改革,建立以企业为主体、市场为导向、产学研深度融合的技术创新体系,加强对中小企业创新的支持,促进科技成果转化。培养造就一大批具有国际水平的战略科技人才、科技领军人才、青年科技人才和高水平创新团队。在经济新常态下,我国的发展必须从资源要素驱动转移到以创新驱动的轨道上来,通过创新来驱动发展,走高质量的发展道路,为了使持续创新活动形成常态,创新文化的构建就必须加以重视。

同时,在促进创新文化建设上,要明确科技创新和科学普及是实现创新发展的两翼,出台的相关科普政策对整体创新氛围的营造也起到重要的作用。依据《中华人民共和国国民经济和社会发展第十三个五年规划纲要》《国家创新驱动发展战略纲要》,我国科技部制定出了《"十三五"国家科普和创新文化建设规划》,在此规划中针对当前国家和人民的迫切需要,提出了8大重点任务,分别是:提升重点人群科学素质;加强科普基础设施建设;提高科普创作研发传播能力;加强重点领域科普工作;推动科普产业发展;营造鼓励创新的文化环境;积极开展国际交流与合作;加强国防科普能力建设。"十四五"规划纲要"优化创新创业创造生态"一节提出,弘扬科学精神和工匠精神,广泛开展科学普及活动,形成热爱科学、崇尚创新的社会氛围,提高全民科学素质。

坚持科技创新与体制创新"双轮驱动"。进入中国特色社会主义新时代,中华民族伟大复兴向前迈出了新的一大步,2020年党中央在北京召开党的十九届五中全会,在全面建成小康社会之后,开启全面建设社会主义现代化国家新征程的时间节点,会议继续把创新作为发展的"第一动力",要求以深化供给侧结构性改革为主线,以改革创新为根本动力,坚持创新在我国现代化进程中的核心地位,发挥科技创新的引领作用,这既是我们国家创新驱动发展战略的必然要求,也是抢抓新一轮科技革命和产业革命重要机遇的必然选择。党的十九届五中全会把科技自立自强作为国家发展的战略支撑,更加强调自主创新,特别是关键核心技术领域,实施创新驱动发展战略,优化和完善国家创新体系,要坚持科技创新与体制机制创新"双轮驱动",加快建设科技强国。积极构建以国内大循环为主体、国内国际双循环相互促进的新发展格局,努力培育我国参与国际合作和竞争的新优势。在此新形势下,更加需要创新发展的力量,持续强化科技创新在世界百年未有之大变局中的关键作用、在中华民族伟大复兴战略全局中的支撑引领作用。要强化国家战略科技力量,提升企业技术创新能力,激发人才创新活力,让各方面的创新潜力释放出来,真正让企业成为创新的主体,力争到2035年,我国的关键核心技术实现重大突破,顺利进入创新型国家前列。"十四五"规划对创新制度提出了新要求。制定和实施国家经济社会发展的五年规划,是我们党治国理政的一种重要方式,是我国创新文化发展的纲领性文件。"十四五"规划纲要全文分为19个篇章,第二篇章以"坚持创新驱动发展全面塑造发展新优势"为主题,专门从强化国家战略科技力量、提升企业技术创新能力、激发人才创新活力、完善科技创新体制机制这4个方面对实施创新驱动发展战略提出了要求。这也迫切需要更加重视创新文化的建设,以创新文化促进创新活动的持续开展。

(三)行为规范方面

自2015年我国提倡"双创"以来,创新创业成了一个活跃的话题。国家统计数据显示,我国市场主体数量从2015年的7746.9万户增加到2021年的近1.5亿户,每天新注册企业数从2015年的1.2万户增加到2021年的2万多户。中国社科院和企查查联合发布的《2020中国企业发展数据年报》显示:截至2021年2月,我国共有在业/存续的市场主体1.44亿家,其中企业4457.2万家,个体工商户9604.6万家。2020年,我国新增注册市场主体2735.4万家,同比增长12.8%。①可见,我国创新创业氛围越来越浓,有越来越多的人投身创业浪潮中。创新创业的有序发展得益于、依赖于良好的行为规范,诚信及容错机制扮演着重要作用。在这方面,我们可借鉴比较成功的企业在文化构建上的经验,结合实际区域情况和产业特征为我所用。

文化可以通过人们的行为规范体现出来,作为影响企业创新活动的创新文化也不例外。在合理的科技创新容错及信用评价机制下,行为规范会得到正确的指引和约束。这对于破除科技创新实践中的体制机制障碍,最大限度解放和激发人们的创新潜能和创新意愿,营造想创新、能创新、能失败的创新氛围,防范和控制科技创新风险等有着重要现实意义。

2015年10月,习近平总书记在主持召开中央全面深化改革领导小组第十七次会议时就指出,基层改革创新,既鼓励创新、表扬先进,也允许试错、宽容失败,要营造想改革、谋改革、善改革的浓郁氛围。

2018年,国务院印发《关于全面加强基础科学研究的若干意见》明确提出,建立鼓励创新、宽容失败的容错机制,鼓励科研人员大胆探索、挑战未知。加强科研诚信建设。坚持科学监督与诚信教育相结合,教育引导科研人员坚守学术诚信、恪守学术道德、完善学术人格、维护学术尊严。指导高校、科研院所等建

---

①企查查联合中国社科院城市与竞争力研究中心发布"中国企业发展年报",哪些地区和行业在逆袭?[EB/OL].[2021-09-08].https://news.qcc.com/postnews_d209874a14ebb75ab68f92511218bbc6.html.

立完善学术管理制度,对科研人员学术成长轨迹和学术水平进行跟踪评价,对重要学术成果的发表加强审核和学术把关。抓紧制定对科研不端行为"零容忍"、树立正确科研评价导向的规定,加大对科研造假行为的打击力度,夯实我国科研诚信基础。

2018年7月中共中央办公厅、国务院办公厅印发《关于深化项目评审、人才评价、机构评估改革的意见》,要求在项目评审、人才评价、机构评估三方面进一步推进科技评价制度改革,尊重规律,分类实施,真正发挥好评价的导向作用,营造良好的科研环境,注重人才业绩和发展潜力评价、科研过程和科研成果评价相结合,健全和完善科技创新评价体系,加强监督评估和科研诚信体系建设,建立覆盖"三评"全过程的监督评估机制,将监督和评估嵌入"三评"活动事前、事中、事后全过程,为科研人员和机构减轻负担,激发其创新活力,培育形成激发勇于探索和不怕辛苦的科研精神的长效机制。文件还特别强调,对基层因地制宜的改革要探索建立容错纠错机制,激发改革动力,保护改革积极性。同年,中共中央办公厅、国务院办公厅印发《关于进一步加强科研诚信建设的若干意见》指出,科研诚信是科技创新的基石。激励创新,宽容失败。充分尊重科学研究灵感瞬间性、方式多样性、路径不确定性的特点,重视科研试错探索的价值,建立鼓励创新、宽容失败的容错纠错机制,形成敢为人先、勇于探索的科研氛围。同时,坚守底线,终身追责。综合采取教育引导、合同约定、社会监督等多种方式,营造坚守底线、严格自律的制度环境和社会氛围,让守信者一路绿灯,失信者处处受限。坚持零容忍,强化责任追究,对严重违背科研诚信要求的行为依法依规终身追责。在"十四五"规划纲要中,明确支持要健全鼓励国有企业研发的考核制度,设立独立核算、免于增值保值考核、容错纠错的研发准备金制度,确保中央国有工业企业研发支出年增长率明显超过全国平均水平。完善激励科技型中小企业创新的税收优惠政策。对基层因地制宜的改革要探索建立容错纠错机制,激发改革动力,保护改革积极性。当然,在科技创新领域建立容错纠错机制旨在支持鼓励创新,为科技人员松绑,减轻心理负担,但是对失败和失误的宽容并非意味着对科研不端行为的保护和纵容。这些宏观政策为创新文化构建,特别是创新文化内的行为规范层面营造了良好的政策环境。

(四)实物载体方面

创新文化的构建除了需要良好的价值观念、制度保障和行为规范外,还需要一定的适合创新活动开展的实物载体。

2012年党的十八大明确提出了我国的创新驱动发展战略,注重科技引领作用。为落实这一发展战略,政府逐步调整了大型科研机构、高端智库、研究型综合大学、企业研发中心、重点实验室和社会集智创新(创客)之间的关系,重组调整,优化布局,其目的在于营造良好的有利于创新活动开展的实物载体与平台。

2017年,科技部印发《国家技术创新中心建设工作指引》,目标是在"十三五"期间及后来的"十四五"期间,面向大数据、量子通信、人工智能等前沿科技领域建成20家科技创新中心。该《指引》提出,要充分发挥企业的主体作用,特别是在技术创新决策、研发投入、科研组织和成果转化方面,积极搭建专业化众创空间和各类孵化服务载体,加强资源开放共享与产学研用合作,打造由大中小企业、高校、科研院所和个人创客组成的众创平台,带动一批科技型中小企业的发展。国家技术创新中心一般分为两大类,一类是综合类,另一类为领域类,2017年,国家高速列车技术创新中心成为第一家领域类创新中心,2020年,京津冀国家技术创新中心成为第一家综合类创新中心。同年11月,科技部批准组建北京分子科学、武汉光电国家研究中心、沈阳材料科学国家研究中心等6个国家研究中心。[1]2020年,国家发改委联合科技部、财政部、海关总署和税务总局联合发布国家企业技术中心名单,其中国家企业技术中心为1636家、分中心为108家。

2018年5月,科技部和全国工商联联合印发《关于推动民营企业创新发展的指导意见》,要求发挥科技创新和制度创新对民营企业创新发展的支撑引领作用,并要大力地支持民营企业参与实施国家科技重大项目、支持民营企业建立高水平研发机构、鼓励民营企业发展产业技术创新战略联盟、加强民营企业创新人才培育等。一般而言,国家重点实验室承担着前沿技术研究和满足国家

---

[1]中华人民共和国科学技术部.科技部关于批准组建北京分子科学等6个国家研究中心的通知[EB/OL].[2018-12-23]. http://www.most.gov.cn/xxgk/xinxifenlei/fdzdgknr/qtwj/qtwj2017/201711/t20171123_136431.html.

重大科技需求的任务,是国家组织开展基础研究和应用基础研究、聚集和培养优秀科技人才、开展高水平学术交流、具备先进科研装备的重要科技创新基地,是国家创新体系的重要组成部分。2018年6月,科技部和财政部联合印发《关于加强国家重点实验室建设发展的若干意见》,提出了到2020年的建设目标,即国家重点实验室的发展规模为700个左右。其中,学科国家重点实验室300个,企业国家重点实验室270个,省部共建国家重点实验室70个。预计到2025年,我国的国家重点实验室体系将全面建成,整体的科研水平、科研质量和国际影响力获得大幅提升。截至2019年,我国有257个国家重点实验室,分布在9个学科领域。

2020年3月,科技部印发《关于推进国家技术创新中心建设的总体方案(暂行)》,方案指出,国家技术创新中心的建设分为综合类和领域类两个类别,力争到2025年,建成若干国家技术创新中心,培育壮大一批具有核心创新能力的一流企业,催生若干重要产业,形成若干区域创新高地。方案还提出,国家技术创新中心应该采取"中心(本部)+若干专业化创新研发机构"的组织架构,形成大协作、网络化的技术创新平台,并优先在国家自主创新示范区、国家高新区、国家农业高新技术产业示范区、国家可持续发展议程创新示范区等布局建设。

2021年,"十四五"规划纲要提出,加快构建以国家实验室为引领的战略科技力量,凸显了国家注重创新文化的物质载体建设。纲要明确指出,要聚焦量子信息、光子与微纳电子、网络通信、人工智能、生物医药、现代能源系统等重大创新领域组建一批国家实验室,重组国家重点实验室。优化提升国家工程研究中心、国家技术创新中心等创新基地。推进科研院所、高等院校和企业科研力量优化配置和资源共享。支持发展新型研究型大学、新型研发机构等新型创新主体。该规划纲要还提出建设重大科技创新平台。其中优先支持北京、上海、粤港澳大湾区形成国际科技创新中心,建设北京怀柔、上海张江、大湾区、安徽合肥综合性国家科学中心,支持有条件的地方建设区域科技创新中心。强化国家自主创新示范区、高新技术产业开发区、经济技术开发区等的创新功能。集约化建设自然科技资源库、国家野外科学观测研究站(网)和科学大数据中心。构建国家科研论文和科技信息高端交流平台。同时,大力支持企业科研大联合,鼓励行业龙头企业联合高等院校、科研院所和行业上下游企业共建国家产业创新中心,强化企业的市场主体地位,激发企业创新活力和创新文化的发展。

国家及部门层面关于创新文化主要政策文本		
颁发时间	颁发部门	文件名称
2022	科技部、财政部	《企业技术创新能力提升行动方案(2022—2023年)》
2021	全国人大	《中华人民共和国国民经济和社会发展第十四个五年规划和2035年远景目标纲要》
2020	科技部	《关于推进国家技术创新中心建设的总体方案(暂行)》
2019	中办、国办	《关于进一步弘扬科学家精神加强作风和学风建设的意见》
2019	国务院	《国务院关于推进国家级经济技术开发区创新提升打造改革开放新高地的意见》
2019	国务院办公厅	《关于支持国家级新区深化改革创新加快推动高质量发展的指导意见》
2018	国务院	《国务院关于全面加强基础科学研究的若干意见》
2018	中办、国办	《关于进一步加强科研诚信建设的若干意见》
2018	科技部、全国工商联	《关于推动民营企业创新发展的指导意见》
2018	科技部、财政部	《关于加强国家重点实验室建设发展的若干意见》
2018	中办、国办	《关于深化项目评审、人才评价、机构评估改革的意见》
2017	科技部	《国家技术创新中心建设工作指引》
2016	国务院	"十三五"国家科技创新规划

第二节 ‖ 重庆市层面创新文化的相关政策

重庆市作为我国西部唯一的直辖市,是西部大开发的重要战略支点、"一带一路"和长江经济带的联接点,同时也是国家重要的中心城市。因此,重庆市创新文化的发展对西部地区甚至全国都具有重要的借鉴和示范作用。

重庆市紧紧围绕国家赋予的发展定位,在国家创新文化政策的指导下,适时适当出台了一系列有关创新文化的政策,对于推动重庆市创新文化的发展,促进创新驱动发展,提升发展质量和民生福祉有着重要的助推作用。

(一)价值观念方面

2020年,重庆市发改委发布《关于支持民营企业改革发展的若干措施》,该文件支持民营企业参与涉企政策制定。文件要求制定涉及企业重大利益调整的政策,包括企业创新建设方面必须听取企业家的意见,鼓励有条件的民营企业加快包括企业文化及企业创新在内的现代企业制度建设;鼓励民营企业转型升级、优化重组,在以创新为核心上提升市场竞争力,并将按"专精特新""小巨人""隐形冠军"的标准,分类对民营企业进行培育,鼓励民营企业创新持续发展;积极鼓励企业参与成渝双城经济圈建设重大规划、重大项目、重大工程建设;创新民营企业服务模式,建立规范化机制化政企沟通渠道;完善政府诚信履约机制,推动地方政务诚信建设;促进民营企业规范健康发展,健全平等保护的法治环境,保障民营企业家和民营企业的人身和财产安全;引导民营企业聚焦实业守法、合规经营,积极投身以扶贫开发为重点的光彩事业和公益慈善,踊跃参与精准扶贫;完善支持民营企业改革发展工作机制,强化对支持民营企业改革发展的组织协调;主动讲好民营企业和企业家故事,挖掘重庆市优秀民营企业案例、企业家故事,加强对优秀企业的宣传报道。

这些政策无疑有着价值引导作用,对企业文化的构建有着重要的规范价值与持续发展的功能。

(二)制度体系方面

重庆市在深入实施创新驱动发展战略导向上,大力推动科技创新,提升科技创新能力,积极把握供给侧结构性改革和"放管服"改革的基本要求,以科研项目管理改革、科技金融管理改革、科技平台建设为突破口,着力解决创新驱动的技术供给、资本来源、创新生态三大支撑问题。《重庆市深化体制机制改革加快实施创新驱动发展战略行动计划(2015—2020年)》《关于重庆市发展众创空间推进大众创业万众创新的实施意见》等一系列政策性文件奠定了"十三五"科技创新的坚实基础,并为后来的"十四五"规划的制定与发展奠定了基础。

"十三五"期间,重庆市积极响应国家"十三五"规划中对创新的要求制定了《重庆市科技创新"十三五"规划》,该规划中提到,"十三五"时期,世界科技创新呈现新趋势,我国经济社会发展进入新常态,重庆市正处于转型升级和创新发展的关键阶段。面对新形势和新使命,重庆市必须加快推进以科技创新为核心的全面创新,统筹推进制度创新、管理创新、商业模式创新、业态创新和文化创新,推动发展方式向依靠持续的知识积累、技术进步和劳动力素质提升转变,促进经济向形态更高级、分工更精细、结构更合理的阶段演进。

重庆市的"十四五"规划中明确地提出了"坚持创新驱动发展,加快发展具有全国影响力的科技创新中心"[1],提出科技进步贡献率在"十四五"期间要达到63%,研发投入强度在2025年要达到2.5%。这无疑对重庆的创新发展提出了新的要求与目标,更是在企业创新文化建设上提出了紧迫的要求,也只有重视影响企业创新活动持续开展的创新文化,营造出内生的企业持续创新活力,才能为重庆市"十四五"规划提出的目标要求有效助力。

构建适宜区域性的影响创新活动的创新文化,涉及价值观、行为规范、政策导向、物质载体,同时要充分考虑该区域的产业特征和行业演进,充分借鉴国内相关企业特别是创新型企业在发展过程中形成的卓有成效的创新文化,分析其内在的构成元素,在此基础上来构建其区域的影响创新活动的创新文化建设。因为"文化作为组织成员的共同价值观体系,是创新群体的核心因素,对组织的

---

[1] 重庆市"十四五"规划纲要,带你一图读懂[EB/OL].[2021-10-30].https://www.sohu.com/a/463910900_121106884

存在和发展有着巨大影响……对创新群体产生巨大的内聚作用"。①

一是要聚焦重点领域技术创新。着眼于国内外科技革命和产业变革总趋势,切合我市重点产业转型升级需求,着力规划重点方向。重庆市出台的《重庆市制造业高质量发展"十四五"规划(2021—2025年》中提出在优势领域更加彰显,微型计算机、手机、汽车、摩托车产量占全国比重分别超过24%、9%、6%、29%,建成国内最大己二酸、氨纶生产基地。市场活力不断增强,规模以上工业企业数量超过6800家,其中千亿以上企业1家、百亿以上企业20家(独立法人)。创新能力持续提升,累计建成国家重点实验室10个、国家企业技术中心37家,规模以上工业企业研发投入强度超过1.6%、位居全国前列,12英寸电源管理芯片、硅基光电子成套工艺等领域在国内率先实现突破。对外开放持续扩大,世界500强工业企业有237家在渝布局,工业领域利用外资连续10年保持在40亿美元以上,规模以上工业企业出口交货值占规模以上工业企业总产值比重提高至19.4%。设施体系更加完备,构建起"2+10+36"产业园区体系,陆海互济、四向拓展、综合立体的国际大通道网络加快形成。同时,兼顾了新材料、新能源、现代农业、生态环保、新型城镇化、公共安全等多个方面重庆市在此领域有显著特点的技术创新。

二是要强化企业技术创新主体地位。技术创新的主体是企业,企业具有创新活动,对整个社会的创新氛围营造有着重要功能。重点实施企业研发投入倍增计划、研发机构倍增工程、引才计划等,推动创新资源向企业集聚;实施创新型领军企业培育计划,促进大型企业创新骨干作用发挥;实施科技型企业培育"百千万"工程,激发中小微企业创新活力;重点培育一批国家级和市级企业技术中心。

三是构建高效的研发组织体系。深化高等学校科研体制机制改革,全面提升高等学校创新能力;着力推进科研院所企业化运行管理、法人治理结构和人才激励制度改革,加快建设有特色高水平科研院所;加强基础科学与前沿技术研究前瞻布局和加大战略高技术攻关,积极抢占未来发展的制高点。

四是建设高水平创新人才队伍。完善人才激励机制;以"高精尖缺"导向大

---

① 陈长杰,翟涛,韩子寅,等.创新文化生态系统研究.[M].北京:科学出版社,2015:38.

力引进海内外优秀人才;不断优化创新型人才培养模式;促进人才在事业单位和企业间合理流动。

五是深化科技管理体制改革。通过健全科技创新治理机制、构建新型科技计划体系、完善科研项目和资金管理、强化科技管理基础制度建设、完善创新导向的评价制度等,建立健全符合科研规律、激发创新活力的体制机制,加快实现政府从研发管理向创新服务转变。

六是营造良好的创新生态环境。实施知识产权强市战略,启动产权强市推进工程,建成一批具有示范带动作用的国家知识产权强区、强县、强园区;推进质量、标准和品牌战略,统筹推进科技、标准、产业协同创新;改革产业准入制度和技术政策,完善财政科技投入保障机制,落实结构性减税政策等,不断完善激励创新的公共政策;强化科技金融服务支撑,构建多层次、全覆盖、高效率的融资体系;在推进创新创业方面,2016年重庆市颁布了《中共重庆市委 重庆市人民政府关于深化改革扩大开放加快实施创新驱动发展战略的意见》,从10个方面对重庆市的创新驱动发展做了全面的阐述,提出了战略发展目标,并明确了具体推进的举措。该文件提出要营造良好的创新生态,着力解决创新文化的制度层面痼疾,即要深化科研管理体制改革,以"放管服"改革为重点,清理废除科研管理全流程中一切妨碍创新活动的规定和做法,切实解决科研管理过紧过死的突出问题,为科研单位、科研人员"松绑";健全更加灵活有效的科研项目管理机制,发挥市场对技术研发方向、路线选择的导向作用,让创新主体拥有更大的自主空间。强调科技行政管理部门要加快转变管理方式,强化战略研究、规划制定、监督管理和统筹协调,委托第三方专业机构管理具体项目;完善科研经费管理办法,简化预算编制,下放预算调剂权限,合理有效地配置和利用好科研经费;改革完善科研成果评价机制,科技行政管理部门不再组织科研成果评价工作,改由委托方委托专业评价机构进行。改革完善科技奖励制度,注重科技创新质量和成果转移转化效益,增强科技奖励的导向作用;完善科技人员管理制度,为科技人员对外交流构建宽松、顺畅和便捷的通道。加快推进大型科研仪器设备和研发公共服务平台开放共享,提高科技资源的使用效率。深入贯彻实施创新驱动发展战略,重庆市于2016年6月制定了《重庆市深入实施创新驱动发展战略工作方案》。在人才改革方面,优化人才培养方式,实施科技领军人才培育计划,推动人才评价向科技型、创业型人才倾斜。同时,在"十四五"发展规划及2035远景发展目标上,明确提出使重庆成为具有国际影响力的活跃增长极和强劲动力源,使重庆"三个作用"的发挥更加突出,进入现代化国际都市行列,综合经济实力、科技实力大幅提升。

这些政策及推进方向显然侧重于在体制机制和制度建设方面为创新文化发展提供保障和有效支撑。

(三)行为规范方面

文化的作用与功能之一,在于对组织内的人群形成一定的、持续的做事规范。技术创新的主体在企业,企业内的人群的创新意愿如何直接影响着创新的成败,而创新意愿需要激励。

重庆市主要是在政策中突出创新激励、教育培训、科普和道德约束。2016年1月5日,为加快实施创新驱动发展战略,发挥企业在技术创新中的主体作用,促进创新文化要素向企业集聚,重庆市政府印发《重庆市促进企业技术创新办法》,该文件的第十五条要求鼓励企业运用互联网等工具搭建群众性创新活动平台,激发企业人才的创新潜力和活力,并通过激励机制使创新精神和行为在企业及社会中得到持续的体现。这是构建创新文化必须思考的重要成分与内容。在营造与推进创新行为规范方面,重庆市在"十三五"规划中也有创新文化行为规范方面的相关表述,规划要求加强科学技术普及,努力提升全民科学素质;大力弘扬创新精神和创新文化,在全社会形成支持创新、鼓励创新、参与创新的良好氛围。在"十四五"规划中,提出打造聚才"洼地"和用才"高地"。健全以创新能力、质量、实效、贡献为导向的科技人才评价体系,构建充分体现知识、技术等创新要素价值的收益分配机制。这无疑是对创新主体的创新意愿的具有针对性的激励机制,在构建创新文化中是应有之元素。

(四)实物载体方面

创新活动的开展必须有相应的载体支撑,使其创新价值观念、创新行为、鼓励创新的相关政策得以有效推进与开展。重庆市在"十三五""十四五"规划中都明确地提出了健全科技创新体系,建设产业创新高地;加快众创空间建设,依托众创空间打造专业化新型孵化器;集成推进国家自主创新示范区建设,按照五大功能区域产业定位,合理布局建设一批高新技术产业开发区、农业科技园区和特色产业科技园区,加快创新要素资源在重点园区聚集;推进全方位开放式创新。围绕重庆市支柱产业和战略性新兴产业发展需要,面向全球加快引进科技创新资源,大力促进国内科技合作;实施产学研协同创新示范工程,探索建立新型协同创新研究机构,推动产学研协同创新。为了深化创新驱动发展,推进创新文化的载体建设,重庆市于2016年6月制定了《重庆市深入实施创新驱动发展战略工作方案》,提出要加快建设全国行业领先的创新研发平台,着力构建开放式研发创新体系,切实提升产业技术创新能力,着力壮大科技服务机构规模,加快释放科技红利和积极培育科技型企业和科技小巨人。在创新创业培育新格局方面,要加快建设众创空间、企业孵化器。强化产业共性关键技术攻关和新产品研发,促进商业模式的创新发展。在基地建设方面,积极创建国家自主创新示范区,着力打造一批创新创业示范基地。培育壮大一批科技创新园区,大力提升创新创业孵化能力。围绕重庆市产业发展方向,结合战略性新兴产业发展技术创新需求,重点推进先进制造、互联网、大健康三大领域技术创新。在"十四五"规划中更是明确地提出了推动政府重大科研平台、科技报告、科研数据进一步向企业开放,构建全方位、多层次、多类型的科技研发平台体系。

制造业是重庆市的支柱产业,为了促进制造业的创新发展,实现与互联网进行融合,推动制造业的转型,围绕制造业与互联网融合的关键环节,构建制造业与互联网融合"双创"平台,培育新模式、新业态。2016年10月28日印发《重庆市制造业与互联网融合创新实施方案》,以此推动创新文化中物质载体的建设。

产业技术创新联盟是一种新的组织结构,对于推动创新及创新文化的发展有重要作用。2017年,随着创新文化发展的深入,重庆市经济和信息化委员会联合重庆市科学技术委员会等多个部门制定《重庆市推动建设产业技术创新联盟实施方案》，组建由企业牵头，联合国内外高校、科研院所或金融机构等其他组织机构，整合各方各领域的创新资源，按市场经济规则联合组建，形成联合开发、优势互补、利益共享、风险共担的技术创新合作组织。此外，还要鼓励创新联盟法人化运营，成为法人化的创新平台。2019年6月，重庆市科技局、财政局和发改委联合《重庆市科技创新基地优化整合方案》，旨在以提升自主创新能力为核心，大力推动基础研究、技术开发、成果转化的协同创新。根据不同类型科研基地功能定位，对现有市级科技创新基地进行分类梳理，归并整合为科学与工程研究、技术创新与成果转化、基础支撑与条件保障三类进行布局建设。

在对政策效果的实时评估基础上，重庆市政府日趋重视创新文化的载体建设，在2019年12月，印发《重庆市引进科技创新资源行动计划（2019—2022年）》，该计划提出了5项重点任务，旨在为创新文化的进一步发展提供更多的载体，即设立高端研发机构、共建联合研发基地（中心）、建立科技成果转化基地（中心）或技术转移转化服务机构合作、推动"双一流"建设合作和建设科技创新平台。这些政策制定与导向，对推动多元化的创新平台建设，为创新文化的发展提供了具有针对性、实用性的创新载体。

总体而言，国家和重庆市层面都积极推进创新文化的发展，为其提供适宜的政策环境，从物质、制度、行为和价值四个层面加以明确和细化，推动技术创新、业态创新、意识创新及模式创新，从而对促进创新文化的发展起到了积极作用。从目前政策分析层面来看，多倾向于经济和企业发展方面，其中不乏一些针对某一领域、行业的专门性发展政策，也有针对整个行业、全领域的普遍性政策。从宏观层面来看，创新集中在经济领域和企业中，而企业的创新主要体现在其技术创新活动、制度改革或企业文化建设中。因此，当前的政策表明，企业是创新文化的重要场域，抓住了企业创新文化就是把握住了创新文化发展的关键。与此同时，也说明对社会和文化层面加以引导的政策文本相对较少，尚未形成创新文化的政策体系，创新文化的政策营造仍然需要不断加强。

下面是笔者梳理的重庆市有关创新文化的政策文本（2015—2020）。

重庆市有关创新文化的政策文本		
颁布时间	颁发部门	文件名称
2020	市发改委	《关于支持民营企业改革发展的若干措施》
2020	市政府办	《重庆市建设国家新一代人工智能创新发展试验区实施方案》
2019	市政府	《重庆市引进科技创新资源行动计划(2019—2022年)》
2019	市科技局、财政局、发改委	《重庆市科技创新基地优化整合方案》
2018	市科技局	《重庆市科研机构技术创新与成果转化引导专项实施细则》
2017	市政府	《重庆市科技创新"十三五"规划》
2017	市经信委、市科委等	《重庆市推动建设产业技术创新联盟实施方案》
2016	市政府	《重庆市制造业与互联网融合创新实施方案》
2016	市委、市政府	《中共重庆市委 重庆市人民政府关于深化改革扩大开放加快实施创新驱动发展战略的意见》
2016	市政府	《重庆市促进企业技术创新办法》
2016	市政府	《重庆市深入实施创新驱动发展战略工作方案》
2015	市委办、政府办	《关于重庆市发展众创空间推进大众创业万众创新的实施意见》
2015	市委、市政府	《重庆市深化体制机制改革加快实施创新驱动发展战略行动计划(2015—2020年)》

第四章 重庆市促进创新活动开展的文化建设现状

文化作为一种社会现象,从广义上来说是指人类社会活动及其物质和精神生活方式的总和。狭义上指社会的精神生活方式的总和,包括价值观念、习俗、制度和人际关系等。创新文化则是创新与文化融合的结果,涉及与影响创新活动开展相关的文化元素,同时与本民族的文化相结合,形成一种有利于促进创新活动的文化环境和文化氛围,这是我们理解的创新文化的本义。也只有这样,才能赋予创新以文化的内涵,也是基于此,我们才能去推进创新文化建设。

创新文化是指与创新有关的文化形态包括价值观、信念、态度等人文内涵,也可以说是整个民族文化中与创新有关的价值观念、道德传统、制度体系等人文内涵。创新文化是一个体系,包含四个方面:价值观念、制度体系、行为规范和实物载体。建设影响创新活动的创新文化,应从文化的内涵、创新文化的元素;国内外典型的创新型企业内部的企业文化分析;结合区域内的行业特征等三个方面来思考与构建。而对本区域的、有利于创新活动开展的企业创新文化的现状进行调研梳理是前提。本章在分析重庆市创新文化建设现状时也是从这四个方面着手。

第一节 ‖ 重庆市创新文化的价值观念的建设现状

创新文化和价值观体系是相辅相成的。价值观是一个民族或地区的思想观念、行为习惯、交往方式等的评价标准和理想取向,是维系民族的协调性和统一性的深层软实力。价值观是文化精神内核的体现,是人的精神观念客体化以及客观世界主体化的纽带和桥梁。

创新文化对地区发展至关重要,特别是在建设创新型城市的过程中必须首先确立其核心的价值追求,即明确发展的价值导向问题,清晰指出创新文化的发展方向和宗旨,以创新文化的价值观念引领地区的发展走向,发挥价值观在行为规范、制度建设、物质载体等方面的引导作用,形成正确的以价值观为核心的创新文化体系。党的十八大报告中首次以12个词概括了社会主义核心价值观:"倡导富强、民主、文明、和谐,倡导自由、平等、公正、法治,倡导爱国、敬业、诚信、友善,积极培育社会主义核心价值观。"这既与中国特色社会主义发展要求相契合,也是构建企业创新文化上的价值引导与遵循。

重庆是我国西部唯一的直辖市。在历史发展的长河中,重庆走过了几段特殊的历程。有清朝时期的湖广填四川、抗战时期的内迁、新中国成立初期的三线建设、20世纪90年代的三峡移民和坚持"两点"定位、"两地""两高"目标,发挥"三个作用"和推动成渝地区双城经济圈建设,重庆迎来了新的发展机遇。区域创新能力持续提升,全社会研发经费支出年均增长17.4%,高新技术企业数量增长3.3倍,西部科学城高起点高标准规划建设,"一区两群"空间布局优化,城乡区域发展更加协调。

纵观历史和现在,特别是党的十八大以来,重庆的快速发展离不开重庆的创新文化的营造与支撑。在历史上,重庆市的创新文化整体体现出的较明显特点有这样一些:其一,具有创新文化特征之包容精神。作为一座有性格的大城市,包容是重庆创新文化的显著特征。古往今来,重庆是一座移民的城市,经历过多次大规模的移民而形成现在的人口规模和多元的人口结构,从而铸就了重庆"兼收并蓄,兼容并包"的文化品格。包容是一种高尚的精神境界,是为集体利益乐于牺牲,是为国家发展而甘于奉献,包容已经成了重庆人文精神一道最鲜明的底色。重庆人文精神是重庆创新文化的关键要素,是推动重庆创新发展的精神动力。包容不仅在于创新活动本身的内在要求,对于构建"近悦远来"人才生态也是重要的环境要素。重庆不仅包容外来人,还吸纳外来文化和先进技术,通过"引进来"和"走出去",更对于创新活动过程中受挫的包容,形成了重庆创新文化的独特元素。可以说,"开放包容,创新不止"是重庆创新文化发展的内在逻辑。

其二,重庆人性格中拼搏精神对创新文化的塑造。拼搏精神是重庆创新文化价值观念的又一重要特征。作为一种价值观念,拼搏精神是创新活动中的重要组成部分,对创新活动的效果具有正面影响,并构成了创新能力的关键指标,具体表征为企业家创新精神。企业家创新精神的根本属性在于其所表现出来的社会性,即创新的社会化特征。企业家的创新必须有企业的存在才能进行,企业的生存又依赖于社会的需求,企业家的创新是为了满足社会需求而开展的创新活动,是对各种消极应对和保守思想的革除,是企业家拼搏精神的体现。所以,社会和人的需要是这种创新精神发展的现实基础和原动力,企业内企业家创新精神的生成和发展的根本形式是这种创新精神本身的培育和展开。因而,社会需要和市场需求是企业家创新精神的最原初的动力。同时,有研究表明,企业家精神显著提升了城市全要素生产率。有研究表明,在地方政府制定过高经济增长目标的地区,企业家精神对城市全要素生产率的提升作用较弱。而且,企业家精神对一般地级市全要素生产率的促进作用弱于直辖市、省会城市和副省级城市;对西部地区城市全要素生产率的促进作用弱于东部地区;同时,在科教水平较低的城市,企业家精神对城市全要素生产率的促进作用弱于科教水平较高的城市。[1]重庆作为直辖市之一和区域中心城市,企业家精神对城市全要素生产率的提高有着更大的正相关作用,这就在一定程度上有利于区域创新文化的培育和发展。在"大众创业,万众创新"的新形势下,创新文化的培育要建立在企业家的创新创业精神的基础之上,并通过企业家的创新创业精神推动一个城市和区域的创新发展。从理论和实践上讲,企业家的创业精神与创新精神都积极且显著地促进了全要素生产率的提升;创业精神对全要素生产率增长有显著的正效应[2]。

其三,重庆人性格中的务实精神也构成创新文化的重要元素。务实是创新的源泉,创新是发展的动力。创新聚焦于解决问题的思想方法,务实则体现在目标任务的落实上。讲求务实和追求创新的统一,形成相得益彰的良性互动和相辅相成。务实与创新的有机结合,成为重庆在"两地""两高"目标实践中弘扬民族精神和时代精神的具体体现。回顾历史,无论是在20世纪80年代初期我国启动城市经济体制综合改革之际,重庆率先成为计划单列市并进行大城市经济体制综合改革试点,还是在20世纪90年代中期我国实施区域协调发展战略

---

[1]李政,刘丰硕.企业家精神提升城市全要素生产率了吗?[J].经济评论,2020(1):131—145.
[2]代明,郑闽.企业家创业、创新精神与全要素生产率增长——基于中国省际面板数据的实证分析[J].科技管理研究,2018,38(1):156—162.

之际,重庆作为我国中西部唯一直辖市,进入促进区域协调发展的前沿阵地;还是21世纪初全面贯彻落实科学发展观之际,成为全国统筹城乡综合配套改革试验区,肩负起为全国率先探索统筹城乡发展之路的历史使命,重庆都对改革开放事业做出了贡献。相信重庆会在"两地""两高"和成渝地区双城经济建设中有着更大的推进。而对于构建创新文化,营造创新活动的氛围就显得必要且有现实意义与价值。

其四,重庆之"三敢"精神为重要区域创新文化的构建提供了强劲的内生动力。重庆的改革开放汇聚了新时代敢闯敢试、敢"吃螃蟹"、敢担风险的智慧和力量。作为我国重要的中心城市,长江上游经济中心,西部地区重要增长极和城乡统筹发展的直辖市,改革开放40年来,敢闯、善闯的重庆取得了一个又一个的骄人成绩。从20世纪70年代末,重庆嘉陵机器厂制造出中国第一辆国产民用摩托;20世纪80年代中期,由重庆发起的"四省区五方"经济协调会是中国改革开放史上横向联合的最早形式,对西南一片、长江一线的开发开放发挥了重要作用;在1985年,重庆实际利用外资金额仅仅2499万美元,但是到了2019年,重庆利用外资的总金额就突破百亿大关,达到103.1亿美元[①];20世纪90年代初,重庆商业"四放开"经验成功推向全国,为探索流通领域的改革做出了有益尝试。重庆首创的"地票"制度有效促进了农村土地使用权流转,为全国的土地供给侧结构性改革贡献了智慧;中欧班列(重庆)"四季不停运"等,这些都是重庆"三敢"精神的最好诠释。

总之,在新常态下,将重庆打造为西部大开发的重要战略支点、"一带一路"和长江经济带联结点,打造"两地""两高"就需要创新文化来支撑,以创新文化的价值体系为引领,将重庆的包容精神、拼搏精神、务实精神和"三敢"精神融入城市特别是企业创新文化的构建中,并体现在创新活动的各个环节,充分利用好重庆本有创新文化资源,再借鉴国内外创新活动中的成功经验来推进新常态下重庆企业的创新文化建设,这无疑是值得思考的一种路径。

---

① 廖元和.重庆改革开放四十年历程与未来发展趋势[J].西部论坛,2018,28(6):15—23.

第二节 ‖ 影响创新活动的创新文化制度体系的建设现状

在创新文化体系中,制度体系是创新活动的保障,是创新文化建设的关键环节。要营造适合创新文化发展的制度环境,确立多元互动的创新机制,建立有利于创新的评价体系,目的是建立一套价值导向明确、保障创新的规章制度,如人才培养使用制度、考核评价制度、奖惩激励制度、财务审核制度、科研管理制度、成果转化制度等,并确保制度得到有效执行。对创新文化建构的重视,包括对其中制度体系的重视形成一种自觉,对于企业来讲也是一个逐渐展开的认识过程。

大致而言,重庆市在创新文化的制度体系建设上主要是从制度创新、创新政策及创新体制机制三个方面采取了多种措施推进制度建设。

其一,重视制度创新,统筹协调机制逐步完善。制度创新是经济转型发展的长期保障,制度创新与科技创新是相辅相成的关系,一方面制度创新能够促进科技创新,另一方面科技创新对制度创新衍生出新的要求。重庆作为国家中心城市和西部创新中心,坚持把以科技创新为核心放在重要的位置上,将科技创新和制度创新当作促进创新驱动发展战略实施的"双轮",不断强化科技创新和制度创新的融合,推动科技创新和制度创新的协调运转。所以,在制度创新方面,重庆市陆续颁布了《关于重庆市发展众创空间推进大众创业万众创新的实施意见》《重庆市深化体制机制改革加快实施创新驱动发展战略行动计划(2015—2020年)》和《重庆市深入实施创新驱动发展战略工作方案》,特别是在重庆"十三五""十四五"规划中都对影响创新的制度和政策予以重视。重庆市出台的一些政策在创新文化制度体系中产生了引导作用和激励效应,取得了积极成果。比如在创新产业领域,电子信息、汽车等支柱产业和战略性新兴产业增长快于一般工业,金融和服务贸易等现代服务业增长快于传统服务业,三大产业结构比例由2010年的8.6∶44.6∶46.8调整为2019年的6.6∶40.2∶53.2。制造业发展突出高端化、配套化、集聚化,形成了"6+1"支柱产业集群。其中,高技术制造业和战略性新兴制造业对重庆工业经济增长的贡献率分别为34.8%和

42.1%。出台政策中的科普政策对形成创新的社会环境也起到了积极的作用。如在科普事业领域,按照"政府主导、部门协调、社会参与、多元投入、注重实效"的工作方针,加强政策引导,注重资源配置,建立完善重庆市科普工作联席会议制度。充分发挥重庆市科普行政管理部门在组织领导、统筹协调、资源整合以及督促检查方面的重要作用,将科普工作纳入中长期科学和技术发展规划纲要,不断完善科普宏观管理体制和运行机制。重庆市初步建立了科普工作检查评估机制,着重提升重点人群的科学素质和创新能力。据统计,2019年重庆市公民具备科学素质的比例达到9.02%,比2018年的8.01%提高了1.01个百分点,提升幅度为12.61%。重庆市各区县公民科学素质水平大幅增长,主城片区公民具备科学素质的比例达到12.9%,已超过创新型城市10%的基本标准。[1]创新是人们探索未知世界的学习过程,也是除旧布新的演进过程,不仅需要个人或单位的大胆创新精神,更需要有适宜的创新环境和机制保障。近年来,重庆市积极建立和完善创新容错机制,确立"解放思想,求真务实;大胆创新,积极探索;纠错纠偏,合理容错"的原则,建立创新容错纠错机制,明确"容错边界",构建崇尚创新、迎难而上、敢于拼搏、勇于突破的价值理念和文化导向,营造支持创新、允许试错、宽容失败的创新环境,形成了允许创新有失误但不允许不创新的鲜明导向,最大限度地调动创新主体的积极性、主动性、创造性,为其开展创新活动提供良好的创新环境,鼓励更多的想干事、肯干事、能干事的创新人才从事创新。重庆在此方面的实践过程及其所取得的实际成效表明,在重塑价值链、创新发展的基础上,应该要坚持制度创新,运用制度手段为创新文化的发展给予持续的保障,并厘清政社、政企关系,充分发挥政府的服务型作用和市场的决定性作用,更好地促成创新文化的升级、创新发展。

其二,不断优化创新政策环境,推进健全创新政策体系。重庆市将创新作为引领发展的第一动力,要求将创新贯穿一切工作,不断激发全社会的创新活力和创造潜能。2015年6月,重庆市政府印发《重庆市深化体制机制改革 加快实施创新驱动发展战略行动计划(2015—2020年)》,明确了"1+X"创新驱动战

---

[1]重庆市科学技术协会关于重庆市2019年公民科学素质调查结果的通报[EB/OL].[2019-12-20]. http://www.cqast.cn/htm/2019-12/20/content_50751622.htm.

略,通过构建以市场为导向的"三大创新体系",全面提升重庆创新驱动力和产业的核心竞争力,充分体现了重庆"见法人、见企业、见项目、见业务量、见配套体系"的务实精神。在"1+X"创新驱动战略中的"X"是指系列配套政策,即重庆陆续颁布了《重庆市加大研发经费投入工作方案》《关于重庆市发展众创空间推进大众创新创业的实施意见》《重庆市促进科技成果转化股权和分红激励实施办法》等相关政策,从而确保创新驱动战略的有效落地实施。在战略行动计划文件中要求实现"三链"协同,即促成产业链、创新链、资金链的耦合协同,营造全面开放的创新环境,激发广大科技人员的创新活力。政策侧重对企业创新的支持,即要为企业研发给予财政补贴、产品重点扶持、低息或免息商业贷款、政府购买支持和税收减免等多个方面。之后,重庆市政府各主管部门还陆续印发了《重庆市科学技术普及工作奖评选办法(试行)》《重庆市青少年科技创新市长奖评选工作细则》《重庆市科普基地创建及管理暂行办法》《重庆市科普基地评审认定细则》和《科技传播与普及项目及经费管理暂行办法》等一系列配套政策文件。通过一系列的政策文件,创新的政策措施得到了进一步完善,形成了较为完备的创新政策体系,优化了创新生态环境,激发了社会各主体的创新创造活力,重庆的创新能力持续攀升,并最终涌现出了不少新技术、新产品、新业态和具备较大影响力的创新型企业。如2015年,京东方液晶面板8.5代线成功投产;率先研发出的15英寸单层石墨烯薄膜,成功生产出全球首批量产石墨烯屏手机;等等。

其三,创新组织体制机制,逐步改善创新文化的组织保障。一般来说,狭义上的组织架构是指为了实现组织的预期目标,运用组织理论设计形成的关于该组织内部横向的各个职能部门和纵向的各个层次之间固定的排列组合方式,即组织内部的构成方式。创新组织架构或创设新组织是适应创新文化发展的需要,也是创新发展的保障。为了推动《重庆市深化体制机制改革加快实施创新驱动发展战略行动计划(2015—2020年)》的落地实施,成立了重庆市创新驱动发展战略行动计划领导小组,建立了重庆市级多部门联席会议制度,专门负责该战略行动计划的组织实施,从而打通政府部门的横向和纵向互动壁垒。此外,为了促进政府资源与社会资源的融合发展,2019年7月24日,重庆市科学技术协会联合重庆科技学院成立了重庆市创新文化研究中心，这是重庆市首个以创新文化研究为核心定位和首要发展目标的新型科技创新智库。该中心融合了重庆市科学技术协会的组织、资源优势和重庆科技学院的人才、专业优势，建设目标是要成为引领重庆市技术创新、产业进步、社会发展的科技创新高端智库，为重庆市的创新驱动发展战略提供强有力的智力支持。在科普人才队伍和科普组织的发展方面，目前重庆建立了市科普咨询专家库，并与北京、上海、天津等地的科普咨询专家库实现了资源共享。科技（科普）组织机构逐步建立健全，部分村（社区）建立了科技中心，依托农村科技特派员专项行动计划初步建立了科技服务"三农"的新型科技推广服务体系。多数中小学建立了科技（科普）业务指导机构和队伍，各种形式的科普志愿者队伍不断壮大，以科技培训、科技咨询、科技服务为重点的农村社区科普宣传取得了显著成效。研究发现，一个地区的创新文化、创新价值理念、创新制度机制等也是影响创新科技人才集聚的重要因素。

显然，重庆在创新制度、创新政策和创新体制机制三个方面共同促成了创新文化的制度体系。通过创新政策引领指明创新发展的方向，为创新文化的形成提供政策指引；通过完善创新制度执行创新政策的战略部署，为创新文化的形成奠定制度基础；通过创新组织架构、创设新组织将创新政策和制度的要求以组织联结的形态呈现，为创新文化的形成提供实践机制。

第三节 ‖ 影响创新活动的创新文化中行为规范的建设现状

行为规范是创新文化建设可持续性的重要保障，行为规范是社会群体或个人在参与社会活动中所遵循的规则、准则的总称，是社会认可和人们普遍接受的具有一般约束力的行为标准包括行为规则、道德规范、行政规章、法律规定、团体章程等。行为规范是在现实生活中根据人们的需求、好恶、价值判断而逐步形成和确立的,是社会成员在社会活动中所应遵循的标准或原则。由于行为规范是建立在维护社会秩序的理念基础之上的,因此对全体成员具有引导、规范和约束的作用。一个区域或企业内的创新文化同样对创新主体的行为有所规范。在基于行为规范对重庆市创新文化建设现状的调研分析上,我们分别从个人行为规范、科技工作者行为规范、创新型企业行为规范三个方面展开分析研究。

其一,个人行为规范方面。人才是第一资源,截至2020年,我国全时研发人员523.3万人[1],其创新潜力得到释放对我国的创新发展是一个巨大的动力。重庆在"十四五"规划中也提出了"实施英才计划",提出了"一重点产业集群一人才政策",其个人的行为规范如何影响到创新的质量与数量。行为规范根植于每个人具有的对客观事物的认知状态和价值取向,科学素养、诚信是衡量个人行为规范的重要标准。据中国科普所统计,2019年重庆市具备科学素质的公民比例为9.02%,比2018年提高12.61%,位居西部十二省区市前列,体现出重庆创新人才的行为规范在提升。重庆市以制度形式催生诚信文化及诚信行为,引导政府、社会及个人的行为规范,为创新文化建设提供制度上的保障,从而将行为引导向有利于创新的领域。

其二,科技工作者行为规范方面。科技工作者的行为规范主要从项目管理、奖惩等方面衡量。重庆市近年来印发实施了包括《重庆市科研项目管理办法(试行)》;《重庆市科学技术奖励办法》《重庆市科技计划项目资金管理办法(试行)》《重庆市科学技术普及工作奖评选办法(试行)》《重庆市百名工程技术高端人才培养计划实施办法》等配套政策措施,目的在于从科研项目的申请、立项、评审、结题、评估等方面,对科研工作者在科研项目管理、资金管理等方面做制度化的管理,并在科研工作者的科研热情和动力方面进行激励。具体措施包括,基础科学与前沿技术研究专项、决策咨询与管理创新研究专项、社会事业与民生保障科技创新专项,按照"需求引导、竞争立项、同行评价、目标验收、事前资助"的原则组织实施;重点产业共性关键技术创新专项按照"需求引导、竞争立项、多维评价、效益优先、事前资助与事后补助相结合"的原则组织实施。实

---

[1] 迟福林.以科技创新赢得发展主动[J].社会治理,2022(6):5—8.

行科技报告制度。对财政资金资助的科技研发项目,项目承担单位应当按规定提交科技报告。科技报告采取项目执行报告、阶段性重大成果(重要进展)报告、结题报告等形式,定期报告项目的实施过程、进展与突破、项目绩效等情况。科技报告提交情况则被当作对项目承担单位和项目负责人实行科技信用记录的重要依据。

向社会公开财政资金资助科技研发项目的立项信息、专家评审信息、验收结果信息等,接受社会监督。项目承担单位应当在本单位内部公开项目立项、主要研究人员、资金使用、设备购置以及研究成果等情况,接受内部监督。逐步完善科研工作者进行科研创新的政策体系和制度保障。

其三,科技创新型企业的行为规范。科技创新的主体在企业,为贯彻《重庆市深化体制机制改革加快实施创新驱动发展战略行动计划(2015—2020年)》,构建以市场为导向、企业为主体的创新体系,促进产业转型升级,大力培育科技创新型企业,规范创新型企业的经济行为,重庆市相继颁布了《重庆市科技型企业标准和管理实施细则》《关于提高政府部门科研机构R&D统计效能的指导意见》等政策,并对科技创新型企业的准入标准做了相对合理的规定。如依法在重庆市行政区域内设立、登记、注册一年以上,具有独立法人资格,从事符合国家政策的研究、开发、生产和经营业务,资产状况和知识产权清晰,会计核算健全,R&D经费支出归集规范。大型企业当年R&D人员数占从业人员总数比例≥3%,R&D经费支出占主营业务收入比重≥1%;中型和小型企业当年R&D人员数占从业人员总数比例≥5%,R&D经费支出占主营业务收入比重≥2%;微型企业当年R&D人员数占从业人员总数比例≥10%,R&D经费支出占主营业务收入比重≥3%。对科技型企业的管理方面也做了较为详细的规定,包括向主管单位上报每年度会计报表、年度R&D经费支出情况,主管部门对企业近三年获得的科技平台、知识产权、高新技术企业证明的审核等管理办法。重庆市颁布了《重庆市人民政府办公厅关于大力培育高新技术企业的实施意见》,围绕实施创新驱动发展战略,按照供给侧结构性改革的要求和建设西部创新中心的需求,集聚创新要素,大力培育高新技术企业,打造具有国际竞争力的高新技术产业集群,推动全市产业转型升级。根据重庆生产力促进中心、重报大数据研究院联合发布的《重庆科技创新指数报告(2019)》,重庆市综合科技创新指数达到69.79%,同比提高了3.56个百分点。而且另据《中国区域科技创新评价报告2020》,2019年重庆综合科技创新水平指数排在全国第7位。[①]

第四节 ‖ 重庆市创新文化中的实物载体的建设现状

纵观人类认识世界和改造世界的文明进程,从根源上讲,核心就是以创新文化为引领,不断突破禁锢、不断创新发展的演变过程。历史经验表明:一个国家或者地区,如果没有创新的文化,就不会有创新的科技成果,更无法实现创新发展。创新文化的强烈意识和有效行动是培育出真正的创新文化的基础。同时,任何文化的发展都需要相应的物质载体来实现其作用。创新文化的实物载体一般分为三个层次:一是企业、科研院所和高校;二是基于共享与合作的企业创新平台及服务大众的社区科普创新服务平台;三是基于合作共赢的项目合作及其平台。

(一)企业和科研院所、高校创新文化中的实物载体建设

企业是创新的主体,是科技创新的主力军。从扶持创新型企业发展,从而带动创新文化发展的角度,《重庆市国民经济和社会发展第十四个五年规划和二〇三五年远景目标纲要》中明确提出要"坚持企业主体、市场导向,健全产学研深度融合的科技创新体系,建设产业创新新高地","推动政府重大科研平台、科技报告、科研数据进一步向企业开放",同时发挥大企业和共性技术平台带动作用。提出加快打造一批科教融合、产教融合平台,到2025年新型研发机构达到300家。构建以市场为导向、以企业为主体的创新体系,强化企业的创新主体地位和主导作用,围绕优势产业大力培育多层次的、产权明晰的企业研发创

[①]重庆市人民政府.《重庆科技创新指数报告(2020)》.

新中心、技术中心,搭建一批产业技术创新联盟,提升企业技术研发的创新水平。不断健全产学研协同创新机制,推动科研院所和高校重点实验室、工程(技术)研究中心成为创新成果转化服务中心,鼓励组建产业技术创新研究院等新型研发机构。完善技术创新服务体系,加快建设国家技术标准创新基地,大力培育技术交易、知识产权运用与保护、法律服务等服务机构。重庆市通过政策倾斜、资金支持和税费减免等举措不断强化企业的创新主体地位,积极构建以企业为主体、市场为导向、人才为支撑、政产学研用相结合的协同创新体系,启动了科技企业培育"百千万"工程,并制定了"双高"企业培育实施方案。据新华社报道,截至2019年,重庆市科技型企业的引进及培育取得了积极成效,数量高达16 918家,增长53.4%,其中高新技术企业数量3141家,增长25%。重庆市还大力支持有创业需求的科研院所的科研人员和企业的研发人员等具有一定技能特长或专利技术的人创办科技型中小企业,通过完善股权、期权、分红权等收益分配机制,鼓励支持大型企业以服务外包等形式将中小企业纳入产业技术创新联盟,为中小企业注入创新血液,帮助中小企业提高科技创新能力。同时,重庆市从创新型企业发展的内部政策规范和外部环境政策支持的角度颁布了如《关于加快培育企业研发机构的意见》和《重庆市人民政府办公厅关于大力培育高新技术企业的实施意见》,以培育建设国家—市—区县三级企业研发机构体系为主线,以市场为导向,以推动企业实现内部创新资源与外部创新资源高效整合、集成使用为着力点,以推进企业普遍建立研发机构和提升研发机构创新能力为目标,加快建设一批高水平的企业研发机构,为重庆市建设西部创新中心,实现"两地""两高"目标打下坚实基础。

重庆市科研院所和高校在创新文化的建设中起到了核心推动和引导全社会创新氛围方向的重要作用。重庆市积极培育高校、科研院所和新型高端研发机构,同时围绕战略性新兴产业的发展相继出台了多份专项实施方案,通过培育+引进+协同等形式推动新型研发机构的发展,特别是高技术、大资本、全球化的高端研发机构。另外,科普单位也是创新文化的实物载体之一,它们以提高市民科学素质和提升科普能力为宗旨,为促进经济社会发展和科技创新提供了重要支撑。重庆市逐步完善了以重庆科技馆、自然博物馆、三峡博物馆等科普资源丰富的场馆为龙头,其他专题性科普场馆为主干,以中小学科普教育活动室建设和基础性科普教育基地为支撑的科技场馆体系,加强了科普画廊、科普活动室(站)、科普宣传栏、科普惠农服务站的建设力度。据相关统计,截至2018年重庆共建设中小学综合实践室1423间,科技活动室1365间,乡村少年宫245所,建有科技活动中心的学校达到619所,为学生提供了最基本的科技创新活动场所。2020年,重庆市级科普基地数量已达215家,涵盖了场馆类、培训类、传媒类、旅游景区类、研发创作类等共5个类别,基本形成了多元化的发展态势。

(二)构建多元共享的创新平台和创新示范区,繁荣创新文化生态链

在科技创新领域,由于体制差异、利益冲突或者门户之见的影响造成某些科技资源稀缺或者浪费,产学研相脱节,国际合作也较为薄弱,从而导致创新绩效不佳。为此,重庆市根据科技研发的规律,着力构建了资源共享平台和协同创新平台,并提出了"产学研协同、国内外合作、线上线下互动与军民深度融合"的原则。同时,为了解决科技成果转化难问题,重庆市建立了科技要素交易中心,鼓励支持在渝高校和科研院所适时成立专门的技术转移职能部门或机构,建设品牌众创空间和科技企业孵化器。重庆还提出打造创新特区和开发特区,其中创新特区的重点是要依托重庆两江新区核心区和重庆高新区,将技术创新与制度创新的双重引领示范本土化,成为"重庆国家自创区";重庆建设开放特区的关键点是加速建设"中国(重庆)自由贸易试验区",深化与成渝城市群的协同发展,推动开放通道与平台共建,加强市场主体的有机融合,提升重庆与其他地区的区域协同创新能力,实现产业链、创新链、资金链与服务链高度融合。截至2019年,重庆已经形成"1+2+7+8"开放平台体系,即1个国家级开发区——两江新区,中国(重庆)自贸试验区和中新互联互通项目,3个国家级经开区和4个国家级高新区,1个保税港区、3个综保区、3个保税物流中心(B型)、1个国家级检验检疫综合改革试验区。重庆已形成"1+2+7+8"开放平台体系。与此同时,随着大数据的发展,重庆积极融入"互联网+"的时代潮流,助推产业提档升级,全力支持"6+1"支柱产业龙头企业建立基于互联网的"双创"平台,通过"双创"

平台向传统工业企业、中小微企业、创业团队等开放技术、设备、供应链、市场渠道、资金等优势资源,从而带动中小企业配套协同发展。

(三)从基于双赢的项目合作来看重庆创新文化的发展

重庆创新发展的整个过程,主要是对创新发展的关键性领域、前沿先导产业由政府主导并引入各类要素的渐进过程,通过构建多元的创新平台和集聚各类创新要素,以项目合作的形式推动形成有利于"颠覆式创新""破坏式创新"的创新文化环境。具体而言,重庆内陆开放高地建设、"一带一路"建设和中新政府间的合作项目等区域、国际开放合作载体,都是重庆融入创新发展潮流、培育创新文化环境的推进举措。2015年11月,中国和新加坡两国政府在新加坡签署了《关于建设中新(重庆)战略性互联互通示范项目的框架协议》,该项目以"现代互联互通和现代服务经济"为主题,合作的重点领域为金融服务、航空产业、交通物流和信息通信;并创建了中新(重庆)信息通信创新合作联盟;共建中新(重庆)国际互联网数据专用通道,共建陆海新通道主题对话会,并推动重庆22个区县参与中新互联互通项目合作。在国内合作方面,比较典型的一个创新合作平台项目是京东方(重庆)的项目。公开资料显示,2020年10月30日,京东方(重庆)智慧系统创新中心项目,以物联网产业为龙头,聚焦人工智能、大数据和云计算等前沿技术,将创设技术开发、新型材料与装备转化、营销推广展示、人才交流服务、技术与市场合作五大平台,推动数字经济和实体产业融合创新发展。

总而言之,重庆市创新文化的形成和发展,关键在于政府的引导培育,通过创新文化的实物载体建设,充分发挥企业、高校、科研院所的创新技术优势,构建多元共享的创新平台,以项目合作的形式作为创新文化的实物载体,形成政府有明确的"创新战略"、企业有内在的"创新动力"、市民有强烈的"创新激情"、社会有宽容的"创新氛围"的良好局面,为创新文化的建设打下良好的基础。

第五章 创新文化典型案例对比分析

第一节 国外典型创新型企业文化现状分析

(一)电子信息产业的代表——以硅谷地区和谷歌公司为例

1.硅谷地区和谷歌公司的创新文化中的核心价值观

起初研究和生产以硅为基础的半导体芯片的硅谷,随着不断发展创新,现已成为电子工业和计算机业的王国。被认为是全球最大的搜索引擎跨国科技企业的谷歌也坐落在此。硅谷地区和谷歌公司的成长与发展与其形成的创新价值观有内在关联。

第一,注重"允许失败的创新","崇尚竞争,平等开放"的硅谷地区的创新价值观。

硅谷创新文化的突出体现在其"允许失败的创新","崇尚竞争,平等开放"的创新价值观上。其重要体现为:其一,勇于挑战权威的叛逆精神。硅谷中比较典型的创新龙头企业内倡导质疑、鼓励提出问题,并且会时时刻刻检查自己的公司是否已经被自上而下地"科层化"了,是否压抑了广大员工的创新精神。这种价值观成为企业永葆青春的关键秘诀之一;其二,推崇近乎疯狂的"个人英雄主义"。在硅谷有一个流行的说法是:预测未来的最好方法是去实现它。以创新的意愿与行动去推进目标。这种价值观不仅提供了个体创新的内在动力,也促使其去落实行动;其三,两大原则——"拥抱失败"和"我们做事不是为了钱"。这两项原则在硅谷是很普遍的价值取向,这两个价值取向原则体现了硅谷所特有的梦想、鼓励创新、宽容失败、激发企业家精神等创新文化氛围。

第二,谷歌公司"十诫"的创新价值观。以研发人员为中心、以提供最佳的用户体验为核心任务的谷歌,在企业内部树立了"十诫",即体现出了十个价值取向:一是以用户为中心,其他一切水到渠成;二是心无旁骛、精益求精;三是快比慢好;四是网络的民主作风;五是获取信息的方式多种多样,不必非要坐在台式机前;六是不做坏事也能赚钱;七是信息永无止境;八是信息需求没有国界;九是没有西装革履也可以很正经;十是没有最好,只有更好。这十个价值取向使其在企业内部形成一种创新、民主、平等、专注的企业文化。其不仅注重用户的需求,也重视员工的工作体验以保障员工的创造力,从而使得企业更加高效发展,形成良好的效益。

2.硅谷地区和谷歌公司文化中的制度体系

第一,硅谷地区的制度体系。硅谷拥有巨大的产学研集群和高端技术集群。硅谷的主要特点是以附近一些具有雄厚科研力量的美国顶尖大学为依托,这些大学主要包括斯坦福大学和加州大学伯克利分校,同时还包括加州大学其他的几个校区和圣塔克拉拉大学等,它们为硅谷输送了大量的创新人才。并且,硅谷以高新技术的中小公司群为基础,同时拥有谷歌、Facebook、惠普、英特尔、苹果、思科、英伟达、甲骨文、特斯拉等大公司,融科学、技术、生产于一体。

第二,竞争开放的科研体系。硅谷在创新上的突出很大程度上得益于斯坦福大学产业园的建立,形成了大学与企业紧密结合的产学研体系与产业链条融合。大学研发的技术与企业紧密结合,快速转化为产品,并推动新一代产品的研发。硅谷的企业大多为私营企业,尤其是中小企业,管理方式灵活,相互之间既是竞争对手,又是合作伙伴,彼此共生,形成一套具有生命力的生态系统。

第三,庞大的面向创新的非正规社会网络。在企业中,管理者和员工之间没有严格的等级制度,并且企业之间存在经常性的人员流动。此外,大量的技术移民扎根硅谷,与其母国形成各种各样的联系。部分移民还回国创业,又与硅谷形成了新的联系,由此形成了庞大的非正规社会网络。这些网络成员共享创新理念、信息、技术、人力资源和其他资源,共同形成创新集合体。

第四,庞大的风险投资为科技创业提供"天使资金"。硅谷地区内企业成功的操作实践、涌现的人才及科技水平发展,大都与其风险投资的发达密切相关。目前硅谷地区的风险投资公司有200多家。同时,纳斯达克股票市场为硅谷创业公司创造了上市融资的有利条件,同时为硅谷的风险投资提供了退出渠道。

第五,严格的知识产权保护体系。硅谷对财产权的保护是全方位的,不是选择性的,包括对知识产权也采取了严格的保护。这使得创新活动的开展及取得的成果在硅谷可以安全稳健地持续发展,为创新活动的开展提供了积极的制度保障。

3.谷歌公司的制度体系

自由开放的工作环境。近年来,谷歌不断购置土地,建设或优化办公场所,改善员工的工作环境。同时,谷歌的企业文化倡导员工间的自由沟通交流。此外,谷歌还成立了谷歌文化委员会,倡导一些活动。这种自由的办公模式和畅所欲言的环境能够更好地激发创新、提高效率,并且新的创意会在成员间迅速交流并投入实际应用。

公平合理的激励模式与绩效管理。谷歌为所有正式员工发放股票期权,并且每年都会根据员工上一年度的业绩表现再授予股票期权。业绩表现越好的员工,会得到越高的工资、奖金和股票期权,从而保障员工的收入与绩效充分接轨。一方面,在奖金体系方面,公司并不根据工作量分配,而是依赖于项目的重要程度。另一方面,谷歌还实行了一套特有的奖励机制,即每个季度末,公司会将每一个项目向所有员工公示,并贴上每个人的名字和照片,以尊重肯定员工的工作价值,激发员工的积极性,充分保证员工的积极性和创造力,使得员工所在团队的业绩更加出色,从而提高公司的整体收益。

弹性工作制。谷歌并没有对员工的时间进行明确的规定,工作时间的掌控权交由员工根据自己的喜好自由安排。该管理方式允许员工使用20%的工作时间自由发挥、自由创造,这样以保障员工自觉、自律、高效地工作,也能随时随地更好地创新发展。此外,谷歌的员工在上班时也不用穿统一制服,而且可以带孩子或者宠物来上班,并配有高档的员工子女托管中心。因编写程序等工作很辛苦,员工可随时安排休息,在办公楼打台球或到按摩休息室按摩,抑或到户外公园散步、到游泳池游游泳,以此来调节劳逸时间,充分地激发员工的内在创新潜力。

4.美国硅谷地区和谷歌公司的行为规范

硅谷地区的行为规范。硅谷地区拥有巨大的高素质人才池,包括一大批创新者及技术移民,他们有着强烈的创新意识和创新欲望。因此,硅谷推行了一系列行为规范来推进创新。

一是对创新人才的激励与创新精神的强化。硅谷的高素质人才的密集度在全球最高,而且有大量的专业化猎头公司和招聘团队、会计和律师为创新者提供创新支持。人才一旦有了好的构想,就想方设法办公司创业,将自己的想法付诸实施。这推动了创新的发展。

二是对创新失败的包容。在硅谷,普遍认为每一次失败都被视为一次成功的试错,不但使失败者本身越来越有经验、越来越接近成功,而且也为其他创业者提供了经验和教训,具有很强的正外部性和溢出效应,能够认可失败所蕴含的商业价值。

三是多元化而且积极互动的创新文化氛围。硅谷的一大特点是移民众多。来自世界各地的创业者们聚集在这里,他们通过参加各种各样的活动,和不同肤色、不同宗教信仰、不同学科背景但同样怀有梦想的人们积极开展交流,相互融合,开拓思维。

具体地讲,谷歌公司有以下典型的行为规范。

首先,独特的人才观。在人才观方面,谷歌一直秉承"只雇用最聪明的人"的人才宗旨,吸收所有领域的人才而不是局限于互联网领域。通过吸引不同行业、层次的高品质人才,谷歌团队形成了一种非框架、非结构、非固定、高效率的团队,并且实现了高度的稳定。

其次,消除级别障碍,提升员工创造力。在谷歌最初发展的那几年,其公司创始人拉里·佩奇和谢尔盖·布林就开始探索在谷歌公司实行组织管理模式。通过取消工程师管理者的职位,营造类似于大学氛围的企业环境等举措,来尝试消除级别障碍,提升员工的创造力。

再次,在项目管理方面鼓励创新、允许犯错。鼓励创新、允许犯错是谷歌管理的一大特点。谷歌希望创造一个百家争鸣的氛围,使大家能够和敢于发表自己的看法,给各种创意一个去试验的机会。

最后,公司与员工之间的良性互动关系。拉里·佩奇表示,公司要像家一样,让员工觉得自己是公司的一部分。如果公司能这样对待员工,员工的生产效率就会得到提高。

5.美国硅谷地区和谷歌公司的物质载体

硅谷是高科技人才的集中地,美国各级政府联合硅谷出资组建了500多家高新技术企业"孵化器"。这些"孵化器"以帮助硅谷高新技术企业,特别是高科技开发人员为己任,通过为高新技术企业创业者提供低租金办公场所、秘书、通信设施、计算机和技术、法律、管理知识咨询等多种形式的服务与支持,以及"孵化"其生长的风险资金,试图把高新技术、人才、资金、资源和企业家才能有机结合起来。美国硅谷形成的高科技企业涌现的现象与其孵化功能水平高度密切相关。

在硅谷的谷歌公司是一个典型的例子,其在创新上并不是靠一己之力,而是致力于打造一个创新的"生态系统"。谷歌、第三方创新者、用户和广告商之间的积极互动形成了对各方都有利的良性循环。谷歌还与高校互动,支持培养符合产业需求的创新型人才,推动和高校的合作。

(二)汽车产业中的创新文化分析——以本田和丰田为例

作为汽车公司,本田和丰田从建立初期到今天,已然成为汽车产业中的佼佼者,其迅速发展与其企业内的创新价值观有着内在关联。

1.本田"以人为本"的创新价值观

高度"以人为本"的价值观是本田企业文化的核心。一方面,其提出了"人间尊重"(意思是"尊重每一个人")和"三喜悦"(包括"购买之喜悦、销售之喜悦、创造之喜悦")两个理念。这两个理念体现的就是要使顾客和员工在买卖过程中都感到高兴和满意,并且使员工感受到工作创新的魅力。如此关注员工和顾客的心情,体现了本田的人性化的企业文化。这种文化使本田公司极大程度地尊重每一位员工,使得员工对自己的工作有着极大的热情和高度的责任感。另一方面,在文化上提出要"注重梦想的力量"。本田公司认为,创造的过程就是实现人类梦想的过程,他们始终在追逐梦想的道路上前行。这使得创造回归到员工的原动力——实现梦想本身上来,这在精神上激发了员工挑战梦想的精神,也更容易唤起员工的认同感。正是这样的价值观引领,促使企业迅速成长、不断发展。

2.丰田的创新价值观:"情怀""进取""坚实"

其一,丰田公司在汽车行业拓展上内蕴着一种成为世界企业的情怀。丰田以"生产物品"和"技术革新"为基础,立志成为世界的企业,为实现富裕的社会而努力。在这样的价值观导向下,丰田锐意进取、不断创新。

其二,丰田公司创始者的创新精神得到了传承。创始者丰田佐吉有63年的发明生涯,他开创了丰田家族的开拓精神、创新精神和进取精神。他的孩子及其家族传承了其身上的创新精神,并且内化为自己企业的文化价值观并不断强化。

其三,稳固推进,兼顾效率与坚实的进步节奏来完善产品。丰田因为是家族式企业而一度被认为是保守型的企业,但是岁月见证了丰田其实是一家持续创新型的企业。丰田的创新追求的不是速度,不是突然的大放异彩,而是持续不断的改进和细水长流的创新。丰田在创新的路上虽然走得慢,但是走得非常坚实。这种价值取向使得丰田公司成为在市场竞争下不断壮大的世界汽车巨头。

3.本田公司和丰田公司在创新中的制度体系

本田公司创新中的制度体系。本田强调要造出风格独特的产品,企业职工就必须具备独创性的头脑。因而本田在组织创新上采用横向型组织、项目攻关制度来加以保证,强调创新过程中人的因素。为此,本田采取了下列一些措施:第一,引进合理化建议制度。对于优秀的建议,本田给予相应的包括免费出国旅游在内的奖励;第二,举办违反常规作品的展览会。展览会的宗旨是提出自由奔放的设想并给予实施的"头脑运动会"。这与本田倡导的"不论工作、娱乐,只要心情舒畅就干到底"的素质相吻合,通过这种形式涌现出了许多异想天开的作品;第三,注重培养具有创新意识和创新能力的优秀团队。为了最大限度地发挥员工的能力,公司不仅给创新员工提供资源和技术支持,还为创新员工提供必要的人手,齐心协力开拓创新,从中也发掘既有创新意识又有创新能力的人才。

丰田公司创新中的制度体系。丰田公司倡导"动脑筋创新"建议制度,每个员工都可以积极地向上级提建议,并且有相应的评分细则和奖励,鼓励成功并且容忍失败,这形成了员工敢于思考创新的价值观。丰田打造了"先造人、再造车"的人才育人体系。为了培养优秀人才、实现人才育成的宏伟战略,丰田公司通过不断尝试和积累逐渐形成了完善的人才培育体系,包括各类教育体系、培养员工技能工作学习计划、生产操作岗位的培训以及多功能训练等。通过这一体系为公司经营培养了大批管理人才、技术人才,使丰田成为世界制造业中赫赫有名的造人机器、育人摇篮。

4.本田公司和丰田公司创新中的行为规范

本田公司体现在创新中的行为规范。第一,要求员工培养起自觉把公司的工作当成自己的人生事业的理念。从"人间尊重"理念和注重梦想的价值观,我们不难看出,本田公司要求员工"为自己而工作",做自燃、自发的员工,主动去创新创造,提高工作的效率,开发新技术,把公司的工作看作自己的人生事业。第二,随时保持忧患意识和创新精神。本田公司认为,企业最大的风险就是丧失了忧患意识和创新精神,于是每年本田公司都会中途录用一些"年轻有为、实力强劲"的人才来刺激公司的竞争氛围,让员工充分具备忧患意识。新血液的注入也使公司保持着前卫的创新意识。第三,技术面前,人人平等。在本田公司内,"技术面前,人人平等",没有上下级的区分,经常发生被称为"下克上"的事情。正因为这种对技术的尊重,本田公司以自己的技术优势在国际上打造了让人印象深刻的品牌形象。其开创的新技术,如CVCC发动机便受到消费者的追捧,使竞争对手不得不转而寻找新的对策。

丰田公司体现在创新中的行为规范。第一,注重培育精益求精的创新思维。在丰田公司里有种被称为"精益生产"的生产方式,意思是追求每个细节的最精细化。这使得丰田公司的员工都有一种反思和追求极致的创新精神。"丰田模式"的核心是创新——"永远不志满意得,永远领先市场趋势一步";第二,尊重员工的思考和创意。注重培养企业员工自己思考的习惯是丰田企业文化的特色。丰田提倡员工自主管理。在工作中给予员工充分的自由度,鼓励员工自己思考,因此丰田生产方式的参与者们又被称为"科学者集团";第三,注重创新行为规范的养成。丰田重视经营型人才的培养,长期以来在丰田管理人员的内部已形成了以下规范:时刻不忘思考企业如何才能取胜;工作由自己创造;和同伴一起工作;反复思考,再制订方案;另外,工作轮换也是丰田公司培养人才,发现问题、解决问题的一种途径;第四,树立判断员工行动的价值判断标准——"明日的准备"。在丰田生产方式中,工作被定义为"作业+改善",从而要求员工自主创新,提倡员工向高目标挑战,鼓励成功但容忍失败,并以此作为员工的评价标准,并逐渐形成了一种被企业全员所接受的价值观;第五,崇尚行动。首先,先干起来!这是丰田智慧的源泉。丰田鼓励员工去干、去试、去体验。在尝试中学习,丰田认为人的智慧是无尽的,人的智慧一定能够出现。创新智慧通常只有在最困难、最紧急的时候才会突然闪现。因此,在企业的非常规的创新活动中,丰田鼓励员工首先去干一干、去试一试。在尝试中突发灵感,解决问题,实现创新。

5.本田公司和丰田公司在促进创新中的物质载体

本田公司在促进创新中的物质载体。本田公司在其国内各个工厂设有名为"新设想工作室"的实验工作室,室内有机械设备,职工一旦有了好创意就可以去实验室将自己的想法具体化。本田公司鼓励员工去异想天开,去创新创造。同时,对于研究结果是对是错,本田也采取非常宽容的态度,鼓励员工大胆创造。

丰田公司在促进创新中的物质载体。丰田建立了"伙伴集团"和"自主研究会",注重全方位、多途径、无拘束、非正式的沟通。"伙伴集团"是丰田内部自然形成的,并得到企业认可的非正式的群众性网络组织,它使得志同道合的同志聚在一起,交流信息和思想,在丰田的创新活动中起到了举足轻重的作用。而丰田各个层次的"自主研究会"则起到了人才培养孵化器的作用,它是一种员工为解决"非常规问题"而自愿参加的学习会。

(三)生物制药企业创新过程中的创新文化分析——以默沙东为例

默沙东(Merck Sharp&Dohme)是美国的一家制药集团,由德国默克集团建立于1891年,是世界五百强企业,现总部设于美国怀特豪斯,是一家以科研为本,致力于医学研究,开发和销售人用及兽用医药产品的企业。2018年7月19日,《财富》世界500强排行榜发布,默沙东位列第276位,其企业愿景是通过处方药、疫苗、生物制品与动物保健品致力于保护和关怀动物健康以及与其休戚与共的人类的健康。作为一家制药公司,默沙东倡导为未来提供领先创新的解决方案。默沙东倡导"科研为本,健康予人"的价值理念和拥有一套完备、科学的内部管理制度、行为规范以及实物载体,以此作为创新活动的文化支撑。

1. 默沙东公司的"科研为本,健康予人"的创新价值理念

"科研为本,健康予人"是默沙东的价值观与行为准则。将新的药品及时地贡献给人类,是默沙东的核心价值观。创始人乔治·默克曾说:"应当永远铭记,药物是为人类而生产,不是为追求利润而制造的。只要坚守这一信念,利润必将随之而来。仅仅发明了一种新药,并非已经大功告成,还要探索有效途径,使默沙东的最佳科研成果能够造福于全人类。"默沙东制药正是秉承着这一价值取向不断地发展壮大,以其核心价值观来引导创新的方向:改善人类生活质量;高标准的道德和诚信;致力于科研,持续创新;提高药品与疫苗的可及性;多样性及团队合作。

2. 默沙东公司有利于创新的员工管理制度体系建设

注重对员工培训,并以此来打造行为规范与公司价值观相符的人才队伍,是默沙东最宝贵的财富之一。该公司坚信:企业的成功归功于每一位员工的诚信、学识、敬业度和责任感。默沙东注重通过推行完备的人才管理和培训体系,倡导合规文化,不断提升员工的积极性和工作绩效,使他们能够充分发挥才能,并享受工作带来的成就感。同时,注重讲师的培训与发展,通过教育与培训打造与公司价值观相符的人才队伍。一批专业的讲师团队,秉承公司的企业文化和行为规范,定期组织公司员工进行培训。

注重学习管理与效能团队建设,以清晰的培训内容与企业发展目标统一起来。由于默沙东的业务发展和人员增加都非常迅速,就需要有具备一定专业能力的团队来对公司员工进行定期培训,整个业务领域的学习课程体系都来自默沙东的总部,具备非常完整的体系,并且该体系针对不同的部门会有不同的针对性的课程。课程内容:第一,负责评估默沙东所有商业学习解决方案的有效性;第二,负责商业学习部门人员的专业能力学习与发展,使其能够更好地支持和服务业务部门;第三,负责默沙东在线的"MySystem""E-learning"平台管理。

3. 默沙东公司有利于创新的行为规范建设

以"注重客户、病人至上"来规范和约束员工的行为。默沙东渴望全世界人类和动物的健康,并扩大其对药物和疫苗的获取,他们所有的行动都以需要默

沙东产品的人的责任进行衡量。

注重尊重每个员工及其家人,从而赢得支持。默沙东努力创造一个互相尊重、包容和负责的环境,并兑现奖励的承诺,同时也对员工及其家人的需求做出相应的及时回应。

注重道德与诚信的树立。默沙东对客户、竞争对手、分销商和供应商、股东以及全球服务的社区负责,在履行其职责时,他们与社会各阶层的互动都做到必须透明。公司产品以及工作人员的信息是他们最有价值的资产之一,他们致力于用合乎道德的方式来使用、管理和保护这些信息,并以符合全球隐私惯例和标准的方式来运营业务。

注重产品不断创新,追求卓越。默沙东的研究遵循对改善健康和生活质量的承诺,通过不断创新来满足患者的医疗保障需求。在已有产品上不断超越发展、创新,由此来创造可持续的投资回报。

4.默沙东公司有利于创新的实物载体建设

注重构建全球性的合作与营销机构平台,尽可能实现研发、制造和商业运营三擎合一,满足客户的需要。例如,中国是默沙东全球增长战略中至关重要的一部分。默沙东中国的总部设在上海,员工总数超过5000人。2011年,默沙东投资15亿美元在北京建立了"中国研发中心";2013年又投资1.2亿美元在杭州设立新厂,这是中国及亚太地区最先进、规模最大的制药生产包装工厂之一。同时,默沙东还在欧洲、中南美洲以及亚太共70个国家和地区设有营销点。

注重进行各类创意性学术的研究与推广。默沙东公司十分注重科研,其使命就是研究最新的药物,为病人提供希望,帮助病人解决痛苦,为病人提供摆脱痛苦的机会和康复的机会,以及能够有尊严地独立生活的机会。为此愿景,该公司每年会花相当大一部分资金用于科研投入,并且还举办各类创意性的学术推广活动。公司旨在通过这种学术活动,互相学习,在活动中组织教学,能够有效地将默沙东的科研成果传递给尽可能多的人们。

注重企业间的交流与合作,推动创新的扩散。默沙东公司十分重视与其他企业间的合作,在合作中秉承正直诚信、团结协作、持续创新、践行务实、社会责任、以人为本、聚焦客户、绩效导向的价值观。

本小节分析了5个国外的创新型企业或地区,分别代表了电子信息、汽车产业和生物制药产业的创新文化,综合其创新文化的四个方面进行对比分析如下:

产业	企业/地区	价值观	制度体系	行为规范	实物载体
电子信息产业	硅谷地区	允许失败的创新、崇尚竞争、平等开放	产学研集群和高端技术集群、非正规社会网络、风险及知识产权保护体系	重人才、重创新,包容失败,多元化文化氛围	孵化器
	谷歌	十诫	激励模式与绩效管理、弹性工作制	重人才、重创新,包容失败,加强互动关系	生态系统
汽车产业	本田	以人为本	建议制度、团队建设	自燃自发、培养创新、人人平等	新设想工作室
	丰田	民族情怀 积极进取 坚实进步	建议制度、育人体系	精益求精、尊重员工、目标与实干	伙伴集团、自主研究会
生物制药	默沙东	科研为本 健康予人	员工的激励管理、专业的讲师队伍建设	病人至上、尊重人、道德与诚信、创新与科学卓越	全球性的合作与营销机构、创意性学术推广活动、公益事业、企业交流与合作

从上表我们可以看出,5个国外优秀的创新型企业或地区在创新文化建设方面有很多共通之处。例如:在创新价值观方面,谷歌、本田都崇尚以人为本、以顾客为中心的创新价值理念;硅谷地区和谷歌以及丰田都在提倡积极进取、精益求精、鼓励创新;在制度体系方面,本田和丰田具有相同的制度体系即建议制度,每位员工都能对企业的发展提出自己的建议,提升了员工的主人翁精神;在行为规范方面,5个公司或地区都很重视人才、尊重员工、鼓励创新;在实物载体方面,它们都设有创新文化建设的实物载体,例如"孵化器"、实验工作室,都热衷于公益活动等。

第二节 ‖ 国内企业创新活动及其文化现状

(一)电子信息产业代表——腾讯和阿里巴巴创新文化

1.腾讯和阿里巴巴有利于创新的价值观

腾讯注重"正直、进取、合作、创新"的核心价值观。"互联网天生就是创新的代名词,创新与知识产权是互联网企业发展的基础。"腾讯成立于1998年11月,是中国最大的互联网综合服务提供商之一,是中国服务用户最多的互联网企业之一,也是目前中国领先的互联网增值服务提供商之一。

腾讯秉承"一切以用户价值为依归"的经营理念,为亿级海量用户提供稳定的各类服务,始终处于稳健发展的状态。面向未来,坚持自主创新,树立民族品牌是腾讯的长远发展规划。目前,腾讯50%以上员工为研发人员,拥有完善的自主研发体系,在存储技术、数据挖掘、多媒体、中文处理、分布式网络、无线技术6个方向都拥有了相当数量的专利,在全球互联网企业中专利申请和授权总量均位居前列。

阿里巴巴注重"六脉神剑"价值观。价值观是一个企业发展的风向标,良好的价值观是企业稳健发展的重要基石,在阿里巴巴创新的道路上,马云特别注重企业文化中的创新成分,打破常规思维。阿里巴巴为自己树立的愿景是:做102年的企业,做世界10大网站,是商人就一定要用阿里巴巴。

阿里巴巴在其愿景的基础上,其创始人马云用小说里的招式"独孤九剑"(创新、激情、开放、教学相长、群策群力、质量、专注、服务与尊重、简易)来总结阿里巴巴的企业文化。作为阿里巴巴企业文化的第一个版本,在阿里巴巴内部贯彻了三年之久,并且作为员工的行为准则加入到了绩效考核之中。几年之后,阿里巴巴对"独孤九剑"进行了简化,即"六脉神剑":客户第一、团队合作、拥抱变化、激情、诚信、敬业。

2.腾讯和阿里巴巴有利于激发创新的制度体系

腾讯注重"创新优先、员工为本"的制度体系建设。在"创新"这个概念面前,腾讯曾饱受争议,从OICQ到QQ游戏甚至到Tencent的门户网站,都曾被贴上"抄袭"的标签。然而到2013年,腾讯以2002件中国专利申请量位居国内企业专利拥有量第4名、全球互联网行业前3名,而且在腾讯,99%的专利是发明专利。曾经在2014年福布斯发布了全球100家最具创新力公司排行榜,腾讯闯入前50名,位居第37位。对在职员工,腾讯像爱用户一样爱他们,在想尽办法解决员工大的后顾之忧的基础上,从细节上改善员工体验,不把目标放在"时间点"上,而是关注一个"时间段"的变化,给员工提供足够大的发挥空间,尊重员工个性,呵护创新种子,鼓励员工用跨界、整合的思维去激发创新,允许和接受员工试错,推崇竞争文化,但不允许"不作为"。对于离职员工,他们会送上"金企鹅"作为礼物,建立专属社交圈"南极圈",通过"双百计划"扶持离职员工创业等,设立"伯乐奖"鼓励他们向腾讯推荐人才,使在职、离职的员工均认同腾讯的文化,继续为腾讯创造价值。

阿里巴巴注重"合伙人制度"与企业创新发展融合。企业文化是一个公司最重要的、无法复制的、独特的精神支撑力量,是看不见的软技术实力。阿里巴巴崇尚开放、创新、承担责任,推崇长期发展的文化,认为创新文化的氛围对企业持续的成长至关重要。后来阿里的飞速发展和其崇尚创新的独特文化密不可分,不论是在战略部署、决策执行还是细节处理上阿里巴巴都将其创新元素融入企业文化的各环节。

阿里巴巴的合伙人制度就是其开放性、创新性文化的体现。阿里巴巴从公司自身的角度出发,在国际通行的公司治理模式的基础上,借鉴国外的双层股权结构,创造性地引入与传统股份制公司"同股同权"原则不同的"合伙人制度",不仅是对传统公司治理的创新,也使阿里巴巴的企业文化得以维系和传承。

"六脉神剑""102年的公司"以及"客户第一、员工第二、股东第三"等都是阿里巴巴文化的细致体现。公司的利润来源于客户的支持,公司的运营离不开员工的努力,公司的发展壮大需要股东的资金。同时,推崇企业长期发展的文化为打造百年企业做了很好的文化铺垫。

合伙人制度给阿里巴巴注入了新鲜血液,使其一直充满活力、充满创新。

这样,不仅实现了合伙人控制公司,建立了以合伙人为核心的稳定的管理体系,还有助于维系和传承企业文化。管理体系就像公司的躯体,文化、价值观就像公司的灵魂,合伙人制度的功效就是让阿里巴巴不做失去灵魂的躯壳,也不做只有灵魂的魔鬼,只做身心健康的智者。

3. 腾讯和阿里巴巴有利于创新的行为规范

腾讯的创新行为规范。从大家最熟知的微信、QQ到腾讯的每一款产品、建立的创新平台与生态都是历经无数挫折的成果。腾讯文化容忍失败,鼓励和奖励因创新而失败的团队,让每一个人都能不畏惧失败和挫折,并以能够参与有挑战甚至有风险的探索为荣,从失败中不断总结教训,最终赢得成功。在腾讯,无论是应用还是平台,无论是员工还是管理者,都敢于挑战、勇于试错。正是在这种百折不挠的尝试中,他们才学会了宽容失败,并理解了创新生态系统的多样性。新的挑战总能带来新的机会和新的活力,实时激发着个人和团队的创新精神。

阿里巴巴注重"自下而上,自上而下"的创新行为规范。自下而上的"个人微创新"与自上而下的"组织求创新"结合。"个人微创新",即先梳理出"创新漏斗",作为阶段性资源投入的指导。主要分为"创意—报名—线上海选—孵化期—线下评审—跟进落地"几个阶段,分阶段释放诸如"服务器、测试环境、赛马假、训练营、法务财务咨询、赛马导师、奖金、定制考核"等资源。"组织求创新",又分为三种模式,一是项目招标——命题项目;二是创意征集活动,小团队可以通过这个把部门内部的头脑风暴扩大到集团层面;三是由子公司或部门/团队等主办,集团协办,形式各异,只要围绕"创新"的主题,比如面向技术同学的"工程师之夜",比如阿里云主办的"阿里云赛马会"等,以此来营造整个集团的创新行为氛围。

4. 腾讯和阿里巴巴的物质载体

腾讯注重"产学研"相结合的创新载体,同时用犀牛鸟科研基金将创意变成现实。为更广泛地推动创新思维,挖掘年轻人的创新潜力,将年轻人的创意变成现实,2013年中国计算机学会(CCF)与腾讯合作发起了"犀牛鸟科研基金"。"犀牛鸟"代表着腾讯企业文化中的合作精神,构建此平台旨在连接"腾讯人"与青年学者,在时代中把握机遇,将伟大的创想变成现实。在此基金下筛选出的有创新的项目命题将获得资助,受资助者与腾讯专家对接,交流如何借助腾讯的平台开展提升人类生活品质的创新研究,由此在平台(物质载体)上促使青年学者更全面地了解业界的真实需求,同时也为他们提供更充分的创新空间。在不断发展过程中,CCF-腾讯犀牛鸟科研基金进一步扩大了基金研究领域,加入人工智能、信用体系建设、社会化推荐系统等热点方向,引入腾讯云大规模计算集群资源平台TOD(Tencent Open Data),并提供"创意基金"作为科研基金的补充,使该平台更有利于推动创新的深入。

腾讯注重校企共建,依托此平台让科研成果走出"象牙塔"。例如,2011年腾讯与清华大学共同建立了"互联网创新技术联合实验室",在此平台上让一个小小的创意点子在校企双方精英团队的创新孵化下变成一种实际应用,再通过腾讯的平台传递到千家万户。同时,联合实验室每年投入100万元作为开放科研基金,支持全国高校的创新科研项目,并开展"腾讯校园优才计划",设立企业博士后流动站,共同开发互联网技术课程相关教材,进行全方位的互联网创新人才培养。其次,构建"互联网与社会研究院"创新平台,搭建起一座连接互联网产业与学术研究的桥梁,推动建立有利于行业长期发展的规则体系,探索互联网的发展规律与网络治理,推进互联网理论的创新。这也是中国互联网企业第一个面向全球的法律政策、产业经济研究平台。

阿里巴巴注重依托"创新中心"打造创新生态链。阿里巴巴创新中心旨在打造中国最大的互联网创业孵化平台,通过联合百亿资金,提供包括创业资金、入驻场地等硬件资源,以及创投对接、创业指导、技术培训等软性服务和免费阿里云服务资源包等系列创新创业扶持资源,帮助百万创客提升创业效率,实现创新、创业梦想。同时,阿里巴巴注重电子商务的生态产业链建设,在创新上构想不同于人们长期以来所认知的B2B、B2C模式,而是一条完整顺畅的生态链。

(二)高科技产业代表——华为和联想的创新文化

1.华为和联想的创新文化

华为注重"以创新为本"的价值理念。华为技术有限公司成立于1987年,总部位于广东省深圳市。华为在通信领域的创新发展离不开"梦想启迪创新"和"开放式"的创新观。华为提出不为创新而创新,创新是为了让梦想成为可能,这与华为的使命——"追求实现客户的梦想"融合。华为在早期就已经确定走国际化自主品牌的道路,对于技术竞争华为保持着开放的心态,一方面虚心学习,另一方面在学习的基础上进行创新。这被称为"站在巨人肩膀上的创新"。例如,华为在技术上推行跟随式创新,早就与德州仪器、惠普、IBM、摩托罗拉等建立了联合实验室,走国际合作技术创新道路。这种与对手联合起来搞研发的路径,一方面可降低成本,另一方面又可加快自身的创新步伐。

联想集团注重"成就客户、创业创新、精准求实、诚信正直"的创新价值观。在联想的核心价值观中,"创业创新"是核心。联想的商标Lenovo就是传奇(legend)和创新(innovation)的结合。这也蕴含着"联想人"对创新的殷切期盼。联想早期在突破了如何生存下去的问题以后面临着新的挑战。各种新兴技术的迅速发展,全球竞争的加速,都让联想公司有着"战战兢兢,如履薄冰""居安思危,从头再来"的危机意识,创新精神重回主题。联想提出了公司"5P"模型。为了进一步强化员工的创新意识,联想在原有的"4P文化",即Plan——想清楚了再承诺、Perform——承诺了就要兑现、Prioritize——公司利益至上和Practice——每一年、每一天我们都在进步的基础上,增加了一个"Pioneer"——敢为天下先。以此来督促加快创新上的步伐。

2.华为和联想保障创新开展的制度体系

华为注重员工持股、权力分享、创新人才培育的制度体系。华为通过全体员工持股告诉员工,华为不仅是创立者和管理者的,也是大家的。所以,研发团队和其他员工都是以公司为平台在为自己的事业而努力,这样极大地促进了每一位华为员工主动创新的意识,并以物质激励(员工持股)为员工的创新行为作支撑。在员工职务晋升上,按照个人能力,而非论资排辈,并用制度来保障。在选拔管理干部上华为始终坚持按照责任结果来作为选拔标准,用实际贡献来选拔干部,以此来激励员工通过不断创新去提升工作效率。华为非常重视研发体系金字塔最顶部的科技研究群体,他们不仅是一群研究者,也是"科技外交家",是在科学研究领域"仰望星空"的华为人。华为更是要求"科技外交家"群体人员每年必须拿出三分之一或者更多的时间到全球大学或者高端科学论坛与全球顶级科学家交流。华为研发体系金字塔的第二层是科学家或工程商人,其作用是把经过战略务虚之后的技术方向通过数学、工程的路径变成面向客户需求的前瞻性的引导。随后再与5000多名聆听客户声音的高级专家反映的客户需求进行结合,从而形成产品开发目标。

联想的"创意管理"和研发管理制度。"创意管理"是一种自下而上的创新机制,是联想激励员工研发创新的措施之一。联想的研发管理制度将研发投入作为企业发展的重要基石,通过持续性的研发投入,增加专利数量与质量,同时加大对研发人员的引进。

3.华为和联想促进创新的行为规范

华为注重创新、产权、开放包容的规范体系。一个企业的文化中倡导什么样的行为规范,对于企业的技术创新有着内在关联性。华为作为技术型企业,技术创新是核心,也是企业在竞争中生存发展的关键。正是如此,华为在研发经费上以"每年销售额的10%用来做研发投入"来保障技术创新的持续性,也围绕这个核心来加强对企业每一位员工的行为规范。企业员工的创新意愿如何内在关联于技术创新的持续性,而有创新行为的专业人才是公司最宝贵的财富。在一定程度上讲,技术创新的核心是人才,人才的质量与数量对于抢占高科技发展的制高点起着至关重要的作用。华为以"科研投入+专业人才"融合,用制度引导、约束专业人才有持续创新意愿和行为是华为企业文化的一个显著特征。

华为重视知识产权保护。华为在"08战备"前,与国外市场合作过程中,因为专利问题每年需要付不菲的知识产权费用。在制定"08战略"后,华为开始主攻专利产权。例如在2016年国内的专利受理排行榜中,华为以专利受理4906项排名全国第一。取得这样成绩的前提是激励员工创新,以允许、宽容在创新过程中的失败的制度设定来保证其创新行为的持续性。

4.联想鼓励员工自主、允许试错、宽容失败的行为规范

在公司内部,联想倡导员工要做"发动机",员工要自我发动,自我驱动,积极发挥主动性,要求每位员工都养成创新的思维模式,对做的每一件事都进行

大胆的重新思考,用创新来克服和解决出现的问题。注重倡导每位员工要像企业家那样善于思考,像创业者那样敢于冒险,像发明家那样勇于实践,这些都有助于识别机会,把握机会,推动公司走得更远;倡导允许试错,宽容失败。公司反对那种"多做工作多出错,少做工作少出错,不做工作不出错"的观点,鼓励员工发扬求实进取的精神。

5.华为和联想鼓励创新开展的物质载体建设

华为注重内外部研发与创新培育平台建设。企业文化能否在企业内部有效,能否促进创新活动的持续开展,与支撑创新活动开展的物质载体分不开。华为在创新活动的开展上注重"研发IT支撑系统"建设。"研发IT支撑系统"是华为内部员工的创意和资源共享平台,华为研发系统内的求助,从过去的无序、自发转变到了有序支持、统一接口、高效经验共享的状态。开发人员不必再去寻找其他的解决渠道,从而使创新活动的研发管理效率得到了有效提升。同时,支撑系统还努力形成一种技术学习和交流的氛围,鼓励大家把自己工作中的"宝贵经验"共享出来,形成一个有利于创新活动持续开展的经验交流平台,使得华为公司在研发上的技术资料同步并超越于竞争的同行;在推动创新活动开展上,华为创新研究计划(Huawei Innovation Research Program,简称"HIRP")是华为一项长期的Call For Proposal开放合作模式和联合技术创新机制,宗旨是聚焦ICT领域,在全球范围内资助创新研究,吸收业界优秀思想,共同挑战突破性技术,推进技术进步以更好地建立全联接世界,鼓励与激发学术界对技术创新的大胆尝试。同时,华为每年面向海内外高校征集创新研究思想,并提供研究资金。华为还利用HIRP寻找长期联合研究合作伙伴,全球研究学者可通过华为官网HIRP平台自由在线提交任何创新研究提议。E-learning平台是华为对内部成员进行知识培训的平台。员工可以通过这里的培训收获更多知识,为进行研究而做准备。在激励员工上华为创建了"心声社区",通过此社区督促员工永不自满,坚持自我批评,从而保持创新活力。

这些平台的功能助推了企业文化建设,使企业文化不仅在精神上,更在物质上有所体现,为创新活动的可持续开展提供了有力的保障。

联想注重创新创意创业平台建设,助推企业文化建设。"CEO创新研讨会"

是一个头脑风暴平台，以设备创新、服务创新和设计创新为主题，每月召开一次。这个平台旨在通过技术趋势与用户需求的深入分析，研讨公司未来的产品及服务的创新机会。研讨会的参会人包含多个职能负责人，研发、各产品事业部、中国区等相关部门，在产品创意阶段能够更好地倾听不同角度的声音和想法。同时，在创新的实施阶段，早期思想的统一助力了公司各个价值链环节的打通，有效提升了创新转化的效率。

联想对外构建了"新联想创新中心"（研发中心），旨在通过联手IBM、蓝思达克、英特尔、微软和赛门铁克等合作厂商和其他高科技公司创建的研发中心，在创新过程中扮演"解决方案孵化器"的角色，在硬件方案、专业咨询、行业合作等多方面进行全面的端到端的服务。通过此中心平台招纳研发人才，依托平台构建创新工作室，通过研发投入推动创新开展。联想之星（众创空间）是联想打造的众创平台，已经成长为中国最大的创业生态圈之一，成为国内领先的创新创业机构。联想之星入选中关村第一批"创业型孵化营器"，在帮助创业者借鉴经验、少走弯路上发挥了关键作用。孵化器超过10万平方米，项目孵化成功超过1000个。联想之星不仅促进了联想内部有志于创业的年轻人实现梦想，也为其他公司提供了舞台，同时也是其进行投资的机会。目前联想之星已经独立成了联想控股下的公司，继续进行创新创业服务。

联想构建了"小强创新"内部创业平台。"小强创新"是联想集团内部的孵化器，2015年由联想研究院和联想人力资源部门共同发起。它的初衷是希望通过市场化的标准鼓励员工创新，既可成立新公司独立运营，也能够依靠公司现有资源和业务体系内部运作。通过引平台来激励员工为企业的发展不断创新，也通过引平台留住人才。

(三)家电制造产业代表——格力和海尔的创新文化

1.格力和海尔的创新价值观

格力注重"肯干实干、以人为本、进取创新、诚信共赢"的核心价值观。格力公司的核心价值观是：少说空话、多干实事；质量第一、顾客满意；忠诚友善、勤奋进取；诚信经营、多方共赢；爱岗敬业、开拓创新；遵纪守法、廉洁奉公。从内容上包含了格力肯干、实干的创新行为规范,以人为本、以客户为本的创新目标,以及诚信、进取、共赢的共享创新等内涵。开拓创新本身就是格力的企业价值追求,倡导"格力一直都在创新"的理念。从格力创立之初到今天,格力的专利无数,"科技引领未来"也一直是格力的品牌宣言。格力公司通过人性化企业文化构建来积蓄创新的力量。在企业文化中格力倡导着如此理念,即要想成为顶尖的企业,缔造全球领先的空调企业,成就格力百年世界品牌,必须掌握顶尖的技术,促使格力不断创新。

海尔集团注重企业发展上的是非观、发展观、利益观。海尔集团创立于1984年,以"美好生活解决方案服务商"作为自身的定位。在企业文化的价值理念上的"是非观",即"以用户为是,以自己为非",通过此价值理念来不断改进完善产品,来满足用户的需要。倡导不但要满足用户需求,还要创造用户需求;海尔倡导以自我为非,只有自以为非才能不断否定自我,挑战自我,重塑自我,从而实现以变制变、变中求胜。形成海尔可持续发展的内在基因特征是:不因世界改变而改变,顺应时代发展而发展。这一基因加上每个"海尔人"倡导的"两创"(创业和创新)精神,形成海尔在变化的竞争市场上保持竞争优势的能力。发展观,即注重创业创新精神。创业创新精神是海尔文化不变的基因,创新就是不断战胜自己,也就是确定目标,不断打破现有平衡,再建立一个新的平衡。张瑞敏在公司发展上倡导"我们有一种文化氛围,使所有的人认识到必须战胜自我,努力去创新,如果不创新就没有立足之地"[①]。海尔不变的观念基因既是对员工个人发展观的指引,也是对员工价值观的约束。海尔认为,创新精神的本质是创造差异化的价值。差异化价值的创造来源于创造新的用户资源。海尔在利益观上倡导"人单合一双赢"。所谓"人单合一双赢"的利益观是海尔永续经营的保障,即海尔是所有利益相关方,包括员工、用户、股东的海尔。在网络化时代,海尔和各方合作方共同组成网络化的组织,形成一个个利益共同体,共赢共享共创价值。只有所有利益相关方持续共赢,海尔才有可能实现永续经营。为实现这一目标,海尔不断进行商业模式创新,逐渐形成和完善具有海尔特色的"人单合一双赢"模式,"人"即具有"两创"精神的员工;"单"即用户价值。

[①] 转引自朱凌.创新型企业文化的结构与重建.[M]浙江大学出版社,2008:90.

每个员工都在不同的自主经营体中为用户创造价值,从而实现自身价值,企业价值和股东价值自然也得到体现。

海尔在创新理念上倡导:有自己的用户并不是目的,最终目的是要为用户创造颠覆性的产品。"人单合一双赢模式"使每个人都是自己的CEO,它把员工从传统的科层制中解放出来,组成一个一个直面市场和用户的小微企业。这些小微企业把全球资源都组合起来,对产品不断迭代升级,自发现市场需求,自演进达到目标。人单合一双赢模式为员工提供了机会公平、结果公平的机制平台,为每个员工发挥两创精神提供了资源和机制的保障,使每个员工都能以自组织的形式主动创新,以变制变,变中求胜。海尔的企业创新文化就是在如此的价值理念下不断推进完善的。

2.格力和海尔在推动创新上的制度体系建设

格力注重研发和自主创新工程体系制度建设。格力在研发经费管理上,对符合企业战略要求,能够解决重大、高端未知领域技术难题的核心科研项目,保证研发投入不设限制,以此从经费制度上来保障技术创新。涉及创新类项目通过专门的技术专家团队进行较长时间的探索,在经费制度保障上对该类项目不断投入,保证研发的持续性,为研发技术项目的完成提供支撑。格力还在创新项目研发过程中进行大量的专业研讨,提供支撑平台、设备、软件等资源。格力的自主创新工程体系建设指的是员工自主,格力给员工创新提供软件和硬件保障。软件就是一系列的培训课程,还有公司的文化氛围和制度建设;硬件就是好的宿舍环境和研究学习环境。通过这样的体系,格力意在创造一种系统的创新文化,通过这样的体系和创新氛围不断推动创新发展。

海尔注重以人为本的制度体系建设。企业创新文化中的制度建设是保障企业创新持续开展的基础,海尔在制度创新上,把"人单合一双赢模式"升级为"人单合一2.0(共创共赢生态圈模式)"。"人"从员工升级为利益攸关的各方,"单"从用户价值升级到用户资源,"双赢"升级为共赢,最终目的是实现共创共赢生态圈的多方共赢增值。因此,互联网时代的海尔已从传统制造家电产品的企业转型为面向全社会孵化创客的平台,并颠覆传统企业自成体系的封闭系统,成为互联网企业,打造以社群经济为中心,以用户价值交互为基础、以诚信为核心竞争力的后电商时代共创共赢生态圈,成为物联网时代的家电产品引领者。

3.格力和海尔有利于创新活动的行为规范建设

格力在企业文化建设中注重全员创新、激励人才创新试错的行为规范建设。培养企业员工全员创新意识。格力从做贴牌产品到自主品牌,对创新的重视始终不松懈,这使格力在市场竞争中脱颖而出。正是得益于格力技术人员针对通信行业的特殊要求,不断进行技术攻坚,连续攻克了智能化高精度温度控制、远程监控、故障自行诊断与处理、高显热运行等技术难关。在重视科技投入、知识产权和人才培养上,格力不断强化制度来保障其创新目标的实现。

海尔在战略、组织、员工、用户、薪酬和管理6个方面进行了颠覆性探索,打造出了一个动态循环体系,以加速推进互联网转型。例如在战略上,建立以用户为中心的共创共赢生态圈,实现生态圈中各利益攸关方的共赢增值;在组织上,变传统的自我封闭为开放的互联网节点,颠覆科层制为网状组织。在这一过程中,员工从雇佣者、执行者转变为创业者、动态合伙人,目的是要构建社群最佳体验生态圈,满足用户的个性化需求。在薪酬机制上,将"企业付薪"变为"用户付薪",驱动员工转型为真正的创业者,在为用户创造价值的同时实现自身价值;在管理创新上,通过对非线性管理的探索,最终实现引领目标的自演进。这些做法围绕着创新目标而以制度形式来约束创新行为的持续性开展。

4.格力和海尔注重构建推动创新活动的物质载体建设

格力注重员工创新培育平台建设。为了鼓励员工创新、创造,格力有自己的"独立秘籍"。其一,格力鼓励年轻人"试错",格力鼓励创新,允许犯错,只要是你为创新而犯的错,不仅不惩罚,反而会奖励。其二,格力为年轻人提供被称为"一线员工发展四部曲"的技能培训,经过培训,很多年轻人从刚来时的懵懵懂懂逐渐成长为技能精英。其三,格力通过企业的快速发展同时为年轻人提供创新创造和个人发展的机会。格力目前已经组建了6个研究院,拥有8000多名技术研发人员,他们的平均年龄是29岁,而且大都是"格力自产"。目前,格力已经形成了一个全员创新的文化氛围,建立了自主创新工程体系,其技术产品获得"国家科技进步奖"。通过这些平台和物质载体的建设,企业一旦成为创新创造的"重地",不仅能帮助年轻人实现价值,而且企业自身也在不断"强身健体"。

海尔注重"创新文化生态圈——共创共赢"的建设。德国哲学家康德说过:"人不是工具,而是目的。"贯穿海尔的发展历程,创新的重点始终关注"人"的价值实现。在企业内部倡导员工为用户创造价值且同时实现员工自身价值的平台,鼓励每个人都成为自己的CEO。在海尔平台创业的小微真正握有"三权",即企业把决策权、用人权和分配权完全让渡给小微,使小微可以灵活根据市场变化迅速做出决策,更好地满足用户的个性化需求。小微平台的演进过程也是自创业、自组织、自驱动并且按单聚散的过程。从一定程度上看,海尔集团已从传统制造家电产品的企业转型为面向全社会孵化创客的平台,所有创业者都可以成为海尔创新文化生态圈的一员,从而形成一个共同创造、共同增值、共同盈利的"共创共赢生态圈"。员工从雇佣者、执行者变成创业者、动态合伙人。海尔把传统的"选育用留"式人力资源管理颠覆为"动态合伙人"制度,给员工提供的不再是一个工作岗位,而是一个创业机会,员工从被动的执行者变为主动的创业者,甚至是企业的合伙人,通过互联互通全球资源为用户共创价值,实现用户、企业和各利益攸关方的共赢增值。相应地,海尔集团的企业文化也从"执行力文化"转型为"创业创新文化"。

现在的海尔在组织管理上体现出:没有层级只有平台主、小微主、创客,都围着用户需要服务。平台主从管控者变为服务者,员工从听从上级指挥转变为替用户创造价值,从而必须要变成创业者、创客,而这些创客组成小微创业,创客和小微主共同创造用户、市场。小微主不是由企业任命的,而是创客共同选举的。创客和小微主间可以互选,如果小微主做了一段时间被小微成员的创客认为不称职,可以被选下去。如果企业内部的人胜职,还可以引进外部的社会资源。这些小微加上社会的资源,就变成了一个生态圈,共同去创造不同的市场。这就会形成有很多并联平台的生态圈,从而满足不同的市场和多样化的用户。这些都以创新理念为引导,从而形成海尔的企业文化特征。

格力注重肯干实干、以人为本、进取创新、诚信共赢的核心价值观建设。"格力一直都在创新",其创新的理念渗透格力的核心价值观:少说空话、多干实事;

质量第一、顾客满意;忠诚友善、勤奋进取;诚信经营、多方共赢;爱岗敬业、开拓创新;遵纪守法、廉洁奉公。在制度构建方面,格力保持研发经费对创新的不断投入支撑,对符合企业战略要求,能够解决重大、高端未知领域技术难题的核心科研项目,保证研发投入不设限制。格力的自主创新,指的是员工自主,格力给员工创新提供了软件和硬件保障。在行为规范方面,格力提倡全员创新意识,重视科技投入、知识产权和人才培养,对员工进行激励。在物质载体方面,格力的员工创新培育平台为年轻人提供了被称为"一线员工发展四部曲"的技能培训。

海尔的价值观包括:是非观——以用户为是,以自己为非;发展观——创业精神和创新精神;利益观——人单合一双赢,为员工提供机会公平、结果公平的机制平台,为每个员工发挥"两创"精神提供资源和机制的保障,使每个员工都能以自组织的形式主动创新,以变制变,变中求胜。在制度方面,海尔以人为本的制度体系——"人单合一双赢模式"升级为"人单合一2.0——共创共赢生态圈模式"。"人"从员工升级为各利益攸关方,"单"从用户价值升级到用户资源,"双赢"升级为共赢,最终目的是实现共创共赢生态圈的多方共赢增值。在行为规范方面,海尔在战略、组织、员工、用户、薪酬和管理6个方面进行了颠覆性探索,打造出一个动态循环体系,加速推进互联网转型。在物质载体方面,海尔的创新文化生态圈——共创共赢。海尔管理创新的重点始终关注"人"的价值实现,让员工在为用户创造价值的同时实现自身价值,每个人都成为自己的CEO。

重庆的电子信息产业是重要的支柱产业之一,这里选取京东方进行企业文化的创新元素的分析,也意在为重庆的电子信息行业的企业文化构建,特别是创新文化的建设提供借鉴与参考。

(四)京东方企业文化中的创新元素分析

注重正直诚信、开发人才、倾情客户、合作共赢、成果主义的价值观。其企业愿景是成为最受人尊敬的企业,在半导体显示领域成为全球领导者;智慧产品和服务领域全球领先者;健康医疗服务领域全球典范。

注重创新的企业管理制度体系建设。京东方坚持以"创新引领产业"为核心的管理模式,坚持品质管理与品质技术创新,形成了独具特色的"正反向质量系统管理方法"。"正向"即通过设计预防及控制管理以减少系统问题发生,"反向"即通过"问题触发"及"根因关闭"来防止问题再次发生。此管理系统贯穿原材料管控、产品设计、生产制造以及售后服务全流程。在质量管理上以"互联网+品质管理"构建全面质量管理系统,将相关品质部门业务集成于互联网终端,实现了实时信息共享与管理。

注重"尊重人、一视同仁、激发创造力"的人才管理模式。尊重人格,充分信任并善待员工,培养主人翁精神;根据员工自身能力赋予员工同等发展机会,奉行成果主义原则,采用公正的方法对员工的能力及业绩实行考核与评价;创造良好的工作环境,以充分激发员工的创造性和主动性,支持员工进行自我能力培养和增长,构建积极进取、相互尊重、相互信任、团队协作的组织文化。

注重有利于创新的行为规范建设。构建员工录用五项标准与管理人员五项标准来选拔有创新的员工和管理者,把具有创造力和创业激情和创新精神纳入标准之中,如图所示:

京东方员工录用与管理人员选拔标准

员工录用五项标准	管理人员选拔五项标准
扎实的基础与专业知识	正直、诚信,并始终如一
聪明才智,有足够的创造力与再学习能力	不断学习,永远保持创业激情与创新精神
有足够的热情与激情,能专注地投入工作	不断激励部下,充分挖掘其潜能
善于沟通,具有良好的团队合作精神	时刻拥有竞争锋芒,面对挑战,勇于做出果断决定
正直、诚信,具有良好的职业道德素养	理解责任,坚定执行公司战略并取得成果

图表来源:2016京东方(BOE)企业社会责任报告

注重激励式的绩效考核制度。京东方对员工绩效的管理主要通过业绩、能力、态度三方面进行。员工绩效按照5个等级划分,将考核结果与员工激励挂钩,以此激励员工的创新行为。

注重有利于创新的物质载体建设。其一,京东方全球创新伙伴大会。以此为平台深化与全球创新伙伴的合作,共同创造新的市场机会。其二,构建人才发展计划(OHDP项目)。秉承"人才的培养与发展要优先于企业利润的增长"的人才发展理念,建立使组织不断优化、人才适配度不断提高、利于员工快速发展的"人才辈出"机制,通过OHDP项目动态挖掘和储备各层级后备力量,提高创新人才发展的规划性和有效性,及时对现有人才进行绩效、能力、潜力评估,并结合组织业务发展目标制定组织年度行动计划与个人发展计划(IDP),促进人才的加速成长和企业价值的不断提升。其三,建立京东方大学和产业人养成特训营。以"学术驱动、专业引领"为宗旨,挖掘和传承具有京东方基因的智慧资产,形成京东方特色的创新人才队伍培养模式。其四,构建领导力TechMark项目和营销IPA海外尖峰特训营。前者以提升京东方中高层管理干部的战略思维、系统思考与经营决策能力为目标,后者的目标是培养国际化商业素养的创新型海外业务人才。

第三节 ‖ 创新型企业创新文化中的共通元素分析

创新型企业是一种创新型组织,指在制度、管理、知识、技术、文化等方面具有强大创新活力、具有本行业关键技术和知识产权优势、能够对市场环境变化做出灵敏反应的企业。一般而言,创新型企业的主要特征有:企业内部实现研究与开发的制度化;研究与开发成为企业的核心职能之一;集研发、生产、销售于一体;形成研发、生产、销售三者互动的健全机制;能通过不断的持续的创新,获得持续性的收益。其中,持续创新是其本质特征。英国的弗里曼(Christopher Freeman,1921—2010)列举了创新型企业的十大特征:企业内部研究与开发能力相当强;从事基础研究或相近的研究;利用专利保护自己,与竞争对手讨价还价;企业规模足够大,能长期高额资助R&D(研究与开发);研制周期比竞争对手短;愿意冒风险;较早且富于想象地确定一个潜在市场;关注潜在市场,努力培养、帮助用户;有着高效的协调研究与开发、生产和销售的企业家精神;

与客户和科学界保持密切联系。[1]为建设以企业为主体、市场为导向、产学研相结合的技术创新体系,培育大批创新型企业是关键。[2]创新型企业一般主要分布在高科技行业、消费品行业以及知识密集型服务业。创新型企业是一个国家或地区最有活力的企业,是创新型国家建设的主力军,也是风险投资机构最青睐的投资对象。

创新型企业中的创新文化因素是影响企业成长发展、技术创新的重要条件。创新文化是指与企业创新活动相关的文化形态,包括价值观、行为规范、制度和信念、有利于创新的物质载体等元素。在创新文化体系结构中,价值系统是核心。创新文化有四个方面:价值观念、制度体系、行为规范、实物载体,其结构如下图所示:

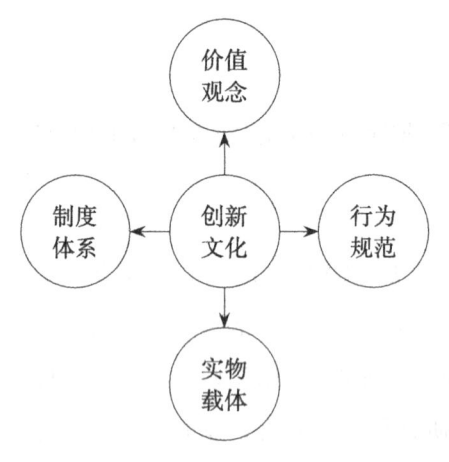

创新的价值观念是创新文化的精神层面,从根本上影响创新活动的氛围和环境的性质。制度体系是与创新相关的政策法规、企业内部规章制度的总和,它与创新文化的匹配状况决定了创新及其作用发挥的水平,是创新成败的决定因素。行为规范是创新文化建设可持续性的重要保障。行为规范包括以人为本的创新发展理念;全民科学素养水平;科技创新的诚信和风气;互动与交流的创新行为等。实物载体意味着将创新以自下而上的模式推行,包括创新型企业内部搭建的创新平台、创新创业平台的搭建和完善、科研院所和高校创新资源

---

[1]艾林·弗里曼.里程碑:伟大的斯隆 经典的管理[M].高嘉勇,刘晓萍,郝婕,译.北京:人民邮电出版社,,2007:56.

[2]奚洁人.科学发展观百科辞典[M].上海:上海辞书出版社,2007:56.

的共享与传播、社区创新服务平台的建立等载体,进而形成全社会的创新文化氛围。

著名学者汤一介认为"共通价值"的意思是:在不同民族文化之中可以有某些相同或相近的价值观念;这些相同或相近的价值观念应具有"共通价值"的意义,在一定情况下可以为不同民族所接受,而且这些具有"共通价值"的意义的观念又往往寓于特殊的不同文化的价值观念之中。在他看来,各个不同民族的文化中肯定存在着具备"共通价值"的因素,必须把"共通价值"与文化的"普遍主义"区分开来。在强调各民族文化历史发展中形成的独特价值的同时,人类在创新活动中有其共同的元素,寻求人类在创新过程中"共通价值"的文化因素对提升创新活动的效率有其现实意义和价值。

通过对包括汽车行业的长安集团,制造行业的华为、联想、格力,互联网行业的腾讯、阿里巴巴等创新型企业中所体现出的创新文化的分析,我们意在探寻在创新过程中形成的有共性的文化元素,这对一个企业构建创新型文化无疑有辅助作用。

(一)研究创新型企业共性文化元素的重要性和意义

党的十九大报告指出:我们要加快建设创新型国家,创新是引领发展的第一动力,是建设现代化经济体系的战略支撑。要加强国家创新体系建设,强化战略科技力量。深化科技体制改革,建立以企业为主体、市场为导向、产学研深度融合的技术创新体系,加强对中小企业创新的支持,促进科技成果转化。倡导创新文化,强化知识产权创造、保护、运用。培养造就一批具有国际水平的战略科技人才、科技领军人才、青年科技人才和高水平创新团队。增强自主创新能力、全面提升国家竞争力、创建创新型国家已经成为未来几十年我国国家发展的核心战略。[1]但是,"创新不是简单的、线性的因果过程,它是在复杂的社会系统中包含若干因素的交互过程。纵观人类科技、产业和社会发展的历史,科

---

[1]中共中央 国务院关于实施科技规划纲要增强自主创新能力的决定[J].中华人民共和国国务院公报,2006(9):3—6.

学技术与社会从来都是相互渗透、相互影响的"。①著名学者吴金希认为,文化对整个社会创新理念的凝练、创新习惯的养成、创新制度的完善、创新能力的提高起着关键性的作用。创新精神是一个民族兴旺发达的动力之魂。②随着创新型国家战略的提出,创新文化的重要性逐渐被人们所认识,这方面的文献占有相当的比重,例如徐冠华基于对科技发展的历史和现状的分析,提出创新文化环境对国家创新能力建设起着关键作用。朱清时、侯自新等专家在接受采访时对什么是创新文化、为什么发展创新文化和如何发展创新文化提供了真知灼见。李俊兰也从创建创新型国家的角度对创新文化的重要性进行了论述。等等。这些著名学者的研究文献都充分强调了创新文化对于一个企业、国家发展的重要性。本书通过对国内创新型企业中企业文化的共通因素的分析,凝练出一系列共通价值观和制度体系、行为规范、物质载体等,它们对我国企业创新发展、社会经济增长有积极影响。

(二)创新型企业中创新文化共同文化元素分析

1.创新型创新文化中的价值观

长安集团注重"以人为本、学习创新、敬业树人"的创新价值观。21世纪是一个知识经济时代,作为一个企业,如何在激烈的竞争下生存与发展是必须思考的现实话题。重视学习创新,即更好地利用外部资源,重视树人是为了充分发挥人力资本的潜能,重视敬业是为了加强团队精神和对外的信用、协作,重视创新是为了更好地改变自己,适应环境。长安集团面对内外部环境的挑战,提出了"给客户最佳的选择、给股东丰厚的回报、给员工更多的利益"的企业宗旨,充分体现出以人为本的价值理念。长安集团在企业创新发展的过程中始终坚持以人为本,重激励轻惩罚;始终坚持发展的眼光,用新的价值观和发展观去看待问题;始终保持危机意识;提出新水桶理论、筷子理论,强调团队的力量,协调发展;重视学习,认为只有不断学习才能开启知识大门。

---

①柏林科学技术研究院.文化VS技术创新:德美日创新经济的文化比较与策略建议[M].吴金希,张小方,朱晓萌,等,译.北京:知识产权出版社,2006:43.

②吴金希.创新文化:国际比较与启示意义[J].清华大学学报(哲学社会科学版),2012,27(5):151—158,161..

华为注重"以创新为本"的价值理念。华为从一个从事通信产品销售代理的民营企业,成长为全球第二大通信设备制造商和世界500强企业,其取得这样的发展成果离不开"梦想启迪创新"和开放式的创新观。华为提出"不为创新而创新,创新是为了让梦想成为可能"。这与华为的使命"追求实现客户的梦想"不谋而合。为了完成客户的梦想,华为锐意创新。华为在早期就已经确定走国际化自主品牌的道路,所以对于国外的技术竞争,华为保持开放的心态,一方面虚心学习,另一方面在学习的基础上进行创新。这被称为"站在巨人肩膀上的创新"。例如,华为早期在技术上推行跟随式创新,与德州仪器、惠普、IBM、摩托罗拉等建立联合实验室,获得这些企业的技术支持。与对手联合起来搞研发,既可降低成本又可加快创新步伐。

联想集团注重"成就客户、创业创新、精准求实、诚信正直"的创新价值观。在联想的核心价值观中,"创业创新"是核心。联想的商标Lenovo就是传奇(legend)和创新(innovation)的结合。这也蕴含着"联想人"对创新的殷切期盼。联想在早期突破了如何生存下去的问题以后面临着新的挑战。各种新兴技术的迅速发展,全球竞争的加速,都让联想公司有着"战战兢兢,如履薄冰""居安思危,从头再来"的危机意识,创新精神又重回主题。(在联想早期的价值观中对创新的理念上有着"贸-工-技"的企业发展思路,这一价值观确实对后来的联想核心技术的拥有与开发造成了不利影响。这从另一方面体现了企业文化是否创新型文化与一个企业的发展有着内在关联。)联想提出了自己的"5P"模型。为了进一步强化员工的创新意识,联想在原有的"4P"文化,即Plan——想清楚了再承诺、Perform——承诺了就要兑现、Prioritize——公司利益至上和Practice——每一年、每一天我们都在进步的基础上增加了一个"Pioneer"——敢为天下先。

格力注重"肯干实干、以人为本、进取创新、诚信共赢"的核心价值观。格力公司的核心价值观是:少说空话、多干实事;质量第一、顾客满意;忠诚友善、勤奋进取;诚信经营、多方共赢;爱岗敬业、开拓创新;遵纪守法、廉洁奉公。它从内容上包含了格力肯干、实干的创新态度;以人为本、以客户为本的创新目标;以及诚信、进取、共赢的共享创新等内涵。"开拓创新"是格力的企业价值追求,

"科技引领未来"一直是格力的品牌宣言,"格力一直都在创新"信念在企业文化中占据着重要地位。格力从创立之初到今天,正是通过对产品的不断创新而获得了无数专利。格力在持续完善的企业文化中把创新元素作为企业之本,缔造了全球领先的空调企业。

腾讯注重"正直、进取、合作、创新"的核心价值观。在一定程度上,"互联网"就是"创新"的代名词。在创新理念上,腾讯秉承"一切以用户价值为依归"的经营理念,和"正直、进取、合作、创新"的价值观,坚持面向未来,自主创新,树立民族品牌的长远发展规划。腾讯一般保持50%以上比例的员工为研发人员体现了对创新的重视。在创新的推动下,腾讯构建起了较为完善的自主研发体系,在存储技术、数据挖掘、多媒体、中文处理、分布式网络、无线技术这6个方向都拥有了相当数量的专利,在全球互联网企业中专利申请和授权总量均位居前列。

阿里巴巴的"六脉神剑"的价值观。价值观是一个企业发展的风向标,良好的价值观是带领企业稳健发展的重要基石,互联网行业创新的价值驱动是其生存的基础。在创新的道路上,阿里巴巴非常注重企业文化中的创新思维培育,公司树立的愿景是:做102年的企业,做世界10大网站,是商人就一定要用阿里巴巴!阿里巴巴在其愿景的基础上,管理者用小说里的招式来总结阿里巴巴的企业文化——"独孤九剑"(创新、激情、开放、教学相长、群策群力、质量、专注、服务与尊重、简易),作为阿里巴巴企业文化的第一个版本,在阿里巴巴内部贯彻了三年之久,并且作为员工的行为准则加入员工的绩效考核之中。几年之后,阿里巴巴将"独孤九剑"简化为"六脉神剑":客户第一、团队合作、拥抱变化、激情、诚信、敬业。

本田注重"以人为本"的创新价值观。汽车行业的本田和丰田,从建立初期到今,其在汽车行业已然成为佼佼者。建立、成长、发展的背后离不开创新价值观的导向作用。一方面,本田提出了"人间尊重"(意思是"尊重每一个人")和"三喜悦"(包括"购买之喜悦、销售之喜悦、创造之喜悦")两个理念。这两个理念体现的就是要使顾客和员工在买卖过程中都感到高兴和满意,并且使员工感受到工作创新的魅力。如此关注员工和顾客的心情,便体现了本田的人性化的企业文化。也正是由于本田公司极大程度地尊重每一位员工,所以在这里工作的员工对自己的工作都有着极大的热情和高度的责任感;另一方面,本田提出要"注重梦想的力量"。本田公司认为,创造的过程就是实现人类梦想的过程,他们始终在追逐梦想的道路上前行。这使得创造、创新回归到员工的原动力——实现梦想本身,在精神上激发了员工挑战梦想的潜力,也更容易唤起员工的认同感。正是因为这样的价值观引领,促使企业迅速成长,不断发展。

丰田注重"情怀、进取、坚实"的创新价值观。其一,立志成为世界企业的民族情怀。丰田以"生产物品"和"技术革新"为基础,立志成为世界的企业,为实现富裕的日本社会而努力。在这样的价值观导向下,丰田锐意进取、不断创新。其二,创始者传承的创新精神。创始者丰田佐吉有63年的发明生涯,他开创了丰田家族的开拓精神、创新精神和进取精神,并且内化为自己企业的文化价值观。其三,不追求效率而是稳步坚实地推进,在稳步推进中持续创新。从丰田的发展历程看,它追求的不是速度和突然的大放异彩,而是持续不断改进和细水长流的创新,使丰田在创新的路上走得非常坚实。

2.创新型企业创新文化中的制度体系

长安集团注重"激励创新、采纳建议"的制度体系建设。长安作为重庆的本土企业在发展上卓有成效,其在激励创新上设立了"激励创新、采纳建设"的制度体系,以制度来推动创新的持续开展,激发员工的潜在创新能力是长安集团设立"合理化建议奖"和"合理化建议推广奖"的初衷。通过这些奖项制度带动了长安员工对合理化建议活动的热情参与。激励机制调动了员工的创新激情,更凝聚了长安员工的人心,创新成为长安各级干部年度绩效考核的内容。这项制度安排也为公司开展群众性创新活动营造出了良好的氛围。公司对员工提出的合理化建议进行筛选、研究并及时地回应、采纳,使其转化为实际的效益。

华为注重员工持股、权力分享、创新人才培育的制度体系建设。通过全体员工持股,华为在告诉员工,华为不仅是创立者和管理者的,也是大家的。所以,研发团队和其他员工都是在为自己的事业而努力,这样极大地刺激了员工的主动创新意识,进行了物质激励。华为注重晋升按照个人能力,而非论资排辈的制度安排。华为始终坚持按照责任结果来选拔干部,按照实际贡献来选拔干部。这就激励员工通过创新去提升工作效率。华为注重"科技外交家"的塑造。研发体系的最顶部是华为的科技思想研究的群体,是一群"科技外交家",被称为华为科学研究领域"仰望星空"的人。华为支持这个群体的人员每年用三分之一或者更多的时间到全球大学或者高端科学论坛,与全球顶级科学家交流,对未来进行前瞻。第二层是科学家或工程商人,把经过战略务虚之后的技术方向,通过数学、工程的路径,变成面向客户需求的前瞻性的引导。第三层是5000多名聆听客户声音的高级专家,其作用是反映客户需求,并把前面两层的技术进行分析融合,形成开发目标。

联想注重"创意管理"和研发管理制度建设。作为一种自下而上的创新机制的"创意管理",是激励员工研发创新的重要措施之一。YOGA平板的研发正是"创意管理"的典型案例之一。最初,由几位移动事业部研发人员围绕平板电脑的研发进行了探讨,他们想让平板电脑更具特色,同时还提出了想让平板电脑的电池容量更大等创意……几番不断分析探讨后付诸实践,最后YOGA平板由此诞生。在研发管理制度建设上,联想经过早期的发展后逐渐认识到研发投入是企业发展的重要基石,于是通过持续性的研发投入去实现创新发展的目标。

格力注重"研发准备金"和"自主创新工程体系"制度建设。在研发经费管理上,格力对符合企业战略要求,能够解决重大、高端未知领域技术难题的核心科研项目,保证研发投入不设限制。该类科研项目由专门的技术专家团队进行持续的探索,对该类项目不断投入,能够保证研发的持续性,为研发顺利完成提供保障;同时,在项目研发过程中开展大量专业研讨,提供很好的平台、设备、软件等资源进行支持。格力的"自主创新工程体系",即员工自主,格力给员工创新提供软件和硬件保障。在软件方面提供一系列的培训课程,还有公司的文化氛围和制度建设;在硬件方面提供好的宿舍环境和学习环境。通过这样的体系,格力为推进系统的创新文化建设不懈努力。

阿里巴巴注重"合伙人制度"与企业创新发展融合。企业文化制度将规范一个企业在发展中的行为。阿里巴巴的快速发展与其独特的合伙人制度密不可分,在其战略部署、决策执行、细节处理上都体现得淋漓尽致。阿里巴巴的合伙人制度是从自身的角度出发,在采用国际通行的公司治理模式的基础上,借鉴国外的双层股权结构,创造性地引入与传统股份制公司"同股同权"原则不同的"合伙人制度",它不仅是对传统公司治理的创新,也使阿里巴巴的企业文化得以维系和传承。"六脉神剑""102年的公司"以及"客户第一、员工第二、股东第三"等都是阿里巴巴企业文化中的制度体现。合伙人制度给阿里巴巴注入了新鲜血液,使其一直有创新的资金支撑。管理体系就像公司的躯体,文化、价值观就像公司的灵魂,合伙人制度的功效保护灵魂的躯壳,使企业能不断地创新。

本田注重横向型组织、项目攻关制度建设。要造出风格独特的产品,就需要具备独创性的头脑。吸引、培育独创性人才是本田所注重的方面。为此,本田采取了以下措施:第一,引进合理化建议制度。从1953年开始,本田引进了合理化建议制度。通过此制度激发出了无数的优秀建议,本田公司对建议者予以了不同的奖励。第二,举办违反常规的作品的展览会。其宗旨是提出自由奔放的设想,并提供给"头脑运动会",这与本田倡导的"不论工作、娱乐,只要心情舒畅就干到底"的理念相吻合,涌现出大量创新的作品。第三,培养具有创新意识和创新能力的优秀团队。微发挥员工的最大潜力,公司不仅给创新员工提供资源和技术支持,还提供必要的人手,齐心协力去开拓创新。

丰田注重"动脑筋创新"建议制度和"先造人、后造车"的育人制度。倡导员工向上级提建议,对采纳的建议设有相应的评分细则和奖励,帮员工形成敢于思考创新的理念。注重"先造人、再造车"的人才育人制度体系,形成了完善的人才育人体系,包括各类教育体系、培养员工技能的工作学习计划、生产操作岗位的培训以及多功能训练等。这一体系为公司经营培养了大批管理人才、技术人才,使丰田成为世界制造行业赫赫有名的造人机器、育人摇篮。

3.创新型企业中创新文化中的行为规范

长安注重"4RE管理"的创新管理体系建设。"4RE管理"是基于一套全过程、全方位、全员的持续改进管理模式,是以"人品决定产品""每天进步一点点"为管理理念,以PDCA循环、目标管理、绩效管理等方法为依据,借鉴并创新拓展了日本汽车制造业的精益生产理论的管理体系。"4RE管理"即"4RE(四冲程)"运动,它具有两层含义:一是发动机四冲程往复运动过程;二是以发动机功能转化原理,借喻物质、精神互动效应将产生巨大能量,确保企业在激烈的市场竞争中永远立于不败之地。其主要特征在于持续性、动态性、渐进性和务实性。其实质在于"持续",精髓在于"创新与进步"。通过不断升级的目标设立和评价标准,以及完善的推进保障机制和有效的组织领导体系,将矩阵式的管理和考评结果,与员工的报酬、奖惩、晋升挂钩的两大动力注入其间,实现企业管理细节精益化、整体管理水平螺旋式上升的目标。"4RE管理"自推行以来已产生巨大的管理效益,创建了丰富独特的"发动机文化",即以"尊重个性、倡导首创、团结和谐"为基石的"路遥知马力"文化。

华为注重创新、重视产权、开放包容的规范体系建设。在技术创新上华为重视"科研投入+专业人才"。对于华为这样的技术型企业而言,技术创新是所有创新的核心,也是企业的核心。华为在技术研发经费上规定"每年销售额的10%用来做研发投入"。华为把专业人才放在重要的位置,认为技术创新的核心力量是人才,抢占高科技发展的制高点必须抢占人才高地。华为目前全部员工中研发人员占45%以上。(华为报告《联接未来》)华为实行员工全员持股,公司晋升看能力而非资历。华为在技术创新的同时重视知识产权保护。华为倡导开放、包容、允许失败创新的氛围,员工不用害怕被追究责任,允许试错,鼓励试错,是其创新文化的核心特质。

联想注重员工自主、允许试错、宽容失败的行为规范建设。倡导员工要做"发动机",员工通过自我发动,积极发挥主动性,养成创新思维模式。提倡员工要像企业家那样善于思考,像创业者那样敢于冒险,像发明家那样勇于实践。

阿里巴巴注重"自下而上,自上而下"的创新行为规范建设。自下而上的"个人微创新"与自上而下的"组织求创新"结合形成了阿里巴巴在创新行为规范上的特征。"个人微创新",可概括为"创新漏斗",作为阶段性资源投入导引,主要分为创意—报名—线上海选—孵化期—线下评审—跟进落地几个阶段,分阶段释放诸如服务器、测试环境、"赛马"假、训练营、法务财务咨询、"赛马"导师、奖金、定制考核等资源。"组织求创新",分为三种模式,一是项目招标——命题项目;二是创意征集活动;三是由子公司或部门/团队等主办,集团协办,形式各异的"创新"的主题会。

本田企业文化中有利于创新的行为规范建设。第一,要求员工"自燃、自发",把公司的工作当成自己的人生事业。本田提出"人间尊重"理念和注重梦想的价值观,倡导员工"为自己而工作",做"自燃、自发"的员工,主动去创新创造,提高工作的效率,开发新技术;第二,随时保持忧患意识和创新精神。为激励创新,每年公司都会中途录用一些"年轻有为、实力强劲"的人才,来刺激公司的竞争氛围,让员工充分具备忧患意识,保持创新意识;第三,技术面前,人人平等。因为这种对技术的尊重,本田树立了印象深刻的品牌形象。

丰田注重企业文化中有利于创新的行为规范建设。第一,精益求精的创新思维,追求生产过程中每个细节的最精细化。培养员工反思和追求极致的创新精神。倡导永远不志得意满,永远领先于市场趋势一步;第二,尊重员工的思考和创意。提倡员工自主管理,在工作中给予员工充分的自由度,着力培养企业员工的独立思考习惯是丰田企业文化最独有的特色。因此,丰田生产方式的参与者们又被称为"科学者集团";第三,注重行为规范的养成。重视经营型人才的培养,要求时刻不忘思考企业如何才能取胜;工作由自己创造;和同伴一起工作;反复思考,制订方案;第四,判断员工行动的价值判断标准是"明日的准备"。在生产方式中,工作被定义为"作业+改善",要求员工自主创新,向高目标挑战,鼓励成功但容忍失败;第五,崇尚行动。"先干起来"!鼓励员工去干、去试、去体验。在尝试中学习,在混乱中突发灵感,解决问题,实现创新。

4.创新型企业创新发展的物质载体

长安集团创新文化中的物质载体建设。从组织、评审、激励、制度方面,构建起长安人人参与而又赏罚分明,从公司、工厂到车间、班组的创新平台;构建"技师沙龙",营造一个平等竞争、集思广益的创新平台。倡导创新并非仅是科研人员的事,通过人人参与的机制激发每一个员工潜在的创造力,使创新成为每一个员工的责任。

华为注重内外部研发与创新培育平台建设。其一,构建"研发IT支撑系统"平台。一方面,该平台是有序支持、统一接口、高效经验共享的华为内部员工的创意和资源共享平台,通过此平台研发管理效率得到有效提升。另一方面,该支撑系统营造出一种技术学习和交流的氛围,鼓励大家把自己工作中的"宝贵经验"共享出来,使华为公司的技术资料同步于研究前沿;其二,构建华为创新研究计划(Huawei Innovation Research Program,简称HIRP),它是华为一项长期的Call For Proposal开放合作模式和联合技术创新机制,宗旨是聚焦ICT领域,在全球范围内资助创新研究,吸收业界优秀思想,共同挑战突破性技术,推进技术进步,同时也通过HIRP寻找长期联合研究合作伙伴;其三,E-learning平台建设。这是提供给内部成员进行知识培训的平台,员工通过平台的培训为进行研究做准备;其四,构建"心声社区"。大家畅所欲言,坚持自我批评,保持创新活力。

联想全方位创新创意创业平台建设。平台是企业文化的物质载体,平台的功能如何直接影响创新活动的效率。其一,"CEO创新研讨会"是一个以探讨设备创新、服务创新和设计创新为主题的头脑风暴平台,旨在通过对技术趋势与用户需求的深入分析研讨公司未来产品及服务的创新机会;其二,联想创新中心(研发中心)。通过此平台创建的研发中心,联想联手IBM、英特尔、微软和赛门铁克等合作厂商和其他高科技公司,旨在解决"方案孵化器"的角色;其三,"联想之星(众创空间)"是联想构建的众创平台,构建了国内较有成效的创新创业生态圈之一,入选中关村第一批"创业型孵化器",在帮助创业者借鉴经验、少走弯路上发挥了关键作用;其四,"小强创新"内部创业平台是联想集团内部的孵化器,旨在鼓励公司内部员工创新,他们既可成立新公司独立运营,也能够依靠公司现有资源和业务体系进行内部运作。

格力注重员工创新培育平台建设。其一,格力鼓励员工"犯错",鼓励创新,允许犯错,为创新而犯的错反而会受到奖励。通过此平台,格力为员工提供"一线员工发展四部曲"的技能培训,使之尽快成长为技能精英。其二,组建与产品创新有关的多个研究院,着力培养"格力自产"研发人才。其三,建立了自主创新工程体系,营造全员创新的文化氛围。在帮助员工实现自身价值的同时企业自身也在不断"强身健体",创造了许多格力独有的技术。

腾讯注重"产学研"相结合的创新平台建设。其一,成立"犀牛鸟科研基金",通过此基金将腾讯员工好的创意变成现实,也使受资助者与腾讯专家交流,推进提升人类生活品质的创新研究活动的开展;其二,注重校企共建平台建设,旨在让大学和科研院所的研究成果走出"象牙塔"。例如与清华大学联合构建的"互联网创新技术联合实验室"就是一个典型例子;其三,构建"互联网与社会研究院",旨在将互联网理论研究向纵深推进,探索互联网的发展规律与网络治理。

阿里巴巴注重依托"创新中心"打造创新生态链平台建设。其一,阿里巴巴创新中心旨在打造中国最大的互联网创业孵化平台。通过创业资金、入驻场地等硬件资源并与创投对接、创业指导、技术培训等软性服务和免费阿里云服务资源包等提升创客的创业效率,帮助其实现创业梦想;其二,电子商务的生态产业链平台建设。通过这些平台的建设,为创新的推进提供支撑。

本田企业文化中有利于创新的物质载体建设。其一,"新设想工作室"的实验工作室平台。旨在通过此平台的机械设备,支持职工把好的创意在实验室平台具体化。其二,本田公司鼓励员工在"新设想工作室"平台去"异想天开"、创新创造,并对实验结果报以宽容态度,从而鼓励员工大胆创造。

丰田企业文化中有利于创新的物质载体建设。其一,建立"伙伴集团",旨在交流信息和思想,推动创新活动的深入开展。正式的群众性网络组织使得志同道合的同志聚在一起,在丰田的创新活动中起了举足轻重的作用;其二,丰田公司内部有各个层次的"自主研究会",它们旨在对丰田的人才培养起到孵化器的作用。它是一种员工为解决"非常规问题"而自愿参加的学习会平台。

(三)创新型企业共通文化因素分析综述

综合以上创新型企业的创新文化建设的各个方面,我们可以得出结论,一个企业能否创新,关键在于是否具有促进创新的价值观及在价值理念下形成有利于创新的组织行为规范、相关的平台建设、对创新人才培养的重视。企业的创新理念是企业文化中的关键,其中对创新的崇尚和不断推进和对在创新过程中挫折的宽容与鼓励,对创新中研发的投入和对有利于创新活动开展的平台建设,对创新活动开展的制度保障等是创新型企业共通的特征。我们选取的国内外创新型企业所在行业对于重庆市的产业有可参考性和借鉴性,甚至有的是我们重庆的本土企业,这些经过梳理得出的概括性结论,对重庆企业构建企业文化中的创新文化建设无疑有启示作用。

1.国内外学者在这些方面的研究

①在激励创新的文化要素方面的研究。Charles O'Reilly(1989)对3M、英特尔、惠普等公司进行研究时发现,这些公司之所以在创新方面做得很好,其关键就在于这些企业文化中具有能够促进创新的要素。Charles O'Reilly对医药类、消费者产品类、计算机类、半导体类和制造企业的500多位管理者进行调查后,得出能够促进创新的因素为:鼓励冒险、奖励变革、开放性、共同的目标、自治权、行动中的信念。

Karen Anne Zien和Sheldon A.Buckler(1999)对世界上成功的公司如何保持其创新精神,如何重新点燃和重新振作创新精神进行了研究,结果发现了组织内促进创新的几个关键因素,这些因素没有地域和行业差别,适用于所有的创新公司。它们是:其一,创新公司能够保持信念和尊重个性;其二,所有职能上进行真正的实验,尤其是在创新前端;其三,构建市场和技术人员之间"绝对真实"的关系;其四,与顾客之间保持亲密的关系;其五,全员参与创新;其六,在组织内传播典型的创新故事。

②在促进创新的组织规范方面的研究。Charles O'Reilly和Michael L.Tushman(1997)就组织如何提高创新绩效进行了一项调查研究,调查对象为来自亚洲、欧洲、非洲和北美洲的2000多名管理者,涉及的行业有采矿业、金融业、健康护理业、制造业、消费产业和高技术产业。最终研究发现,即使属于不同国家、不同文化、不同行业,但所有公司在提高创新绩效方面都拥有共同的基础性规范:挑战现状、容忍失败、鼓励冒险、提供资源和开放的信息。为了验证和寻求这些一致性的文化要素和组织规范,Charles O'Reilly和Michael L.Tushman又对硅谷29家高科技公司的200名管理者进行了调查研究,把调查结果分为提高创造力和提高创新思想执行意识两类因素。其中提高创造力的规范有:支持冒险和变革;容忍错误的发生。提高创新思想执行意识的规范有:有效的团队机能;行动的速度。

③在有利于创新的工作环境因素方面的研究。Teresa M.Amabile使用"Keys"(评价创造性环境的工具)对高创新环境和低创新环境的不同之处进行

了研究,得出了有利于创新工作环境的8级76条目,其中6级集中于激励创造力的因素:组织制度激励;高层支持和参与;团队工作的支持;资源充分;积极挑战;自由性。

2.有利于企业创新的共通文化因素

我们对研究国内外7家创新型企业进行创新因素比较分析后,现归纳如下表,并在此基础上我们认为创新型企业中有利于创新的共同文化因素主要是:以人为本、开拓创新的价值观;平等宽容、员工当家做主的制度体系;开放包容、鼓励创新、允许失败的行为规范;着力构建企业创新生态体系。对比图示如下:

	价值观念	制度体系	行为规范	实物载体
长安	以人为本、学习、创新、敬业、树人	激励创新、广纳意见	"4RE管理"体系	技师沙龙、合理化建议展示区
华为	以创新为本、开放式创新理念	员工持股、权力分享、人才培育	重视技术、重视知识产权、开放包容、允许失败	研发IT支撑系统、创新研究计划、E-learning平台、"心声社区"
联想	从"贸-工-技"到成就客户、创业创新、精准求实、诚信正直	创意管理机制、研发管理制度	员工自主、允许试错、宽容失败	"CEO创新研讨会"、联想创新中心、"联想之星"众创空间、"小强创新"内部创业平台
格力	肯干实干、以人为本、进取创新、诚信共赢	研发准备金制度、自主创新工程体系制度	全员创新、激励人才创新试错	技能培训中心、格力研究院
腾讯	正直、进取、合作、创新	创新优先、员工为本	容忍失败,鼓励创新	犀牛鸟科研基金、联合实验室、互联网与社会研究院
阿里巴巴	客户第一、团队合作、拥抱变化、激情、诚信、敬业	合伙人制度	个人微创新与组织求创新相结合	阿里巴巴创新中心、电子商务生态产业链
本田	以人为本	建议制度、团队建设	自燃自发、培养创新、人人平等	新设想工作室
丰田	民族情怀积极进取坚实进步	建议制度、育人体系	精益求精、尊重员工、目标与实干	"伙伴集团""自主研究会"

其一，以人为本、开拓创新的价值观。

创新型企业是企业文化的一种类型，对其组成要素的剖析包括共享价值观、思维模式、行为模式、制度规范、物质载体等，更通过相应的制度、行为规范、平台建设等支撑构成系统的企业文化体系。其中创新为核心价值观是创新型企业文化的核心和基石，它为企业全体员工提供了共同的思想意识、信仰和日常行为准则，从而在文化层面上结成一体，朝着以创新为目标而推进。因此，可以理解"价值原则是企业文化建设的重要导向"[①]。由于价值观是文化的核心与灵魂，企业的价值观是企业持久的和最根本的信仰，是企业及其每一个成员共同的价值追求、价值评判标准和所崇尚的精神，企业文化建设的首要任务就是要确立企业的核心价值观。在价值观的引导下，才能形成各种信条、观念以及指导思想，如人才观、发展观、竞争观、营销观等。同时，企业的行为方式也与企业的价值理念密不可分，一个企业真正的文化不是体现在"书面文化""口头文化"上，而是必须化为企业行为，如果忽视了理念与行为的一致性，企业文化就会成为一种摆设。无论是对于企业整体还是对于员工个体而言，价值观都是一把标尺，时刻衡量着自身的存在意义和行为方式。世界企业500强企业管理演变历史也证明，在激烈竞争环境下持续存在的企业，尽管它们的经营战略和实践活动在不断地适应着变化的外部世界，却始终持续保持着稳定的核心价值观和企业追求的基本目标。归纳我们所梳理的创新型的企业文化，总体内容上均有"以人为本""鼓励创新""以顾客为中心""服务社会"，同时有"平等对待员工""平衡相关者利益""提倡团队精神"。企业文化的"以人为本，开拓创新"的价值理念都特别明显。

其二，平等宽容、员工自主的制度体系。

创新型企业倡导一种平等关系，把员工的发展与企业的发展融合在一起，它们对于倡导员工自主的理念有着一致的共识。这样的制度体系，激发了企业每一位员工对创新的兴趣和投入。在我们研究的典型创新型企业案例中，倡导员工自主、鼓励创新是共有现象，这些企业在民主管理的制度环境中培育员工创新的自由空间和创新能力发展空间。在选拔人才方面，它们不论资排辈而以

[①] 楚金河. 中国企业文化与儒家文化的四个共通原则[J]. 北方论丛, 1999(4):37—39.

能力为标准,从而激励员工通过创新去提升工作效率,实现企业效益。

其三,鼓励创新、开放包容、允许失败的行为规范。

创新必然有成功也有失败,在我们所研究的创新型企业中,在行为规范上鼓励创新,开放包容,对创新中的失败持宽容的态度也是创新型企业的一种共识。正是开放包容、允许失败的态度营造了一个企业的创新氛围。尝试新的事物,甘冒失败风险,才会有创新的持续推进。在这种文化环境中,员工不会因为尝试新的事物而受到处罚。"对于一个成功的公司而言,要承认失败的确是极其困难。成功与失败,对于公司以及参与人员而言,是一种可以从中学习的经历——只要公司奉行它的使命和承诺,领导企业朝着发展员工的终极目标前进。"[1]在一定层面上,允许试错,鼓励试错,正是创新文化的核心特质。

其四,着力构建企业创新生态体系。

企业创新不是一个简单的线性过程,也不仅仅是研发人员的事情,更不是仅依靠投入就能持续创新,它是一个复杂的、包含若干因素的交互过程,是一个系统工程。一般而言,创新生态体系是指"多个创新主体之间,基于某些技术、人才、市场、运作模式、文化等共同的创新要素而形成的,相互依赖、共生共赢,并且具有一定的稳定性、独立性的一种组织体系"[2]。此系统强调创新主体之间的有机联系,从系统整体的角度而言,不仅具有重要的学术意义,而且对创新管理与政策实践也具有重要的指导意义。

在现代市场竞争环境下,企业之间的竞争越来越演变成企业创新生态体系之间的竞争。企业作为创新个体,其发展与创新生态系统的良好与否息息相关。在企业发展中,诺基亚就是一个典型案例,把诺基亚看成单个企业个体来分析,其内部管理和创新战略无可厚非,在当初企业产品的质量和影响力一直位于世界前列。但是当我们拿苹果以及谷歌公司所创造的颠覆性的生态体系来对照,诺基亚的结果就不难理解了。症结不是在于诺基亚本身的产品质量上,从根源上理解是诺基亚所主导的生态体系已不适应竞争市场的变化了。

---

[1] 福朗斯·赫思本,马歇尔·戈德史密斯,爱恩·萨默维尔.管理大师论创新——创新领导与绩效组织[M].杨民珺,张佩星,费晓西,译.上海:上海交通大学出版社,2003:83.
[2] 吴金希.创新生态体论[M].北京:清华大学出版社,2015:12.

综上所述,本研究主要从国内创新型企业的价值观、制度体系、行为规范以及物质载体四个方面来分析其创新文化的共通之处,主要总结为:以人为本、开拓创新的价值观;平等宽容、员工自主的制度体系;鼓励创新、开放包容、允许失败的行为规范;着力构建企业创新生态体系。在研究的过程中,课题组还发现其他一些创新文化的共通之处,例如:企业家即企业领导者对创新文化的重视是影响企业创新发展的重要指标因素。

党的十九大报告中明确指出:要加快建设创新型国家。创新是引领发展的第一动力,是建设现代化经济体系的战略支撑。倡导创新文化,强化知识产权创造、保护、运用。对于在新常态下构建创新文化建设,理解创新是发展的源泉,创新是发展的动力是一个指导。综合创新型企业在创新文化方面的共同因素分析,可对照一个区域或城市的产业现状,结合企业文化建设中的不足,补足企业文化建设中创新文化的不足,无疑是构建企业创新文化的一条可行路径。

(四)国内企业创新文化对比分析

阿里巴巴、腾讯,华为、联想,格力、海尔分别是电子信息产业、高新技术产业和家电制造产业的典型企业,其中创新文化四个要素对比如下:

国内企业创新文化四要素对比分析

产业	企业	价值观念	制度体系	行为规范	实物载体
电子信息产业	阿里巴巴	客户第一、团队合作、拥抱变化、激情、诚信、敬业	合伙人制度	个人微创新与组织求创新结合	阿里巴巴创新中心、电子商务生态产业链
电子信息产业	腾讯	正直、进取、合作、创新	创新优先、员工为本	容忍失败、鼓励创新	犀牛鸟科研基金、联合实验室、互联网与社会研究院
高新科技产业	华为	以创新为本、开放式创新理念	员工持股、权力分享、人才培育	重视技术、重视知识产权、开放包容、允许失败	研发IT支撑系统、创新研究计划、E-learning平台、"心声社区"

续表

产业	企业	价值观念	制度体系	行为规范	实物载体
家电制造产业	联想	成就客户、创业创新、精准求实、诚信正直	创意管理机制、研发管理制度	员工自主、允许试错、宽容失败	"CEO创新研讨会"、联想创新中心、"联想之星"众创空间、"小强创新"内部创业平台
	格力	肯干实干、以人为本、进取创新、诚信共赢	研发准备金制度、自主创新工程体系制度	全员创新、激励人才创新试错	技能培训中心、格力研究院111
	海尔	是非观：以用户为是，以自己为非；发展观：创业精神和创新精神；利益观：人单合一双赢	以人为本、"人单合一双赢模式"升级为"人单合一2.0——共创共赢生态圈模式"	将"企业付薪"变为"用户付薪"，驱动员工转型为真正的创业者	创新文化生态圈——共创共赢、"走进海尔"创新企业文化参观服务项目、互联网+海尔创新文化

创新被认为是影响区域和企业在当今竞争激烈的市场中取得长期发展的关键因素之一，而文化作为能够影响个体在组织中的行为模式和企业创新发展的"非正式准则"，在研究中已被证实是能够刺激或抑制创新的一个最重要因素，"企业文化是决定企业竞争力优势的唯一的最有持久力的来源"[1]，而创新文化中的价值观体系是创新和绩效预测指标之一。这种对创新的刺激或抑制，取决于内外部环境形成何种文化价值观，而刺激创新的创新文化框架包括：

其一，价值观念方面。这是创新文化的核心，以人为本的创新理念、开拓进取的创新精神、试错容错的创业意识、资源配置的自由流动、竞争与合作思维、开放包容的态度、契约精神的信用观念等是创新型企业都具备的价值观念。

其二，制度体系方面。每一个创新型企业都形成了不同的制度体系来规范和引导自身的创新发展，但从对比分析中可以看到，那些有利于创新的管理制度是它们所共有的，如，创新创业管理制度、以员工为主的自主创新制度、企业持续性的研发制度等。

其三，行为规范方面。行为规范是创新文化建设可持续性的重要保障。在课题组所研究的每一个企业中，都充分体现了"允许失败、鼓励创新"的员工创

---

[1] 朱凌.创新型企业文化的结构与重建[M].杭州:浙江大学出版社,2008:5.

新行为规范。知识经济时代的创新,越来越有非线性创新的趋势,即创新可能是"无中生有",没有尝试就没有成功创新的可能,千百次的失败当中才可能会有有价值的创新成果产生,试错与创新本来就具有内在逻辑联系。

其四,物质载体方面。创新的主体是企业,当前的创新更要求企业内部与外部进行研发合作,从而更好地进行创新活动。在以上六家企业中,各类创新平台、创新中心的建立,为企业内部技术创新、管理创新提供了强有力的驱动力。一方面是企业内部员工的创新创业平台,另一方面则是企业与外部,如研究所、高校、科研机构等的合作创新,形成创新合力,进而取得更高的创新绩效。

第六章 重庆市主要产业优势及代表企业创新文化现状

第一节 ‖ 重庆市主要产业及其优势概述

行业与产业、区域特征影响着企业文化建设。分析国内外创新型企业中的文化元素,发现其影响创新活动开展的文化元素,并归纳其共通元素,结合重庆市自身的产业特征和企业自身实际,借鉴国内外创新型企业中创新文化中的合理元素来弥补自身企业文化中的不足,从而促进企业文化中子文化——创新文化的建设,无疑具有极大的现实意义和价值。这也正是探讨创新型企业文化的原因所在。

目前,重庆已基本完成由国家老工业基地向国家重要现代制造业基地转型,经济由高速增长转向高质量发展,发展质量效益不断提升,区域创新能力持续提升,全社会研发经费支出年均增长17.4%,高新技术企业数量增长3.3倍。在"十四五"规划中重庆要求,未来五年着力培育支柱性和先导性产业,打造战略性新兴产业发展新引擎。围绕新一代信息技术、新能源及智能网联汽车、高端装备、新材料、生物技术、节能环保6大重点领域培育具有国际竞争力的战略性新兴产业集群和先进制造业集群,巩固壮大实体经济根基,加快建设国家重要先进制造业中心,推动工业经济迈上3万亿级新台阶。支柱产业转型升级取得重大突破,战略性新兴产业规模大幅提升,数字经济发展走在全国前列,数字经济增加值占地区生产总值的比重提升至35%。科技创新能力显著提高,研发经费投入强度达到2.5%。《重庆市制造业高质量发展"十四五"规划(2021—2025年)》指出,目前重庆市产业体系更为健全,拥有全部31个制造业大类行业,基本建成门类齐全、产品多样的制造业体系;优势领域更加彰显,微型计算机、手机、汽车、摩托车产量占全国比重分别超过24%、9%、6%、29%。

同时,文件也提出重庆自身仍存在一些突出问题亟待解决:企业创新能力不强,创新投入特别是基础研发领域投入不足,有研发机构和研发活动的企业占比不高,重大创新成果不多;产业链整体发展水平不高,龙头企业产品竞争力不强,配套企业的层次总体不高,部分行业产业链关键环节缺失,核心零部件对外依存度较高,产业链供应链安全稳定存在隐忧;领军企业带动性不够,缺乏具备行业号召力的大型企业,龙头企业的行业影响力较小,集聚配套企业对行业支撑作用不强,科技型企业数量不多、规模偏小,新兴产业生成能力较弱[1]。企业如何解决这些问题,在新常态下如何构建创新文化显得非常必要与紧迫,推进创新及创新文化建设对此是一种可行的路径。

重庆现有的优势产业有:信息技术、新能源及智能网联汽车、高端装备、新材料、生物技术、节能环保等6大部门,而每一产业背后的实体企业在推进创新型企业文化的建设上都是一个值得思考的话题。那么这些企业的现有企业文化,特别是创新文化如何,如何理解"文化的、软的方面的重视是成功企业的显著特点,管理中的文化含量越大,战略、组织控制抑或是员工积极性的调动就越有效率"[2];如何把文化、企业文化、企业创新型文化三个层面的内涵渗透到企业中去,以创新文化的土壤来支撑创新活动的持续开展,无疑是当下应思考的课题。

第二节 ‖ 促进创新活动的创新文化构建路径

(一)重庆企业发展演进中的存亡兴衰与企业文化的关联

对于企业而言,注重效果型还是创新型文化构建,对于企业成长的影响是不同的,其企业文化构建也有着不同的建设路径。在新常态下经济从高速增长转为中高速增长,增长的第一动力转向了创新,注重创新文化构建是必然趋势。

---

[1] 重庆市制造业高质量发展"十四五"规划(2021—2025年).
[2] 朱凌.创新型企业文化的结构与重建[M].杭州:浙江大学出版社,2008:5.

我们研究中所指的企业创新文化可以理解为,在一定的社会发展阶段,一个企业有极强的崇尚、接受、塑造创新事物的能力,并在价值观念、制度体系、行为规范、物质载体上都着力以创新为核心而构造的企业文化。通过前面对国内外创新型企业中企业文化的分析与梳理,借鉴一些研究学者的研究成果,结合重庆市产业及区域特征,我们认为,企业文化建设中的现状,如"企业创新能力不强,创新投入特别是基础研发领域投入不足,有研发机构和研发活动的企业占比不高,重大创新成果不多"①,这些"不强""不足""不高""不多"问题,从根源上是企业内部创新文化建设问题,"现代企业的发展,文化是根本、是核心,所有的其他经济行为都因文化而展开,不同的企业文化会表现出不同的生产、生活方式,追求不同的精神生命,故而形成不同特质的文化价值取向。"②

(二)案例分析

在重庆企业发展的历程上,有着长安、智飞、力帆、隆鑫等全国知名的企业实体,随着时间的洗礼和产业兴衰更替,"存者存也,亡者亡焉"。当我们深入企业文化内部去探究,也许会带给我们一些启示。

1.重庆汽车产业典型代表长安集团的企业文化建设

其一,在创新价值观上长安注重"以人为本、学习创新、敬业树人"理念。长安集团的核心价值观是学习、创新、敬业、树人。长安集团面对内外部环境的挑战,提出"给客户最佳的选择、给股东丰厚的回报、给员工更多的利益"的企业宗旨,充分体现出以人为本的价值理念。如今市场竞争更为激烈,唯有学习才能与时俱进。重视学习是为了更好地利用外部资源,关注新技术的发展动向;重视创新是为了更好地适应市场竞争环境;重视敬业是为了加强团队精神和对外的信用、协作;重视树人即人才培养,是为了充分发挥人力资本的潜能。其二,"激励创新""采纳建议"的制度体系。长安的"汽车大奖制度"通过集团内部"合理化建议奖"和"合理化建议推广奖"调动了员工的创新激情,凝聚了长安员工,营造了良好的创新氛围。其三,构建"4RE管理"的创新管理体系。它是以"人

---

①重庆市制造业高质量发展"十四五"规划(2021—2025年).
②刘朝臣,鲍步云.创新文化论[M].合肥:合肥工业大学出版社,2008:12—13.

品决定产品""每天进步一点点"为管理理念,以PDCA循环、目标管理、绩效管理等方法为依据,借鉴并创新拓展了日本汽车制造业的精益生产理论的管理体系。其四,注重构建创新发展的物质载体。通过完备的组织、评审、激励、推广制度,构建人人参与、赏罚分明的创新平台,使从公司、工厂、车间到班组,集全员之智、举全员之力,营造起一个平等竞争、集思广益的创新氛围。

2.重庆汽摩行业典型代表——力帆集团的企业文化建设

力帆集团成立于1992年,历经28年迅速发展成为以新能源产业为战略发展方向,融科研开发、汽车、摩托车和发动机的生产、销售及投资、金融于一体的大型民营企业。但在2020年8月力帆集团以其不能清偿到期债务申请进行破产重整。当初力帆的企业文化,其一,树立"创新力帆,质量力帆"的价值理念。力帆曾经有一个标语:"获利路有三,垄断我无权,投机我没胆,创新求发展。"力帆自创立初期,主动引入新的管理方法、管理手段、管理模式,实施高管验车制度化、常态化等措施。从创新生态系统来讲,产品质量是企业在市场竞争中的基础,而质量与技术、人才密切联系,否则企业会在市场竞争中处于劣势。任何环节脱节和不足都会影响整个创新系统发挥其功能。质量上的问题导致力帆在2015年销售的两千多辆新能源汽车不符合国家相关标准,被取消1.14亿元财政补助,从而导致力帆在竞争上渐渐处于不利地位。从企业文化来看,创新是一个生态体系,它是由技术、人才、资金投入、市场、运作模式、文化等元素共同形成的一个组织体系。不同创新主体之间的交流在创新型企业的发展中显得尤为重要。从力帆走过的历程来看,汽车行业是一个技术密集的行业,也是一个需要大量技术研发人才的行业,与技术同行之间的交流非常重要,仅重视某一方面如运作模式,创新的持续性将受到影响。在这个组织体系内,缺乏任一板块的协同都会在技术产品创新上遭受挫折。力帆的典型案例从另一方面佐证了一个企业的发展与创新生态体系存在内在关联,说明了企业文化中创新文化的构建在一个企业发展过程的重要性。

3.重庆隆鑫集团的企业文化建设

其一,价值观念建设。隆鑫通用动力股份有限公司创建于1993年,系"中国企业500强"——隆鑫控股有限公司旗下的核心企业。其战略定位是:成为中国清洁动力等相关领域的榜样企业。企业提出的核心价值观是"诚信、创新、速度、对称",强调践行"尊重人"的核心文化。坚持"在员工认同、顾客满意、合作方协调的基础上实现股东价值的持续提升"的长期发展理念;其二,制度体系建设。隆鑫将"尊重人"的理念施用于人才管理,以构建员工诚信体系为基础,建立人才调配、淘汰或晋升的流动机制;构建具有针对性、实用性、系统性的培训体系,不断以先进的经验和方法促进公司业绩的提升。其三,行为规范建设。隆鑫倡导"九项做事原则":顾客至上原则;以共识为基础的决策原则;沟通原则;持续改善产品原则;无间隔、无间断、无问题原则;预防原则;现地现物原则;技术应用原则;标准化原则。公司以此规范员工的行为。其四,实物载体建设。隆鑫企业鼓励员工进行创新创造,企业依托发动机技术、摩托车技术、通机技术、休闲机车技术、大排量发动机技术等制造出了一系列相应产品,但从创新生态体系来看,在促进创新的平台建设上跟进不足,有很多需要完善的地方,影响了整体创新质量的提升。

4.重庆智飞生物公司的企业文化建设概述

重庆智飞生物制品股份有限公司是重庆生物制药的代表,2003年通过GSP认证,2010年在深交所上市,位列"2020胡润中国百强大健康民营企业"第11位,是集预防和治疗于一体的大型生物医药领军企业。在企业文化建设上:其一,智飞倡导"六个第一,六个第二"的创新价值理念。其核心价值观是:人品第一,能力第二;规范第一,业绩第二;诚信第一,利润第二;质量第一,速度第二;纪律第一,理由第二;集体第一,个人第二。制药行业的特殊性使智飞生物在核心价值观上更注重人的品行、规范、诚信观念,以此来促进产品质量和安全。其二,智飞企业文化中的管理制度体系建设。智飞注重建立和完善培训管理制度,落实关键岗位技能培训,培训工作系统化、制度化、常态化,培训过程强调员工参与和互动,发挥员工的主动性,加强员工的自主性和强化员工的主人翁意识,实施人才兴企战略。其三,注重行为规范建设。智飞秉承"四大"用人理念来作为行为规范:选人观,选择与公司企业文化理念相契合的志同道合之人,坚持公平公正,任人唯贤;育人观,结合公司战略发展及个人发展需要,系统有序地提供培训,提升员工的综合素质;用人观,用人不疑,合理授权;留人观,提供有竞争力的工作机会、薪酬福利,文化留人。其四,智飞促进创新的实物载体建设。智飞注重自主研发与合作研发相结合的平台建设,立足市场,着力科研,建立了自备科研生产基地,先后参与了国家"863计划"科技部重大专项等,还注重与国内外知名的科研机构、企业、协会加强合作,通过这些平台凝聚精研实产的创新力。

第三节 ‖ 创新型企业文化对推进重庆创新文化建设的启示

借鉴国内外创新型企业中创新文化的共通元素,结合重庆区域和产业特征,企业文化上着力推进创新文化的建设,是重庆企业应对产业发展趋势和市场竞争的必然要求。"他山之石,可以攻错",通过对创新型企业文化中的共通元素的分析,合理地引入其创新中的文化元素,是在新常态下提升重庆企业创新能力和构建创新文化的适当路径,这也正是我们研究此课题的初衷所在。

通过前面对创新型企业文化元素的梳理,我们发现它们具有这样一些共通性特征:

(一)创新始终是企业的内在意愿

不论是企业发展目标规划,还是在企业内部文化中的价值观念、行为规范、制度建设、平台载体的各个层面,大都以创新为核心来构建。"正是这些信念(意愿)形成了领导者对于公司参与未来竞争所应该具备的行为和知识的看法。"[1]日本花王集团前总裁常盘文克在其《创新之道:日本制造业的创新文化》一书中也写道:"创新的欲望和梦想正是研发工作的推动力。"[2]这有力地佐证了创新的意愿的培育与引导对构建创新型企业文化的重要性。

---

[1] 马丁·弗朗斯曼.创新的愿景:日美公司的创新文化[M].马晓星,译.北京:知识产权出版社,2008:78.
[2] 常盘文克.创新之道:日本制造业的创新文化[M].董旻静,译.北京:知识产权出版社,2007:42.

(二)对创新型人才的重视与培养

创新的基础是人才,有创新型的技术人才是企业产品能创新的基础。不论是华为、丰田,还是腾讯、阿里巴巴等创新型企业,都是将对人才的重视作为企业发展的关键要素。一般人们对创新的认知,过于关注技术创新的突破,但是创新的核心是人,不论是战略创新、管理创新还是商业模式创新,缺乏创新型人才的企业难以在市场的竞争中获得成功。例如,华为公司1997年为了形成公司的核心价值体系编写了《华为基本法》,总结了所有员工和管理者需要遵守的核心价值观,在其中提醒员工三个问题:一是为什么华为公司会取得成功?二是维持华为公司成功的因素有哪些?三是华为公司在未来取得更大的成果需要什么因素?这些问题都与创新型人才能留在华为并与华为共发展密切相关。

(三)将创新型人才与企业发展用制度方式建立起内在关联

创新型企业对技术的创新在于持续性而不在于短暂的、间歇式的创新上,否则企业的存在不可能长久。这就要求企业内部在制度上使创新型人才与企业发展有效地建立起内在关联。如华为通过员工持股的方式使每一个企业员工的利益与公司的发展都产生利益关联,这样人才就会与企业发展的前途紧紧地联系在一起。同时,华为提倡平等、公正对待员工,使员工对企业有一种归属感,并通过培训提升员工的创新能力,通过有效的创新激励机制而使员工在每一个岗位上施展其创新潜力。

(四)注重创新文化的生态体系建设

创新及创新文化的培育是一个生态体系,创新不是靠单个元素的作用,是靠一个体系,体系内的各个要素要协同起作用方有效且有持续的效应,否则创新仅是一种偶然与短暂的效应。创新文化作为一个生态体系包括组织结构、价值观、激励与评价、环境适应性等,从本研究来看具体可细化为价值观念、行为规范、制度体系、物质载体,这些因素协同以"创新"为核心来构建创新型文化。在前面我们也分析了成功与失败的案例,从中可佐证,创新,特别是一个企业的持续性创新,是各个元素协同作用的功能与效果。

(五)创新中研发的投入和创新平台的建设

一个创新型企业,会将对研发的投入放在重要的地位。从华为、腾讯、阿里巴巴等创新型企业来看,研发的投入是推进创新的重要支撑,创新即突破,而突破已有的技术及产品是一个企业自身生存的诀窍,不想超越自身企业的产品或技术的企业一定会被别的企业超越。创新型企业要促进创新活动的开展大都会构建有利于创新的物质载体,即进行平台建设,如产学研合作研发平台、企业内部员工创新平台、与其他创新主体包括国内国际上合作研发的平台,使创新活动从思想到实物的过程成为可控的管理环节。

(六)创新型企业注重对客户需求的把握并以不断创新的产品去满足

企业的创新是否成功不在于它是否新颖、巧妙或具有科学内涵,而往往在于它是否能赢得市场,不具有创新市场能力就会被淘汰。创新转化结果在市场上兑现后才能持续推动企业创新,提供资金后备来源,否则创新就会搁浅。

第七章 新常态下重庆市企业创新文化推进路径的思考

第一节 ‖ 新常态对重庆市产业的影响及要求

(一)新常态对重庆市产业发展的影响

创新是当今社会、企业发展的永恒主题,但不同的社会环境对创新的要求有所不同。新常态下经济发展的速度、结构、动力、资源利用是不同的,在此视角下来思考企业创新是有其特殊的内在要求的。特别是资源的约束、人力成本的提高,使得粗放型经济发展模式难以为继,推动企业的动力渐渐以技术创新、流程创新、战略创新为主要发展形式,从对数量的关心到对质量的重视,增长动力由投入转向科技创新成为一种常态,而这些创新的背后取决于企业构建什么样的企业文化。据有的学者调研分析,"我国大中型工业企业大多数为效果型文化(60%),创新型文化仅占12%"[1],这说明在构建企业文化中创新理念尚未得到应有的重视。

重庆作为西部唯一的直辖市,改革开放以来的经济发展取得了令人瞩目的成绩。2010至2017年前均呈两位数增长,但从2017年后重庆GDP增速首次跌至两位数以下,为9.3%;2018年,重庆GDP增速降至6%,经济发展也走向了"新常态",传统的经济增长方式在新形势下不再适应发展的要求,正经历着新常态下经济转型的阵痛期,创新的理念必然对企业发展抉择及企业文化的构建产生影响。重庆市制造业产品结构的老化现象严重,没有通过技术创新掌握关键技术,产品的质量和竞争力下滑,不能满足市场需求。就制造业而言,重庆市在2018年末制定并颁布了针对2019至2022年的《重庆市发展智能制造实施方案(2019—2022年)》,随后又颁布了《中共重庆市委 重庆市人民政府关于进一步

---

[1] 朱凌.创新型企业文化的结构与重建[M].杭州:浙江大学出版社,2008:7.

推动制造业高质量发展加快建设国家重要先进制造业中心的意见》《重庆市制造业高质量发展"十四五"规划(2021—2025年)》,在肯定取得的成绩的基础上也清醒地看到了不足,"企业创新能力不强,创新投入特别是基础研发领域投入不足,有研发机构和研发活动的企业占比不高,重大创新成果不多;产业链整体发展水平不高,龙头企业产品竞争力不强,配套企业层次总体不高,部分行业产业链关键环节缺失,核心零部件对外依存度较高,产业链供应链安全稳定存在隐忧;领军企业带动性不够,缺乏具备行业号召力的大型企业,龙头企业的行业影响力较小,集聚配套企业对行业支撑作用不强,科技型企业数量不多、规模偏小,新兴产业生成能力较弱。我市制造业转型升级高质量发展仍任重道远。"[1]近年来,重庆市高度重视创新发展,将制造业放在经济社会发展的核心位置,全市大力推进以科技创新为核心的全面创新,强化企业的创新主体地位、突出重点区域和重点领域引领带动、推动科技成果转移转化,取得了一定的成效。拥有研发机构的企业和用于技术创新的企业研发投入都取得了较快的增长。在"十四五"制造业发展规划中明确地提出"增强制造业创新整体效能。强化创新在制造业高质量发展中的核心作用和企业在创新中的主体地位,围绕产业链配置创新链,健全制造业研发创新体系"[2],由此可见,重庆市高度重视技术创新对于经济发展的作用,这为推进重庆市企业创新文化建设起到了引导作用和营造了良好的政策环境。

(二)国内创新发展趋势对重庆推动创新文化的要求

通过对比可以寻找不足,从全国创新发展趋势可以更深刻地理解构建和完善创新文化的紧迫性。以R&D(社会研究与试验发展)经费的支出为例,"十三五"期间,重庆市R&D经费投入强度完成2.1%(在"十四五"规划中投入强度要达到2.5%);而拥有研发机构的企业占规模以上企业的比重只有17%左右,远低于东部的发达省份。根据国家统计局发布的2019年全国科技经费投入统计公报,2019年重庆市R&D经费的支出经费仅为469.6亿元,占地区生产总值的

---

[1] 引自《重庆市制造业高质量发展"十四五"规划(2021—2025年)》.
[2] 引自《重庆市制造业高质量发展"十四五"规划(2021—2025年)》.

1.99%,较2018年略有提升,但是仍低于全国2.23%的平均水平,再对比北京6.31%、上海4%、天津3.28%的投入强度,在四大直辖市中,重庆市的R&D经费投入之少显而易见,这必然影响重庆市的创新活动的开展与持续性。

2019年各地区研究与试验发展(R&D)经费情况

地区	R&D经费(亿元)	R&D经费投入强度(%)
全国	22143.6	2.23
北京	2233.6	6.31
天津	463.0	3.28
上海	1524.6	4.00
重庆	469.6	1.99
江苏	2779.5	2.79
浙江	1669.8	2.68
广东	3098.5	2.88
湖北	957.9	2.09

注:根据国家统计局统计数据。

从纵向上看,重庆市工业产业的智能化虽然加快了建设步伐,取得了一定的成绩,但是发展进程仍然缓慢。从横向上看,重庆市企业的数字化、智能化水平与其他发达省份相比,整体水平仍然有一定差距,战略型新兴产业占全市的工业比重不超过25%(在"十四五"规划中,提出围绕新一代信息技术、新能源及智能网联汽车、高端装备、新材料、生物技术、节能环保6个重点领域,集中优势资源培育一批产值规模超千亿的产业集群和基地,带动全市战略性新兴产业规模迈上万亿级)。创新研发经费的投入除开财政支出外,更重要的是企业内部对研发的重视与投入,而对研发的重视与否明显与一个企业内的企业文化中的创新意愿有关,也就是与创新文化的构建有关。

通过前面的分析我们已经得知:创新文化是指与创新活动相关的子文化形态。它的主要功能涉及两个方面:其一是文化对创新的作用;其二是如何营造一种有利于创新的文化氛围。文化对于创新的作用是基础性的,文化中的观念文化潜移默化地影响着人们的思维活动,从而影响人们的行为方式。由此要改变企业中过度重视效果型文化,忽视创新型文化的现状,构建鼓励企业创新的创新文化,从而促进创新动机的产生并为创新提供内在动力,提升企业的创新意识和能力水平。而鼓励创新的制度文化需要通过一系列政策和法律法规的支持,使之能够持续为创新活动的开展提供资金支持、政策保障、人才需求,从而为创新提供良好宽松的活动空间,同时也有利于将技术创新成果转化为生产效能,进而在推进技术创新的同时,推进产业结构升级,转变经济发展方式。

前面我们梳理了重庆市出台的一系列鼓励创新的政策措施,以及实施创新驱动发展战略,但这些政府或部门的政策效应要转化为企业内的效应仍需要通过企业文化,特别是创新性文化的良好氛围来具体落实与体现其政策效果,否则仍然会出现政策"空转现象"。故有学者在研究世界500强企业排名榜的企业的特征时发现"凡能长期稳定地名列前茅的企业,都有一套较为成熟的独特企业文化、企业精神和先进的管理经验"[1]。前面我们也分析了国内外创新型企业的案例,从一定层面上分析,企业内部创新资金投入不足、有研发机构的太少或不受重视、技术创新能力不足的症结,根源性原因在于企业内部对有利于创新的创新文化培育不足。

(三)经济发展新常态对重庆创新发展的内在要求

进入新时代以来,经济社会发展有了新的变化。中国经济增长方式由主要靠要素投入驱动向靠创新驱动转变,经济发展的目标也由高速增长向高质量发展转变。在经济新常态下,传统的靠要素投入拉动经济发展的作用不断减弱,创新对于经济发展及其质量的驱动作用不断显现和增强。创新驱动发展战略的加快实施,为促进经济发展、社会进步、民生改善、国家安全提供了重要支撑。依靠创新推动经济高质量增长已成为我国加快建设创新型国家的重要手段。对于重庆而言,推动传统产业提升换代的同时,推动新兴战略产业,围绕构建新一代信息技术、新能源及智能网联汽车、高端装备、新材料、生物技术、节能环保6大重点领域建设,这是"十四五"及未来重庆产业发展的方向,这也是经济发展

---

[1] 朱凌.创新型企业文化的结构与重建[M],杭州:浙江大学出版社,2008:9.

新常态给重庆市的产业布局和发展战略提出的新的要求,这也是迫切需要加快推进重庆市企业创新文化建设的必要性所在。

第二节 ‖ 新常态下重庆市创新文化建设路径分析

(一)以新时代中国特色社会主义核心价值观引领企业创新文化构建方向

坚守新时代中国特色社会主义核心价值观,是国家、社会、个人发展方向和基本行为的要求,也是中国特色社会主义企业构建企业文化的内在要求,是明白创新的目的是什么、创新为谁的根本价值取向。价值观念是企业文化建设的核心,而创新文化是企业文化的子文化,仍然要明确创新的根本目的是什么的问题,明确我们是在什么样的制度环境下开展创新和企业创新的。

价值观念,是基于人的一定思维感官之上而做出的认知、理解、判断或选择,是人们对于特定的人、事、物存在的一定作用的普遍看法,是人理解某一事物或概念、辨别是非的一种思维方式和取向。价值观念是社会普遍认同的一种泛指的价值标准,具有普遍性。价值观念受历史和环境的影响,是人们在历史中积累的经验,一旦形成便具有相当的稳定性和持久性。在一定的社会历史条件下,人们的价值观念总是有一定的共性,使得在此社会环境中的群体,当社会历史条件没有发生大的改变时,在其成长过程中会受到这一共同价值观念的影响,从而形成相近的个人价值观。因此,价值观念受到社会环境、历史条件的影响,是由人的历史经验总结而来的,人们可以有意识地建构出某一种特定的价值观念去影响个人价值观的形成。价值观是一定社会历史时期形成的产物,故具有历史性、稳定性、时代性特征,它反映了这一时代社会的、经济的、政治的总体面貌。同时,它也是在不断更新、不断发展的,自然而然地受到了传统价值观念和传统文化的影响。一定时代的价值理念一旦形成,就会对这个时代人们的思维方式和行为产生深刻而持久的作用,从而影响人们对事物的看法和行为方式。因此,在推动重庆市企业创新文化建设时,应该重视有利于创新文化发展的相关价值观念的建构;同时要认识到价值观念的形成过程有其特定的发展轨迹和规律;也要认识到价值观念作用的发挥也有其特定的机制。因此,在推进企业创新文化建设的过程中,不仅要关注有利于创新活动的价值观念的内容建构,还要在有利于企业创新的价值观念建构以后注重价值观念在组织内的渗透,使之内化于员工的行为,从而促进企业创新活动的有效开展。

明确什么样的价值观念是有利于创新发展的,是建设创新价值观念的基础。重庆市在推进有利于创新的价值观念的建设过程中,首先要明确什么样的价值观念才是有利于创新发展的,结合重庆区域和产业特征,同时吸收借鉴一些创新型企业创新文化建设的有益经验而构建之,这是我们前面梳理国内外创新型企业创新文化的用意所在;其次,在相应的价值观念被建构出来以后,还要采取相应措施确保该价值观念能够高效地传播出去并发挥影响。重庆市在建构有利于创新的价值观念的时候,要把握重庆市的整体文化氛围,立足于本地特色,培育出在企业创新过程中行之有效并适合企业创新发展的价值观念,如此,才能保证这种价值观念能够被接受并发挥期望中的影响,培育创新的思维方式、精神氛围。

(二)注重"勇于创新、宽容失败、善于学习"的有利于创新的价值取向

创新就是探索未知,是没有先例可循的,因而创新必然与风险相伴,与失败共随。在试错中寻求突破是创新的常态,对于企业文化构建来讲就应允许探索创新中的挫折与失败,否则就永远循规蹈矩,没有创新了。创新的过程从根本上讲是真理性与价值性的有机统一,只求真理而无价值的企业活动或只求价值而无真理的企业活动,都不是实质意义上的创新。

从前面我们对国内外创新型企业中的文化元素的梳理分析可知,对创新的注重和对失败的宽容是这些企业普遍共有的特征。在"创新过程中失败的意义

就在于规避了后来者的风险,同时在失败中积累了数据,为新的研究探寻了方向"①。20世纪80年代,日本实现了经济的腾飞,背后虽然是多种因素共同作用的结果,但其中有对受挫时的不气馁,有对创新的不放弃的因素。例如,被称为经营奇才的稻盛和夫主持京瓷集团初期,初次接到IMB的大笔零件订单,其规格要求之苛刻令人难以置信,项目技术人员在束手无策的时候稻盛和夫不断地鼓气,经过反反复复异乎寻常的努力,在多次失败之后他们终于做出了满足客户要求的完美无缺的产品来。日本的创新型企业善于从东西文化中吸收合理因素,注重吸收、融合东西方文化形成别具一格的技术创新文化,如日本花王集团总裁常盤文克在其《创新之道:日本制造业的创新文化》一书中不仅提到了西方创新元素,也提到了中国的《天工开物》和《易经》对日本企业创新活动的影响。日本企业还将这种善于学习的文化传统转化为企业有组织的系统学习。早在20世纪80年代,面对日本产业强大的竞争优势,德国柏林科学技术研究院成立了一个庞大的跨行业研究团队,对日本经济及创新文化特点进行了系统的研究,他们发现,与美国、德国相比较,日本是"缺乏基础性创新,擅长改进型创新的典型","二战"以后日本创新的历史是"拿来主义"的历史,不论原创技术来自何处,日本企业都能迅速高效地加以商业化应用。日本企业善于实施"引进—消化—创新"战略,而引进、消化和创新本质上是有组织的学习过程,这就需要有对失败宽容与允许的企业文化的支撑,需要培育企业内敢闯敢拼的创新态度。后来,韩国企业克隆日本企业模式又成为一个成功的追赶典型。这对我们推进创新型企业文化建议无疑具有重要的启示。

一个人的创造力的差异除开天赋外,更多地来自知识水平不同和是否能够创新性地利用知识,企业的创新能力也体现在是否能在组织内形成一个学习型组织。善于学习的另外一个表现就是重视外部情报信息,在企业内进行内部培训和岗位轮换,从而把知识转化为员工的能力。日本企业为在学习基础上持续改善专门起了一个名字,叫"KAIZEN",意思就是"精益求精、决不放弃、永无止境"。持续改善的文化与渐进式创新的路径是一脉相承的,历史上日本企业的技术源头多来自美国、欧洲,但是日本善于进行改善和渐进式创新,反而后来居

---

①陈长杰.创新文化生态系统研究[M].北京:科学出版社,2015:134.

上。从家电产业到汽车产业都有他们在渐进创新中获得成功的典范,我们推进企业创新文化建设时可以借鉴。

(三)注重企业在创新发展过程与员工利益的关联

企业的发展依靠人,创新型人才是企业创新发展的根本。培育人才,用好人才,使员工与企业的发展内在联系在一起,是创新型企业的特征之一。创新型企业善于运用各种激励手段培育更多具备创新能力的创新型人才,将员工潜在的创新欲望与积极性激发出来。

激励机制是创新型企业文化建设的重要内容,对企业员工的激励是对其创新能力的肯定,这种激励不仅是在精神层面的,也需要物质层面的体现。激励形式一般有报酬激励、持股激励、事业目标激励、年薪制激励、社会地位激励等形式。在创新型企业中持股激励是较为普遍的一种激励行为,以此把企业的创新发展与员工的成长紧密地联系起来。例如在前面我们梳理的谷歌公司在此方面的举措,谷歌为所有正式员工发放股票期权,并且每年都会根据员工上一年度的业绩表现再授予股票期权。业绩表现越好的员工,会得到越高的工资、奖金和股票期权,从而保障员工的收入与绩效充分接轨。在奖金体系方面,公司并不根据工作量分配,而是依赖于项目的重要程度。另外,谷歌还实行了一套特有的奖励机制,即每个季度末,公司会将每一个项目的情况向所有员工公示,并贴上每个人的名字和照片,以尊重和肯定员工的工作价值。再如我国华为公司也通过全体员工持股告诉员工,华为不仅是创立者和管理者的,也是大家的。所以,研发团队和其他员工都是以公司为平台在为自己的事业而努力,这样极大地促进了每一位华为员工主动创新的意识并以物质激励(员工持股)为员工的创新行为做支撑。

(四)注重企业文化构建中创新生态体系的建设

形成持续的企业创新行为缺少不了创新生态体系的构建。创新生态体系是指多个创新主体之间基于某些技术、人才、市场、运作模式、文化等共同的创新要素而形成的,相互依赖、共生共赢,并且具有一定的稳定性、独立性的一种组织体系。有学者在分析硅谷在技术创新上的成功经验时认为,"它本质上是一种由领先消费者和领先开发者为核心共同组成的一种独特的创新生态体系,这些……组成相对稳定的创新圈"[①]。对创新生态体系的重视在于它使创新的行为与活动有一个持续开展的良好环境,在这样的环境下有利于创新的各个要素才能协同起来,从而推进企业创新活动深入而持久地进行下去。创新生态体系的建设与完善不是仅靠企业行为所能完成的,它的形成有一个自然协调和博弈的过程,在宏观上涉及多个方面,政府在此方面可以大有作为,在统筹协调、宏观布局、政策引导、制度约束等方面思考一个区域和产业的创新生态体系建设,主动作为,积极介入。

在一个区域或产业的创新生态体系的形成过程中有一些规律性的现象,即往往有领先开发者和领先消费者作为核心动力在驱动,而且这二者往往融为一体,即"领先开发者本身就是领先消费者,领先消费者同时也参与新技术开发"[②]。这些领先者以兴趣或"狂热"开发和消费新技术,随即带动新的技术向纵深方向拓展。目前,各个城市推进的"科学城""光谷城"等建设,也应着力在构建创新生态体系上思考,虽然它是"软"的因素,但"软"的因素对"硬"的技术有着持续性的推进效应,而"软"的因素就包含在创新文化建设之中。

(五)注重推进有利于创新转化的产、学、研融合的新形式和新路径

基础研究是应用研究与技术和商业创新的前提,在理论上从基础研究发明到技术商业创新存在着一个有效转化的问题,即科技成果转化,在二者之间横隔着学界称为"死亡谷"的地带,同时通过技术与商业创新到最后存活的企业之间还横隔着学界称为的"达尔文海"。有效地跨过"死亡谷"和"达尔文海",在激烈的竞争下生存下来的,一定是科技成果转化过程及产业化过程经受住了考验,一定与该企业的创新文化有关联。产、学、研合作创新则是解决科技成果转化率低问题的一种可行路径,因而在构建创新文化时把产学研合作创新理念纳入其中就有必要性与紧迫性。

---

① 吴金希.创新生态体系论[M].北京:清华大学出版社,2015:13.
② 吴金希.创新生态体系论[M].北京:清华大学出版社,2015:28.

任何一种创新要想有持续性必须有文化土壤支撑,从基础研究到技术商业创新,再到企业的存活与发展,有赖于通过机制(经费等投入)和文化的驱动与良性对接,实现真正的、持续的创新,需要有创新文化的氛围。从我国的实际情况来看,正如有的学者研究分析指出的,"由于组织之间的协同不力导致的国家创新体系出现'创新孤岛'问题;知识产权保护体系不健全导致的技术供需双方的不信任问题;企业缺乏足够的吸收能力接收科技成果,产业界和大学之间有着比发达国家更大的知识鸿沟问题;很多因素制约科技人员流动,不利于科技成果转化等"[1]。在产学研合作创新上有一些较成功的典型案例可供重庆参考,如同方威视的"带土移植"[2]做法有效地解决了在科技成果转化中的"两张皮"现象。重庆的高校比较多,企业也需要将高校的基础研究和发明引入自身的技术和商业创新中来支撑企业的创新发展。模仿与跟随的技术发展之路毕竟不是一条解决企业长期、持续发展的路径。瞄准市场需要、鼓励原始创新,利用好产学研合作创新来解决科技成果转化率低的现状,重庆必须在构建企业创新型文化上有所思考与体现。

(六)注重自身的区域、产业特征,融合本土实际来构建创新文化

重庆是西南制造重镇,作为国家中心城市和西部地区唯一直辖市,兼具区位优势、生态优势、产业优势、体制优势。在国内大循环中,西部地区加快工业化、城市化进程,为重庆制造业的发展提供了广阔的市场空间;在国际循环中,重庆已构建起西部陆海新通道、中欧班列(成渝)等国际贸易大通道,为重庆制造业要素集聚和产成品输出提供了便利条件。成渝地区双城经济圈建设为重庆制造业的发展壮大注入了强大动力。制造业是实体经济的主体,是重庆的立市之本、强市之基,在创造经济价值、优化供给结构、承载创新活动和集聚高端要素等方面起着不可替代的作用。在坚持"两点"定位、"两地""两高"目标,发挥"三个作用"和推动成渝地区双城经济圈的宏观决策下,重庆市正加快制造业

---

[1] 吴金希.创新生态体系论[M].北京:清华大学出版社,2015:36.
[2] 在同方威视这里"移植"的对象是科技成果,"土"则比喻科技成果培育的环境,包括人才、技术平台等,意指创造了一种软环境,使同方威视迅速全面地接近清华大学的创新资源,将大学的技术研发平台和人才团队成建制地"移植"到公司内部,促进科技成果的高效转化。

高质量发展、实施战略性新兴产业集群发展工程、实施支柱产业提质工程和推进"智造重镇""智慧名城"加快建设。重庆制造业基本完成由国家老工业基地向国家重要现代制造业基地转型。经济运行总体平稳,截至2020年,规模以上工业产值超过2万亿元,全部工业增加值近7000亿元。产业体系较为健全,拥有全部31个制造业大类行业,基本建成门类齐全、产品多样的制造业体系。优势领域更加彰显,微型计算机、手机、汽车、摩托车产量占全国比重分别超过24%、9%、6%、29%。这为重庆构建富有区域和行业特色的企业创新文化提供了宏观上的支持。

企业创新活动的有效推进,不仅有其共同的规律,也要充分考虑区域和产业的特征,从而找到适合自身的创新路径,这也是构建创新型文化的前提。除开区域和行业特征外,在构建创新文化上也要注重吸收一个城市精神的独特内涵。城市精神是一个城市在长期发展过程中形成的独有气质,重庆在构建有利于创新活动的创新文化上,除借鉴国内外创新型企业在创新文化中合理的创新价值理念外,更要把创新的内在规律与重庆"登高涉远,负重自强""坚毅自强,勇为敢闯,重信尚义,兼容开放"的城市精神和对创新事业的使命感与责任感相结合,发展出有重庆特色的,适应重庆企业创新发展的相关价值理念;把敢于突破、勇于创新、追求卓越,并鼓励试错、宽容失败的创新元素融入城市精神中去。在前面我们结合重庆市"十四五"发展规划和"十四五"制造业规划,梳理了重庆在电子信息、汽车、新兴产业等领域的产业特征,因而,在构建其企业文化中的子文化——创新文化上要认真融合创新的共性元素、区域产业特征、重庆城市精神,发掘出有效的创新文化建设路径。

(七)在构建企业创新文化上要注重团队合作、共同发展理念

团队合作、共同发展在企业文化中属于行为规范。创新活动在当今更多的时候是在个人与群体的互动下完成,从理念到产品到商业化等环节无不是通过团队合作,持什么样的理念与创新的形成和持续有内在关联。前面我们考察了日本企业(丰田、本田)在进行创新的过程中,特别重视团队合作,大部分的企业都主张通过群体的合作共同迎接挑战,在"日本传统社会里,主要都是相互合作

的,他们之所以会竞争也是因为通过竞争来提高他们合作的成效"①。如本田公司认为,企业最大的风险就是丧失了忧患意识和创新精神。当然,这与日本社会价值理念中固有的危机意识密切相关。有研究发现,日本民族文化中有一种根深蒂固的危机意识和岛国意识,同时日本是一个同质的社会,社会中存在着强烈的基于文化认同的相互合作,故在企业文化中他们对竞争的理解也与众不同,认为竞争的目的是提高合作的成效,是"通过竞争进行合作性的较量",而不是单纯的对抗。同时,同质化的日本社会使得日本企业的团队意识和集体主义理念比较突出。在制度设计上,日本企业比较重视通过企业外部力量进行合作创新,重视与供应商、用户之间组成协作创新的网络,形成合作创新团队推进技术创新与完善。从国内的创新型企业来看,例如华为或腾讯,它们对整合各种资源包括资金、技术、人才等都有着协同创新的企业文化的引导,这使它们在其行业中处于领先地位。

因此,重庆市要倡导协同开放、共同发展,各创新平台和工作者能够积极有效地进行交流与合作。创新需要各领域、各学科的配合与交流。要把不同思想、文化和专业背景、职业领域的创新工作者凝聚在一个目标下,紧紧围绕并服务于科技创新的总体目标。应依据重庆市自身发展的战略目标和定位(当时的五年规划或远景规划),围绕建设创新型城市和西部创新中心的总体要求,坚持正确的价值观和团队协作的精神,提倡严谨的科学精神和科学态度,鼓励"百花齐放、百家争鸣",积极构建海纳百川、开放互动的科技工作格局,大力营造和谐向上的人际关系和良好的人文环境,推动形成风清气正的科研氛围,充分调动和激发广大科技工作者的积极性和创新精神,为实现创新目标提供持久不衰的精神动力,通过各领域之间的交流和集体协作,发挥团队智慧,国内外协同,更好地服务于重庆市创新驱动发展这一战略目标。

(八)注重在企业文化构建上体现崇尚科学、诚实守信的价值导向

基础研究是技术创新的源泉,企业的创新在于对本行业最新技术背后基础

---

① 柏林科学技术研究院.文化VS技术创新:德美日创新经济的文化比较与策略建议[M].吴金希,张小方,朱晓萌,等,译.北京:知识产权出版社,2006:13.

研究的掌握与突破,在当今国际竞争越来越激烈且复杂的国际环境下,科技自立自强显得越来越重要。在企业创新文化构建上要崇尚科学,重视基础研究,加强源头创新,在研究中秉持诚实守信理念是推进重庆创新文化建设的基础。德国柏林科学技术研究院在《文化VS技术创新:德美日创新经济的文化比较与策略建议》研究报告中提到,"使技术创新获得成功的决定因素是全球通用的……这些因素是能力(competence)、自由度(leeway)、整合、执著和知识"[1]。其中的每一个因素都与崇尚科学和诚实守信有着内在关联。

重庆市在建设企业创新文化价值观念的过程中,要让诚实守信、严谨自律的道德观塑造充分融入城市创新精神中,营造健康的创新环境,加强创新工作者的自身建设,维护创新研发者的合法权益;要崇尚科学精神,科学精神是历代科学家在长期的科学活动过程中所形成的共同的价值标准、态度认知和行为规范的总和,技术创新要建立在科学的基础之上;在创新的过程中,也要坚持科学精神,求实求真,诚信科研,这是科学文化的精髓,是源头创新的重要保证与支撑。从整体氛围上营造尊重、支持、激励科技创新的人文社会环境,从制度、机制、管理和文化入手,着力构建开放交流的科研环境、团结和谐的科研合作关系、创新思辨的学术氛围。在企业内加强对研发人员和员工精神追求的引导和宣传,树立科技自立自强的使命感和责任感,树立国家需求与研发追求相统一的价值观,加强敢于突破、勇于创新的自信心。

(九)注重对企业家创新意愿的培育,使其成为创新发展的探索者、组织者和引领者

一个企业是否将创新目标作为企业发展的规划内容与一个企业家的创新意愿强弱有着密切关联。2022年科技部、财政部印发的《企业技术创新能力提升行动方案(2022—2023年)》中明确地提到支持企业家做创新发展的探索者、组织者、引领者。当一个企业家在企业发展上将创新意愿纳入明确的企业愿景、使命和价值观,以此来构建企业文化的主要理念,企业的各个流程与环节才会

---

[1] 柏林科学技术研究院.文化VS技术创新:德美日创新经济的文化比较与策略建议[M].吴金希,张小方,朱晓萌,等,译.北京:知识产权出版社,2006:46.

持续围绕创新来开展,从而走向创新型企业。当企业内生的创新意愿强烈,对创新的投资就会加大,并且这样的创新研发投入是基于生产与市场所需要的。

英国学者马丁·弗朗斯曼在其《创新的愿景——日美公司的创新文化》中分析了衡量政府对国家创新进程所产生的影响,即全部研发支出中政府所承担的份额时提到,数据显示,1988年日本政府负担了总体研发支出的18%,相比之下,法国是50%,美国政府是37%,排除国防相关研发开支,那么日本是18%,法国是34%,美国是26%。作者是在强调日本公司在创新中起到的作用时进行的分析比较,认为除开政府对研发的支出外,日本公司支出了全部研发的76%,它意味着什么呢?意味着研发支出的大部分是"日本更贴近生产和市场问题的公司承担的,故有较大比例的研发活动具有商业目的"[1]。这也说明,企业家在创新上的作用会体现在对创新研发的投入大小上。

在本书中收录了我们团队曾展开调研的一个课题"重庆市民营企业创新意愿"的调研统计结果。在分析中研究团队发现"期望获得他人尊重"是驱动重庆民营企业家创新的最重要因素,其他因素如"社会责任""自我实现的动力""追求高的社会地位""对个人财富的欲望""国家政策指引""市场竞争"等,表明了相当一部分重庆民营企业家在更多的是精神层面的需求因素驱动着创新,而市场竞争和国家政策指引竟然靠后,对企业家持续创新的影响并不明显(见本章附录《重庆市民营企业家创新意识调查研究——基于202份调查问卷的分析》)。这也说明,要使国家和地方政策的效应有效地传导到企业家,特别是民营企业家身上,让企业创新与政策产生协同效应,还要加大措施与力度;说明培育引导企业家正确地树立创新意愿十分必要,使企业家们在应对所在行业的生产和市场需求上,国家层面加强科技自立自强上,来树立创新意识,而非仅是为获得个人的尊重来激发创新意识和创新行为,从而构建企业内的创新文化建设。同时,引导企业家的创新意愿与企业文化和整个企业的创新战略相配合。前面我们梳理的华为、海尔、腾讯等企业的创新与企业的领导者自身的创新意愿有着内在关联。创新的推动仅在政策、制度层面而不落实到企业家的内在创

---

[1] 马丁·弗朗斯曼.创新的愿景:日美公司的创新文化[M].马晓星,译.北京:知识产权出版社,2008:198.

新意识上是不够的。创新文化的培育与创新活动的持续必须有企业家的内在创新意识与冲动,重庆在培育引导企业家创新意识上要加大引导力度。

第三节 ‖ 推动创新文化建设的制度体系建设

从狭义上来讲,制度指一个系统或单位制定的要求全体下属成员共同遵守的办事规程或行动准则,从而为完成某项任务或目标提供保证。创新的制度体系与创新文化的匹配状况决定了创新及其作用发挥的水平,是创新成败的决定因素。作为企业发展规划中最重要的两方面内容,制度创新与技术创新的相互关系主要体现在以下两个方面:

一是制度创新对技术创新的推动作用。技术创新需要适宜的制度创新为企业未来的发展走向提供制度保障;二是技术创新为制度创新提供了理论依据与完善方向,只有使技术创新与制度创新相互平衡,才能够实现社会经济发展的最优化。也就是说,制度创新为技术创新提供了发展环境,而技术创新则为制度创新提供了前提和保证。反之,如果技术创新与制度创新之间不能够相辅相成、互相制衡,那么技术创新只能够称为发明创造,对生产力的发展促进并不能真正起到积极促进的作用。

规模以上的企业在我国技术创新的过程中扮演了重要的角色,从宏观层面上完善有利于创新活动开展的制度,是推动创新型文化的重要保障与支撑。

重庆市在完善有关创新文化的制度体系时,要特别重视构建有利于企业创新文化发展的制度体系。要让企业做好科技创新,首先需要宽松积极的政策环境和制度保障,具体来说,就是要增强对创新资源的整合力度和提高资源利用率;改革企业产权制度;投融资体制;构建容错试错机制等措施达到制度体系与创新文化建设的耦合协同。

(一)完善企业在技术创新中的主体地位

技术创新的主体在企业,企业的创新意愿、动机、目的、激励机制如何,直接影响一个区域或行业技术创新能力的提升及国家的整体创新能力。从宏观上讲,如何在制度和政策的导向上体现企业在创新中的主体地位,对于在微观层面上企业构建什么样的企业文化是有着价值导向作用的。

党的十九大报告强调要"着力加快建设实体经济、科技创新、现代金融、人力资源协同发展的产业体系,着力构建市场机制有效、微观主体有活力、宏观调控有度的经济体制,不断增强我国经济创新力和竞争力"[①]。同时要求经济体制改革必须以完善产权制度和要素市场化配置为重点,实现产权有效激励。从现代企业发展目标来讲,企业产权制度与相关治理结构有待进一步完善,一些障碍使我国企业在技术创新方面缺乏内在的动力。例如企业对研发经费投入不足、主动创新的意愿不强、风险投资介入技术创新的积极性不高等,都与企业产权制度有待完善有关;例如企业内部的知识产权边界模糊,企业内技术创新人员的权益的不确定使得对技术创新人员的产权激励缺乏制度保障与支撑。应构建科学的治理结构和治理方式并在制度上加以完善,从而建立技术创新的相关投资机制与运营机制,促进企业成为技术创新的主体。这是构建企业创新型文化的宏观制度环境。只有当宏观制度与微观的主体协调一致,才能使重庆市更好地推进企业创新文化的构建,引导企业加强关键核心技术攻关,支持企业前瞻布局基础前沿研究,促进重庆中小企业成长为创新的重要发源地,加大科技人才向企业聚集的力度。

(二)加强完善风险投资资金对企业创新活动投入引导制度

科技部、财政部在印发的《企业技术创新能力提升行动方案(2022—2023年)》中明确提到,要"强化对企业创新的风险投资等金融支持"。在观念上要理清一些常使我们混淆的阶段,如常把"科研"与"创新"看成一回事,其实二者是

[①] 习近平.决胜全面建成小康社会,夺取新时代中国特色社会主义伟大胜利——在中国共产党第十九次全国代表大会上的报告[M].北京:人民出版社,2017:39.

有区别的,正如美籍华人科学家李凯所指出的,科技是把钱化成知识,而创新是把知识变成钱。对比前面我们分析的硅谷在创新上的案例可知,在技术创新初期,风投帮助创新型企业投入基础研究和发明,渡过"死亡谷",到达"技术与商业创新"阶段,再渡过"达尔文海",成为在竞争环境下有生存能力的企业。真正的创新不只存在"死亡谷"和"达尔文海"的困境,其实在每一个环节都有不同的障碍,培育创新的理念、成品再到商业产品,风险投资助企业渡过难关是很关键且必要的。在前面我们分析的"硅谷场"案例中,梳理到这个"创新场"的两个关键群体,其一是对新技术产品的研发者、开发者;其二是这些新技术产品的体验者、消费者。但介于两者之间,促成二者实现的重要中介便是风险投资。现在重庆的风险投资机构逐渐增多,由此,在区域和企业创新型文化建设中要注重制度上对社会风险投资资金的扶持与引导。

重庆市在"十四五"规划中也明确提到"形成覆盖种子期投资、天使投资、创业投资、并购基金的科技金融体系"[①]。重庆市进一步强化顶层设计和统一规划,为企业形成创新型文化营造氛围。其一,在政府统筹规划方面,要加强对科技资金进行统一管理,根据本市科技创新活动发展的实际情况,有针对性地安排科技经费,转变只求数量不求质量的理念和方式。要对科技项目进行精准的分类,对不是完全具有公共需要性质的科技项目,财政不应对其经费开支进行统包统揽,而应根据政府职能、财政职能及科技事业发展的需要,重新界定支出范围;其二,对于社会公益性的科技项目,政府财政要给予财政保障和兜底;对于准公益性的,财政可以予以资助;对经营性的,应逐步推向市场。要优化科技资金的管理方式,改变多部门多头安排科技资金的复杂状况,明确特定部门统筹安排财政科技资金;其三,要使科技资金的收入和支出透明化,通过定期公开公示,接受社会的监督,削弱政府部门和领导直接介入项目的决策权,避免科技资金被挪用的情况,杜绝科技资金使用不公开、不透明的现象发生,使科技资金落到实处,发挥出应有的作用。

创新型文化建设要在构建现代化经济体系目标的引导下协同跟进,建设现代化经济体系是落实新发展理念的客观要求,是转变经济发展方式、优化经济

[①] 引自《重庆市国民经济和社会发展第十四个五年规划和二〇三五年远景目标纲要》。

结构、转换经济增长动力的迫切需要,把建设创新引领、发展产业体系协同起来,从而实现实体经济、科技创新、现代金融、人力资源协调发展,使科技创新在实体经济发展中的比重不断提升。

(三)在构建创新文化上要完整地理解创新的内涵

传统观念中,企业常把创新视为技术发展,所以经常将"创新"一词与"发明"混淆。在商业和管理领域它有更加宽泛的内涵和分类。在企业创新活动中,创新分为产品创新、流程创新和战略创新。技术创新的贡献虽然重大,但若把技术创新视为创新的全部,往往就会忽视其他因素在创新中的意义,如文化因素在创新上的功能,从而导致企业中创新文化建设的重要性被淡化或忽视。一个企业的战略创新如何对其成长与发展起着非常重要的作用,例如前面我们通过对华为公司的文献梳理了解到,早在1993年,华为出于对创新发展的需要和对国际上最新技术发展的前瞻性把握,便在硅谷建立了第一个芯片研发机构,1995年从企业文化和价值观出发来起草企业发展的战略规划,明确将销售额的10%作为研发经费并作为企业创新文化中的价值主张,以此持续增强自身的创新能力,最终领导了自身领域的技术变革,创造了品牌定位。我们可以看到,华为的创新之路是包括产品技术创新在内的战略创新和流程创新的结果,其企业的文化构建是值得重庆企业参考与借鉴的。

理解推动高等院校、科研机构探索建立理事会、董事会等形式的法人治理结构,健全现代科研管理体系的意义。试行科研院所分类登记制度,符合登记条件和改革方向的公益性机构可登记为事业单位。制定科研机构创新绩效分类评价办法,定期对科研机构组织第三方评价,将评价结果作为财政支持的重要依据。推行科研机构绩效拨款试点,逐步建立以绩效为导向的财政支持制度。完善全市科研设施与仪器开放共享管理体系。建立以用为主、用户参与的评估监督体系,健全科研设施与仪器向社会服务的数量、质量与利益补偿、后续支持相结合的奖惩机制。

(四)完善创新成果转化激励机制,建立科技创新容错试错机制

国家层面针对科技成果转化的政策有2015年修订的《中华人民共和国促进科技成果转化法》和《实施〈中华人民共和国促进科技成果转化法〉若干规定》及《促进科技成果转移转化行动方案》,在2017年国家又颁布了《国家技术转移体系建设方案》,也是第一次提出了"国家技术转移体系"的概念,通过技术转移体系把促进科技成果转移转化的各个环节联结成一个整体。自直辖以来,重庆市面临加强完善科技成果转化、科技对经济发展贡献率提升等现实问题,着力推进解决科技创新过程中存在的体制机制的弊端和漏洞。在重庆市"十四五"发展规划中提到了着力培育产学研融合新型研发机构,实施引进科技创新资源行动计划,大力引进国内外知名高校、一流科研院所、世界500强企业来渝设立新型研发机构。鼓励高校、科研院所和企业共建新型研发机构,支持公益类科研院所、转制类科研院所建设新型公共研发平台,加快打造一批科教融合、产教融合平台,共谋研发目标、共担科技项目、共享科技成果。但对于创新主体——企业而言,构建创新型企业文化更是一个紧迫的任务,因为任何政策层面的指导与导向若不在创新主体——企业中化为内在的创新意愿,政策工具的效应都会失效。科技成果转化机制存在问题,主要是产学研的结合存在问题。其一,知识创新成果与市场需求不符,导致知识创新成果转化为新技术的渠道不畅通。其二,知识成果一方与企业对知识成果的目的要求不能融合。科研院所及高校在知识成果的完成上大都是以结项为目的,而企业方则需要将知识成果转化成实际的产品,实现这个过程需要许多环节,需要资金的投入,而且还可能不能成功,这里还涉及市场接受,从而才能最终完成创新的阶段环节,故而企业的风险较大,由此大多数企业会选择模仿路径。其三,目前孵化器及科技园等方式的设立也正对此症结进行施策,同时新的探索形式也在显现,如同方威视公司的"带土移植"方式取得了可喜的、值得借鉴的产学研合作新形式。其四,创新政府采购机制,逐步推行科技应用示范项目与政府首购相结合的模式,使政府成为创新的消费者和创新产品的使用者,从而在企业创新和促进创新产品的研发与规模化应用上起到助推功效。

在科技创新活动中,对于科技创新中的出错与失败,在制度及政策上要区别对待。其一,对于因一般性失误、不可抗力或不可预见等因素而造成科技创新失败的企业责任主体要宽容或允许,并落实到制度设定中,从而在企业文化中落地,并体现到创新活动的实际过程中。也就是构建科技创新容错机制,通过制度设计和机制调节,宽容科技创新活动中可能出现的失败,纠正偏差,制定容错的科学边界与合理范围,减免相关创新责任主体的责任,并提供必要的制度保障。其二,要完善科技创新评价机制,对于科技创新的成果评价要有规范的评价过程、科学的评价指标和方法。在2018年中共中央办公厅、国务院办公厅颁布了《关于深化项目评审人才评价、机构评估改革的意见》,着重提出要健全和完善科技创新评价体系,为科研人员和机构松绑减负,培育形成激发勇于探索的科研精神的长效机制。其三,积极营造鼓励技术创新的司法环境,允许创新失败,保护科研人员对于创新成果的所有权和由此带来的合法收益。当不同层面的政策体现出对此类问题的导向,则企业内部的创新型文化的构建才有一个良好的氛围与环境。

(五)完善创新创业人才高地建设制度,使企业文化中对创新人才的重视得到体现

对于人才的引进与培育要瞄准产业的发展与需要。在重庆市"十四五"规划中着重要求,紧扣重点产业、重点项目、重点学科,加快引进和培养创新型、应用型、技能型人才。提升"重庆英才"品牌影响力,实施"重庆英才计划"和引进外国专家倍增行动计划"[1],前面我们在书中梳理的创新型企业的企业文化中对创新人才及员工的培训都有对企业需要的人才加以引进与培育的体现。张莹莹、周禹在其《中国创新模式》一书中提到"中国企业组织在构建内生的探索性创新能力过程中,其人力资源成为重要的资源优势"[2]。重庆市传统产业与优势产业并存,传统产业的升级换代和战略性新兴产业,如新一代信息技术、新能源及智能网联汽车、高端装备、新材料、生物技术、节能环保6大重点产业都是人

---

[1] 引自《重庆市国民经济和社会发展第十四个五年规划和二〇三五年远景目标纲要》。
[2] 张莹莹,周禹.中国创新模式[M].漆思媛,译.北京:中国人民大学出版社,2018:11.

才引进重点,应强化人才创业贷款支持,鼓励金融机构对人才创办企业提供信贷支持;实行人才动态支持政策,设立创新创业评价指标体系,对高层次人才创办企业或核心成果转化情况进行动态跟踪支持;拓展人才交流互动平台。支持国内外知名学术机构和行业组织在我市举办学术会议、专业论坛和科技会展等活动;继续完善有关科技创新平台建设的政策。加强政府财政支持高等院校、科研院所和企业建设国家、省、市级重点实验室、工程实验室、工程(技术)研究中心、企业技术中心等创新机构和平台的力度和效果评估,并适时进行政策调整以取得政策效应。

从政策传导效应讲,它一定会传导到产业发展及企业内,以政策效应来推动企业构建创新文化的积极性和主动性,带动企业内创新活动的持续开展。

第七章附：

重庆市民营企业家创新意识调查研究

——基于202份调查问卷的分析

党的十九大报告强调"加快建设创新型国家"，将创新作为引领发展的第一动力并置于国家发展全局的核心位置，是在我国进一步深化改革的过程中，发展动力转换形势下的必然选择。在建设创新型国家的进程中，民营企业的发展与创新起着重要作用。2018年习近平总书记在《在民营企业座谈会上的讲话》中充分肯定我国民营经济的重要地位，强调"我国民营经济已经成为推动我国发展不可或缺的力量，成为创业就业的主要领域、技术创新的重要主体、国家税收的重要来源，为我国社会主义市场经济发展、政府职能转变、农村富余劳动力转移、国际市场开拓等发挥了重要作用"。民营企业的创新发展离不开企业家的作用，企业家的创新意识决定了一个企业的发展潜力。2017年9月中共中央、国务院颁布《关于营造企业家健康成长环境弘扬优秀企业家精神更好发挥企业家作用的意见》，强调企业家创新精神和创新意识是经济发展的强大助推力。

民营企业是重庆市经济发展的重要推动力。数据显示，2019年上半年，重庆市全市新设立民营市场主体19.78万户，同比增加2.96%，新发展率达7.88%，民营市场主体占比达98.76%。截至2019年6月底，全市民营市场主体总量达到251.11万户，较2018年底增加2.59%，占市场主体总量的96.93%。2018年，全市民营经济实现增加值10334.67亿元，增长6.1%；占GDP的比重达到50.8%，对经济增长的贡献率为50.7%，带动经济增长3个百分点。2019年上半年，全市民营经济实现增加值5314.65亿元，增长6.8%，占GDP的比重达到51.4%。但存在总量规模不大（2017年重庆市民营经济总量仅为广东、江苏的1/5，不到浙江的

1/3、四川的1/2);优质企业不多(中国民营企业500强,重庆只有11家,不及浙江的1/10,11家入围企业的年营业收入总和仅相当于华为公司的一半);创新能力不强(传统产业多新兴产业少、低端产业多高端产业少、资源型产业多高附加值产业少、劳动密集型产业多科技密集型产业少的"四多四少")等问题。

在重庆市民营经济发展大会上,重庆市委书记陈敏尔强调"坚持贯彻新发展理念,全力实现民营经济高质量新发展",民营企业"高质量和新发展"的实现不仅依赖于资源禀赋、经济、社会的外部环境,更依赖于企业家创新意识的支撑和驱动。针对以上问题,重庆市民营经济的发展出路在于创新,而这种创新来自民营企业家创新意识的提升。因此,本文从计划行为理论出发,以创新态度、主观规范和知觉行为控制三个维度构建调查问卷,调研重庆市民营企业家创新意识现状,分析其问题,提出相应的解决方案,为推动重庆市民营企业创新发展,提高发展质量、加快建设重庆市创新型城市建设和西部创新中心建设提供支撑。

一、调研对象的基本情况

本次调查采取问卷调查方法,问卷设计遵循目的性、逻辑性、通俗性和明确性原则。问卷设计了13个问题,通过重庆市民生经济研究会下属会员企业以随机抽样方法发放问卷,发放250份问卷,回收问卷202份,有效问卷198份。

在被调查者性别构成方面(如图1),男性124名,占样本总数的62.6%;女性74名,占样本总数的37.4%。

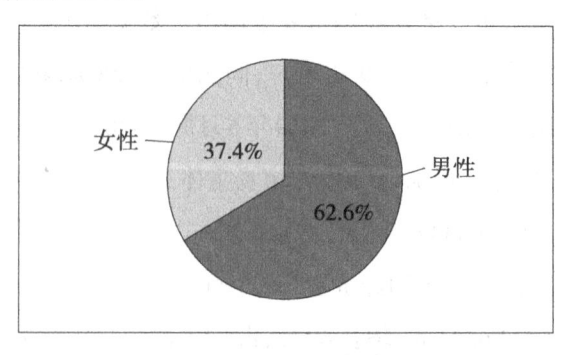

图1 性别构成(%)

在被调查者的年龄构成方面(如图2),25—35岁者共29名,占被调查者总数的14.6%;36—45岁者共143名,占被调查者总数的72.2%;46—55岁者24名,占被调查者总数的12.1%;56—65岁者2名,占被调查者总数的1.0%。

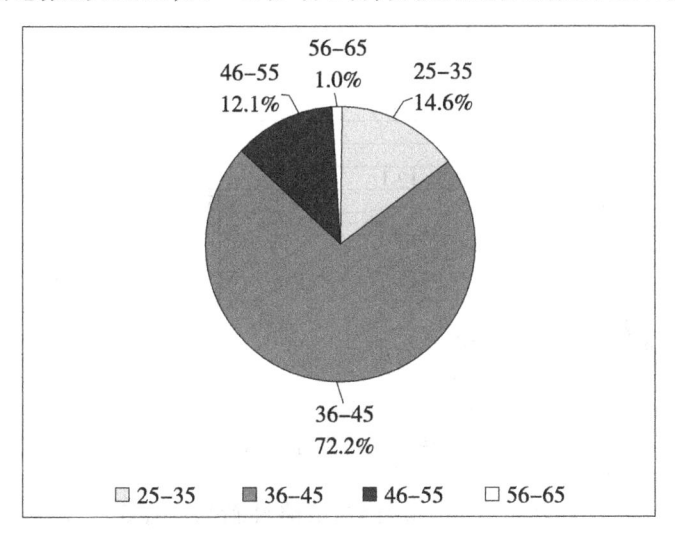

图2 年龄构成(%)

在被调查者的学历构成方面(如图3),高中及以下学历共82名,占被调查者总数的41.4%;大专学历共71名,占被调查者总数的35.9%;本科学历共43名,占被调查者总数的21.7%;硕士研究生学历2名,占被调查者总数的1.0%。

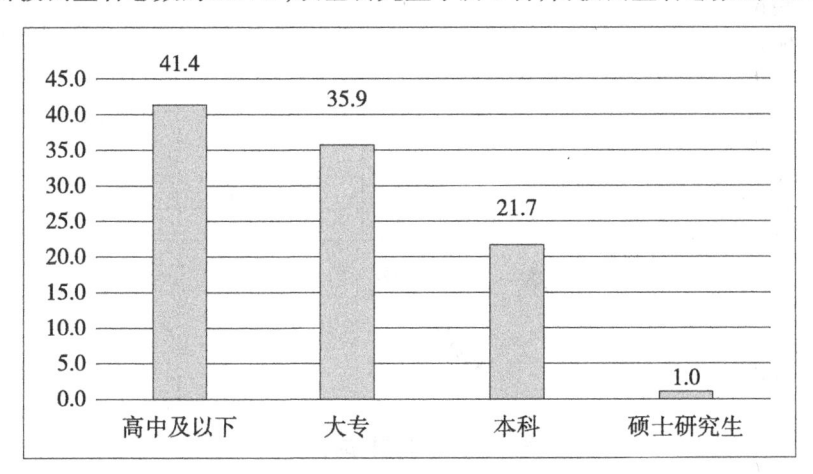

图3 学历构成(%)

被调查者在企业中的职位方面(如图4),企业高层领导共171名,占被调查者总数的86.4%;部门领导(中层)24名,占被调查者总数的12.1%;基层管理人员1名,占被调查者总数的0.5%;其他人员2名,占被调查者总数的1.0%。

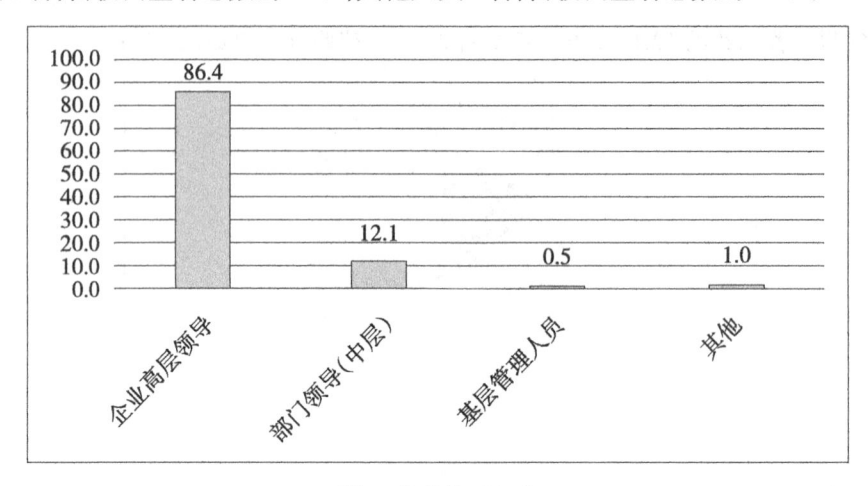

图4 职位构成(%)

所在企业的业务领域方面(如图5),战略性新兴产业5名,占被调查者总数的2.5%;高新技术产业3名,占被调查者总数的1.5%;传统优势产业127名,占被调查者总数的64.1%;现代农业9名,占被调查者总数的4.5%;其他行业54名,占被调查者总数的27.3%。

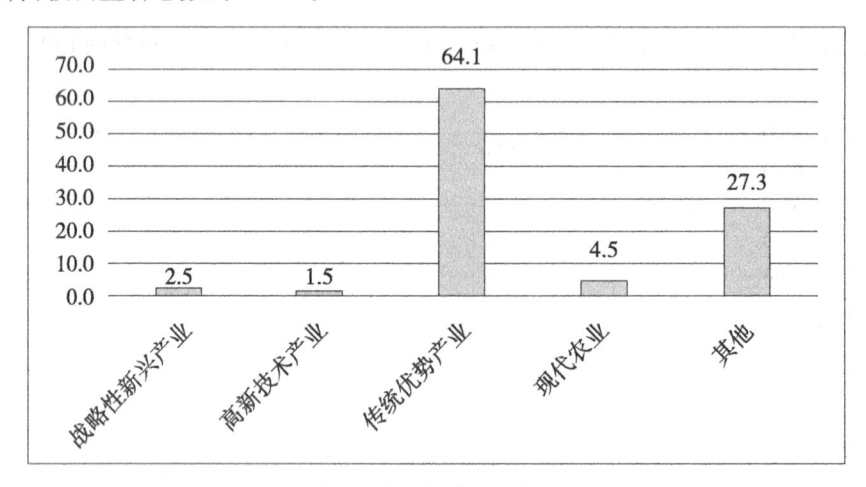

图5 业务领域构成(%)

在此基础上,课题组通过对企业家的创新意愿、风险偏好、成就需求以及哪些内外部环境影响他们创新等方面进行了深入调研和分析,力求客观展现民营企业家的创新意识。

二、调研结果分析

本课题组根据计划行为理论,以创新态度、主观规范和知觉行为控制三个维度构建调查问卷。其中,创新态度主要指企业家们是否有创新意愿,创新的驱动力以及风险偏好,指标包括创造意愿、风险偏好和成就需求三个方面;主观规范包括人力资源和社会关系网络能力等内部因素;知觉行为控制指企业家创新的内外部环境影响,包括预期经济压力、市场需求压力以及同行竞争压力等方面。通过以上指标设计问卷,并通过SPSS23.0软件对问卷进行信效度检验,均达到良好的问卷内部一致性和有效度。

(一)民营企业家主观创新意识评价较高,创新意愿较为强烈

课题组设计了"您对自己的创新意识如何评价?"的问题了解被调查者群体的主观创新意识评价,从而分析民营企业家对自我创新意识的认知态度;并设计了"您的创新行为偏好"的问题,其中包括"我们经常考虑能够用新的方法解决问题"等4个创新行为偏好相关问题,以"完全不同意"到"完全同意"的5种程度分别赋值为1—5,了解被调查群体创新性解决企业可能潜在发展问题的态度。

从调查结果看,被调查的民营企业家整体上对自己的创新意识的评价平均分值为3.18,即民营企业家群体对自己的创新意识评价在"一般"之上,主要集中在"一般"和"比较强"两个选项,其中创新意识"比较强"的比例和人数最多(如图6)。

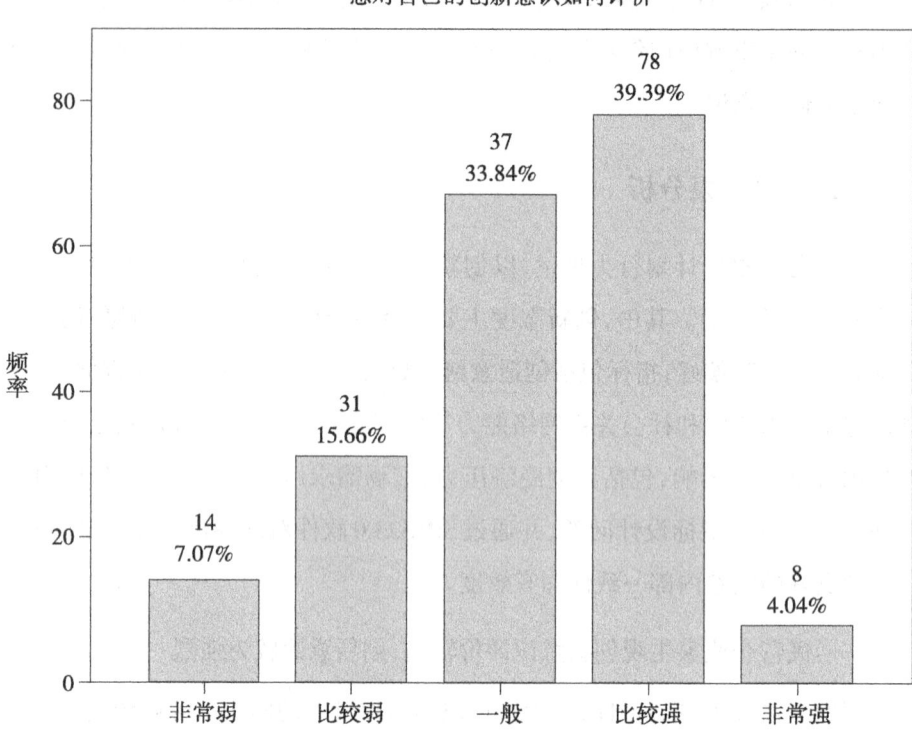

您对自己的创新意识如何评价

图6 "您对自己的创新意识评价"柱状统计图

同时,分析发现,主观创新意识评价在性别以及年龄、学历等方面,均未体现出明显的差异性。但统计分析发现,学历越高,民营企业家自我创新意识的评价越高(如表1)[①]。

表1 按学历分"您对自己的创新意识评价"统计表

您的学历	平均值	个案数	标准差
高中及以下	3.07	82	1.075
大专	3.11	71	.979
本科	3.49	43	.736
硕士研究生	3.00	2	1.414
总计	3.18	198	.984

① 硕士研究生学历样本量太小,不具有统计学意义上的参考价值。

在创新意愿方面,被调查群体的创新意愿均较为强烈,从设计的四个问题来看,被调查的民营企业家在运用新方法解决问题、寻找新颖的开拓市场的方法、推广新产品和服务、注重产品研发这4个方面均表示认同,平均值分别达到4.04、4.23、4.27和3.98(如表2)

表2 创新行为偏好统计表

	我们经常考虑能够用新的方法解决问题	我们经常寻找新颖的开拓市场的销售方法	我们经常把新产品或服务推向市场	我们注重产品研发
平均值	4.04	4.23	4.27	3.98
个案数	198	198	198	198
标准差	.444	.591	.608	.609

其中,在产品研发方面,尽管其平均值达到3.98,介于"同意"与"完全同意"之间,但仍然是选项中平均值最低的一项,从一个侧面体现出重庆民营企业家在产品研发方面的缺失和忽略。

(二)民营企业家更偏向于在可控前提下做出有风险的创新行为

课题组设计了"您的创新风险偏好"的问题了解被调查群体在面对创新机会或者创新风险时的态度,从而分析民营企业家在有市场风险的情况下是否敢于创新,其中包括对新奇事物的尝试、投资理念、对市场变化的把握程度、机会主义倾向以及对人生拼搏的态度这5个问题,以"完全不同意"到"完全同意"的5种程度分别赋值为1—5。

总体上看,被调查的民营企业家在各个问题的回答上均比较敢于在可能的风险环境下进行创新,从创新态度的角度分析,民营企业家对5个方面问题的态度体现出在可控的前提下做出有风险的创新行为(如表3)。

表3 民营企业家风险偏好统计表

	我很喜欢尝试新奇的事物	我有闲钱进行投资时,会首选银行存款	我不会做没有把握的事情	当有机会时,我会立即行动,捕捉机会	我认为,人生需要搏一搏
平均值	4.01	3.03	4.02	3.95	3.98
个案数	198	198	198	198	198
标准差	.617	.875	.396	.602	.538

课题组的调研结果体现出民营企业家在竞争激烈的市场中更倾向于求新,并在市场机会面前审视自身的优势与劣势,进而拼搏与创新。从统计数据中可以看到,在"我有闲钱进行投资时,会首选银行存款"这一问题的回答中,民营企业家并没有体现出明显的风险性和创新性的投资行为倾向,其平均值为3.03,可能的原因是当前市场波动较为剧烈,因此对于投资方向的选择较为举棋不定。

表4 性别因素的独立样本T检验统计表

		个案数	平均值	标准差	平均值的95% 置信区间 下限	平均值的95% 置信区间 上限	显著性（双尾）
我很喜欢尝试新奇的事物	男	124	3.93	.640	3.81	4.04	0.022
	女	74	4.14	.557	4.01	4.26	
	总计	198	4.01	.617	3.92	4.09	
我有闲钱进行投资时,会首选银行存款	男	124	2.95	.900	2.79	3.11	0.126
	女	74	3.15	.822	2.96	3.34	
	总计	198	3.03	.875	2.90	3.15	
我不会做没有把握的事情	男	124	4.00	.442	3.92	4.08	0.488
	女	74	4.04	.307	3.97	4.11	
	总计	198	4.02	.396	3.96	4.07	
当有机会时,我会立即行动,捕捉机会	男	124	3.96	.576	3.86	4.06	0.759
	女	74	3.93	.648	3.78	4.08	
	总计	198	3.95	.602	3.87	4.03	

续表

		个案数	平均值	标准差	平均值的95%置信区间		显著性（双尾）
					下限	上限	
我认为，人生需要搏一搏	男	124	3.95	.508	3.86	4.04	0.261
	女	74	4.04	.584	3.91	4.18	
	总计	198	3.98	.538	3.91	4.06	

注：当显著性（双尾）＜0.05时，体现差异显著性。

在统计分析中（如表4），课题组以性别和年龄为自变量，以创新风险偏好为因变量，分别以独立样本T检验和一般线性多因素方差分析发现，性别差异在"我很喜欢尝试新奇的事物"这一选项上呈现出显著差异性，女性比男性更喜欢尝试新奇的事物。尽管在"我有闲钱进行投资时，会首选银行存款"这一选项上没有体现出显著差异性，但男性更不认同将资产"存银行"，女性相对来讲更偏向于"银行存款"，说明男性的冒险精神可能高于女性。而年龄差异（显著性：0.043）同样体现在这一问题之上，随着年龄的增长，对新奇事物的好奇程度随之减少，这符合日常认知。

（三）"期望获得他人尊重"是驱动民营企业家创新的最重要因素

在诸多驱动企业家不断创新的因素中（分值越小，影响最大），期望获得他人尊重是最为重要的因素，其他排名从高到低分别为：社会责任、自我实现的动力、追求高的社会地位、对个人财富的欲望、国家政策指引、市场竞争、其他，所有因素的对应分值是0.41、0.48、0.52、0.59、0.68、0.76、0.81、0.92。（见表5）从数据来看，企业家不断创新的因素跟马斯洛的需要层次理论很相似，即企业家更多的是追求高层次的需求，追求尊重、实现自我价值和履行社会责任，对个人财富的追求仅排在中间位置，表明了更多的是精神层面的需求因素驱动着企业家的创新。特别说明的是，市场竞争和国家政策指引竟然排在末尾，对企业家不断创新的影响并不明显。

表5 您认为驱动企业家不断创新的因素统计表

驱动企业家不断创新的因素	平均值
期望获得他人尊重	0.41
社会责任	0.48
自我实现的动力	0.52
追求高的社会地位	0.59
对个人财富的欲望	0.68
国家政策指引	0.76
市场竞争	0.81
其他	0.92

(四)"同行竞争压力"是影响民营企业家创新意识的最大外部因素

在对影响企业创新的外部因素进行分析时我们发现,同行竞争压力是最大的影响因素(见表6),其他因素依次为国家和地方政策压力、市场需求压力、预期经济压力、社会创新氛围及其他,全部外度因素得分的平均值(分值越小,影响最大)分别是0.31、0.32、0.43、0.59、0.63、0.82。显然,在这个快速发展的信息网络时代,民营企业家首先要解决的是在市场中如何存活下去的问题。在日趋激烈和复杂的市场环境中,企业之间的竞争会直接影响着对方的发展,企业本身也喜欢用同行作为自身发展的标杆,对照样板持续跟进或超越。值得注意的是,国家和地方政策压力与同行竞争压力的平均值仅差0.01,政府和社会的外部推动力,一方面既体现在政府基于政绩、财政或体现政府服务职能转变等因素的考虑,从资金和政策上推动当地的民营企业向前发展,另一方面也体现在当企业发展到一定程度,民营企业家们也要考虑企业员工的就业问题甚至是履行一定的社会责任。这说明,在影响企业创新的外部因素中政策压力不容忽视,甚至从某种角度来讲,这两个因素对企业创新的影响基本一致。而社会创新氛围和预期经济压力对企业创新的影响较小。

表6 您认为影响企业创新的外部因素统计表

影响企业创新的外部因素	平均值
同行竞争压力	0.31
国家和地方政策压力	0.32
市场需求压力	0.43
预期经济压力	0.59
社会创新氛围	0.63
其他	0.82

(五)高素质人才是影响民营企业创新成功的最主要因素

人才是战略性资源,是企业发展的第一资源。统计分析结果显示(如表7),高素质人才是影响企业创新成功的最主要因素,其余因素依次是充足的经费支持、具有创新精神的企业家、有效的技术战略或计划、可信赖的创新合作伙伴、员工对企业的认同感、企业内部的激励措施、畅通的信息沟通渠道、优惠政策的扶持、其他,所有这些因素的平均值分别为(分值越小,影响最大)0.44、0.51、0.62、0.64、0.75、0.77、0.80、0.87、0.88、0.84。高素质人才无一例外成为最大的影响因素,这凸显了当前重庆民营企业家的人才观,重视人才引进及培养,发挥高素质人才的特殊作用成为企业的重点工作。当然,企业创新的成功与否与经费的支持力度有着直接的关联,这也是我国民营企业500强排名第一的华为公司成功的核心要素之一。"具有创新精神的企业家"这一影响因素值得我们注意,平均值排名第三,企业家持有的创新的态度和创新精神深深地影响着企业,烙下了企业家的思想痕迹,成为企业文化的创新因素来源。优惠政策的扶持、畅通的信息沟通渠道和企业内部的激励措施对创新成功的影响并不大。

表7 您认为企业创新成功的主要因素统计表

影响企业创新成功的主要因素	平均值
高素质人才	0.44
充足的经费支持	0.51

续表

影响企业创新成功的主要因素	平均值
具有创新精神的企业家	0.62
有效的技术战略或计划	0.64
可信赖的创新合作伙伴	0.75
员工对企业的认同感	0.77
企业内部的激励措施	0.80
畅通的信息沟通渠道	0.87
优惠政策的扶持	0.88
其他	0.84

三、结论与探讨

课题组基于计划行为理论设计调查问卷,对重庆市民营企业家的创新意识进行了调研,从被调研者的创新意识入手,从创新意愿、成就需求、风险偏好、内外部影响因素等方面进行统计分析,深入探索创新意识对其创新行为的影响,初步得到以下结论。

第一,被调研民营企业家年龄结构较合理,但学历相对偏低。

从被调研人群的整体画像上看,被调研民营企业家男女比例和年龄比例比较符合现实印象,年龄层次主要集中在45岁以下,占调研整体的86.9%,该群体正处于经营经验、经营实力等方面的高峰;但在学历方面,被调研群体的整体学历偏低,大专及以下学历者占到总体的77.3%,学历不代表经营能力,但能够从一个侧面体现出民营企业家在学历上的劣势,在知识结构、汲取最新科技创新进展和创新理念更新方面可能存在较大差距,进而可能影响到民营企业进一步创新的可能性;同时,在学历相对低的情况下,被调研群体在企业中主要担任部门领导或企业高层领导,两者占到总体的98.5%,作为民营企业的"掌舵者",较低的学历可能会影响到企业的创新发展;最后,被调查企业家所在业务领域主要集中在传统优势行业,包括家用电器、交通运输、邮电通信、商业服务、旅游餐饮、纺织服装、食品饮料、建筑材料、金属制品、轻工造纸、家具等行业,这也符合重庆市民营企业发展中出现的"传统产业多新兴产业少、低端产业多高端产业少"的特点。

因此,要立足区域发展的战略,把民营企业家队伍建设纳入人才和社会发展的规划,加强对民营企业家队伍的培训。针对不同行业、不同发展阶段的私营企业主提供分类的培训教育,更新民营企业家的企业管理理念,不断提高他们自身的素质和企业经营管理水平,努力培养出一批适应现代企业发展的企业家。

第二,被调研民营企业家的主观创新意识评价较高,创新意愿强烈。

调查显示,被调研民营企业家对自身所具有的创新意识评价较高,同时创新意愿强烈。它体现出在当前激烈的市场竞争中,不创新就有可能被淘汰的心理预期。创新意识和创新意愿作为影响创新行为的重要方面已经获得证明,其高低强弱对企业创新绩效有着明显相关性。2011年张华等人在研究企业家创新意识时发现,创新意识认识层面的水平显著高于行为层面,即求新求教意识越高,创新意识越强;体现在创新行为方面,是企业家创新意识对企业创新绩效不同程度的影响作用。在调研中发现,尽管被调研民营企业家的主观评价和创新意愿都比较高,但可能出现的问题是,其知识结构水平能否支撑意识和意愿转化为实际创新行为,进而对企业创新绩效产生正向影响?随着我国经济、社会、科学技术的持续发展,民营企业家群体的经营战略创新意识在不断增强,但管理创新能力相对滞后,知识更新相对较弱,技术创新能力发展较为缓慢,因此,就需要加强企业创新管理学习,更新知识,不断提升民营企业家的创新素质。

第三,被调研民营企业家敢于在可控风险范围内进行创新。

创新的非线性和不可预知性导致了创新行为面临较大的风险,民营企业家创新行为的风险偏好意味着民营企业家会不会对新的事物和新的机会持开放态度,愿不愿意在投资、决策等方面承担一定的风险,还包括愿不愿意承认新观念的潜在应用价值。调查显示,民营企业家在竞争激烈的市场中更倾向于求新,并在市场机会面前审视自身的优势与劣势,进而拼搏与创新。在回答包括对新事物的接纳程度、机会把握程度和人生拼搏等问题时,他们均抱积极态度,均分分别达到4.0以上,属于"同意"及以上程度。与此同时,在投资趋向上,由于市场的波动和经济大环境的变化,在资金是进行投资还是作为银行存款上没有具体的偏向。2001年Justin Tan在研究中国非公经济体和国有企业的创新风险问题时认为,中国企业家比国有企业的管理者更具有创新性和较少的风险厌恶性。而政府与市场建立平等的市场竞争机制和完善的投资机制,是民营企业家做出创新行为的重要保障。

第四,尊重需求与自我实现需求是被调研民营企业家的创新驱动力。

美国著名社会心理学家亚伯拉罕·马斯洛将人的需求分为生理需求、安全需求、社交需求、尊重需求和自我实现需求等5种需求,事实上企业也存在以上5种需求,当企业解决了最基本的生存和安全需求问题时,就会向更高级的需求转向,基于被调研民营企业家对驱动创新行为的最重要因素的统计中,近60%的被调查者选择"期望获得他人的尊重";基于社会责任感的考虑正是企业自我实现需求的体现,有51.5%选择"社会责任"作为驱动创新行为的主要成就需求。民营企业家的政治地位和社会地位的高低对其发展企业的动力具有重要的推动作用。在现实中,追求社会的认同也是民营企业家创新发展的重要动因。良好的声誉是企业家的成就发展的需要,也就是马斯洛需要层次理论中的尊重和自我实现的需要。获取更多的经济回报并非民营企业家发展企业的唯一目标,他们还希望得到社会的认同和尊重,以实现自我的价值。

第五,市场竞争与政策压力是被调研民营企业家创新的外部推动力。

市场同行竞争和政策压力是被调研民营企业家认为创新的最重要外部推动力。调查显示,"国家和地方政策压力""同行竞争压力""市场需求压力"是民营企业家认为的创新的重要外部推动力,分别有67.6%、68.7%、57.1%的企业家选择这三项。政策压力促使民营企业不断创新,从而在激烈的市场竞争中取得优势,一方面是通过建立平等的市场竞争机制,让民营企业家与其他企业家之间有平等较量的机会,使民营企业家在市场竞争中发展和壮大起来,提高企业自身的硬实力和软实力;另一方面是将民营企业的发展纳入国民经济和社会发展规划,进一步明确放宽民营经济发展的政策,降低市场准入的门槛,打破民营经济发展中的行政性垄断。

第六，内部创新的根本动力在于人才、经费与创新精神。

高素质人才、充足的经费支持和创新精神是被调研民营企业家最认可的能够取得创新成功的重要因素。人才意识、企业家创新精神是推动企业战略实施的关键，分别有56.1%的被调研民营企业家认为高素质人才是企业取得创新成功的关键，人力资源是当前市场创新竞争的最重要因素。在2018年范思齐等人调查了河南省平顶山市1149名企业家的创新意识。调查显示，这些企业家也认为人才是创新成功的最主要因素。创新行为的非线性和不可预测性导致了民营企业家需要考虑创新的成本与可能的损益之间的差值，调查显示有49%的民营企业家认为充足的经费支持是创新成功的关键因素之一。民营企业可能由于有创新的"沉没成本"考量，如果缺乏充足的政府或其他渠道的资金支持，便不会贸然创新。因此，可能的解决路径是在制定和实施国家或地方产业政策、科技政策时，考虑到民营企业的经营和研发现状，在科技立项、成果鉴定和成果奖励等方面让民营企业享有与其他属性企业同等的待遇。同时，要加大对民营企业融资的支持力度，进一步减轻民营企业的税收负担。加快并深化金融财税体制改革，完善科技开发税收优惠政策，扩大民营企业税收优惠范围；加大对民营企业直接融资的指导力度，拓宽直接融资渠道，尽快构建多层次的金融体系，切实解决民营企业融资难的问题。民营企业家在民营企业中扮演着多个角色，既是企业所有者，又是经营管理者，还是直接受益者，企业家精神本身所蕴含的企业价值观、企业文化、企业创新精神等方面的培育在企业取得创新成功的过程中起着关键性作用。以"企业创新才能生存，企业创新才能发展"来统领整个企业文化的培育，将创新的制度理念和文化价值理念渗透到各项制度中，形成创新文化氛围，进而推动民营企业的高质量发展。

全书附：

试论"峡光模式"在科技企业孵化器模式上的创新

张礼建　王晨旭

由重庆高技术创业中心成立的重庆峡光科技有限公司最先尝试的科技孵化"峡光模式"，目的在于更好地辅助、扶持科技项目走向社会、走向市场，主要针对高校、科研院所中拥有科技项目，想下海却又不愿放弃原单位职位、职务的专家、教授及其他科技开发人员，是一种"无园区"孵化器模式。

"峡光模式"是我国唯一以无园区孵化器体系建设为特征的国家"十五"科技攻关重大项目，在3年内共获得科技部500万元资助，被国际孵化器网络认定为切实可行。在"2003中国国际企业孵化器网络发展战略高峰会"上，科技部有关人士称"峡光模式"是目前全国8家国际企业孵化器中运作得最成功的，并将通过这次会议向全国其他地方推广"峡光模式"。"峡光模式"切合现阶段中国国情，无论在理论上还是实践上都是对科技企业孵化器模式的创新和发展。

1 "峡光模式"科技企业孵化器简介

峡光公司是在重庆市科委的大力倡导和支持下，于1999年2月11日由重庆高技术创业中心投资创办的有限责任公司，注册资金100万元人民币。创立峡光公司的目的是在现有法律规范的框架下，帮助广大高校师生和科技人员走出创办属于他们的高科技企业的第一步。在创业初期，他们兼职或专职在峡光公司内部成立形式上按照公司法的规定组建、管理并独立核算的高新技术非法人经济实体(可以称为模拟公司、中心或项目组)；峡光公司为其提供对外法人代理服务，并提供工商、税务、财会、法律等服务。成立模拟公司不需要大量注册资金,不需要固定的办公场所,也不需要专职行政人员,极大地方便了有志于创业但又没有管理和市场经验的科技工作者。

峡光公司以"无园区孵化"方式发掘和培育高新技术产业的智力和项目源,同时接受科技成果、专利技术的委托推广代理,新技术及产品的推广应用等。目前,峡光公司内部已创办成立二十几个"模拟公司",涉及光机电一体化、通讯、生物、化工、仪器仪表、生态农业、技术服务等领域。各二级机构负责人或骨干绝大多数拥有高级职称和高学历,有较强的专业技术知识背景和开发能力。

重庆华邦制药就是"峡光模式"孵化的成功科技企业之一。1992年华邦模拟公司成立时,仅有3名博士、1名硕士,注册资本3万元,主要从事医药研究。在高创中心的"峡光模式"孵化下,如今已是一个利税超1000万元的知名制药企业。

峡光公司对模拟公司的内部管理方式主要是:①模拟公司主要负责人由拥有科研成果和科研项目的重庆市高校师生和院所科技人员担任,专职或兼职,形式不限;②模拟公司在峡光公司内部建立银行账号,在峡光公司大账下运作;③模拟公司独立核算、自负盈亏,对内由模拟公司及其股东承担连带责任(峡光公司对外承担经济法律责任);④模拟公司象征性地交纳管理费(按销售额的0.5%~1%),并在参与项目的具体运作中获取相应回报;⑤科技人员在进入和退出时严格履行峡光公司的有关手续。

2 "峡光模式"对现有孵化器的创新

中国企业孵化器建设的创新关键在于充分学习和吸收世界先进的孵化器理论和经验,结合中国国情和区域经济特点走适合自身发展的道路,形成具有中国特色的孵化器理论体系、组织体系和发展模式。

2.1 组织管理创新

我国的企业孵化器目前处于发展的初创时期,大部分企业孵化器是各级政府支持的事业单位,仅局限于为初创企业提供特定的空间、共享资源和公益性质的服务,如提供孵化场地、共享设施、培训和咨询、融资和市场推广等,属于经典的企业孵化器范畴。

"峡光模式"孵化器以有限责任公司或科技孵化服务型机构为依托,以公司内部成立的模拟公司或项目组为载体,以创新的运作模式(无园区孵化模式)为工作基础,以总体规划、整体运作、信息共享、风险分摊的工作原则,由项目业主以参(控)股、资金扶持、工作指导、服务支撑的方式和手段,建立和形成科技孵化器的基本构架。相比之下,"峡光模式"科技孵化器采用创新的组织结构和管理流程,是提高我国科研成果转化率的有益探索。

造成当前我国科研成果转化率低的一个主要原因是高校和科研院所的科研人员存在"市场盲区"。他们对企业经营政策法规不熟悉,对市场走向、产品需求前景认识不到位,对企业生产组织、经营管理不熟悉。针对这一点,"峡光模式"灵活的组织结构实现了孵化器管理人才与科技人员的紧密结合,使"峡光模式"的科技孵化成功率大大提高。在峡光公司法人实体下设项目组,有前期成果和科研能力的高校、科研院所的专家集中精力于实现技术原型向可批量生产的技术转化途径的研究,峡光公司组织人员负责研究成果的市场推广。

第一,"峡光模式"有助于最广泛地吸收高校和科研院所的研究人才。这些研究人才迫切希望自己的科研成果能够转化为生产力,但是受到现有用人机制的制约,不能直接参与科研成果的商品化和市场化。科研人员加入峡光公司,不用脱离原单位,专、兼职皆可,免除了对企业经营风险的担忧。

第二,"峡光模式"有助于科技型小企业创业启动资金的募集。"峡光模式"有的放矢地将"种子"资金用于扶持模拟公司或项目组,是对"创业启动基金"的有效运作,发掘和培育了重庆高新技术产业发展所需的智力源、项目源和创新科技企业。与其他孵化器一样,该体系内设立了不低于460万元的"创业启动基金",专门用于扶持嫩芽型和初创型科技企业。由于峡光公司参与各个项目组的管理,种子资金的投入方可以便利地监管资金的使用,大胆向科技含量高、市场前景好的项目投资。

第三,"峡光模式"有利于培育企业家和创新型科研人才。孵化中小科技型企业的过程也是培育优秀企业家和创业团队的过程。高校科研院所和企业在进行研究开发活动时有不同的目标和价值取向,导致前者注重结果、重视科研成果的学术水平,而后者更注重过程、重视技术创新的市场前景和投入产出比。在"峡光模式"下,高校科研院所的研究人员能逐步学到从模型到产品的技术过程,学会市场和融资。

第四,"峡光模式"有利于免除创业人员的后顾之忧。峡光公司将大多数企业孵化器创办的项目招商部、产业服务部、综合服务部、物业管理部和信息部等内化,通过参与项目组的工作,有针对性地展开服务;通过提供场地、共享设施、培训和咨询、融资和市场营销等方面的支持,降低新创企业的创业风险和创业成本,提高企业的成活率和成功率。

2.2 孵化器模式创新

当前,我国的科技企业孵化器主要可以分为三大类:完全事业型模式、事业企业型模式和企业型模式。其中,事业企业型科技企业孵化器是当前在我国以政府为投资主体的企业孵化器的经营管理中广泛采用、发展较为成熟、取得成绩也较大的一种模式。这种模式从政府和自身服务两方面取得经济支持,具有一定的持续发展能力。由于要从孵化服务中获取收入,既促进了在孵化企业的发展壮大,也提高了孵化器的活力。此外,还为中小科技企业提供降低创业成本和创业风险的资源支持,有利于创业企业的成长,并且由于组织形式企业化以及利益与创业企业共同化,提高了其服务效率。但是,这种模式在保证孵化器持续能力的同时没有注重培育孵化器的发展能力,孵化器的盈利仅局限于物业管理、工商注册代理、打字复印、组织培训等浅层次的层面,往往入不敷出。

事业企业型科技企业孵化器既有事业型的投资主体特征,又有企业型的经营特点。其投资主体是政府或社会团体,峡光模式便是由重庆市科委下辖的高创集团创立的;其经营主体是政府委托经营的机构或企业,即国内常说的事业单位企业管理形式;其经营目标是政府给予一次性投入后,孵化器形成资产运作,实现收支平衡。

"峡光模式"在形式上是对事业企业型科技企业孵化器的创新。它引入了在发达国家逐渐成为主流并且成功率较高的企业型科技孵化器模式中的积极因素,实现了孵化器从单一目标到培育科技企业向双重目标,再到培育科技企业和孵化器盈利的转向。

峡光公司不是单纯作为公益性组织而存在的,它在实践中利用品牌、服务、房租等方式入股,尝试对创业企业(项目组)进行种子期的风险投资,并结合重庆老工业基地的区域经济特点,积极引导各个项目公司为大中型企业提供技术服务,帮助在孵企业实现创业基金的积累。"峡光模式"孵化器由于突出其营利性,没有把注意力放在硬件设施的完善上,而是努力提供创业企业所急需的管理增值服务和投资增值服务。

"峡光模式"作为一种操作性很强的风险投资模式,在孵化科技中小企业的同时,进行种子期的风险投资工作,并从中取得投资收益,这就相当于股权投资,但不要求控股。

第一,投资主体。考虑到科技企业孵化器在中国尚处于起步阶段,社会上对它了解不够,认识不深;同时,孵化器的建立和维持运营需要大量的资金投入和科研管理人才,峡光公司的投资主体依然是政府。"峡光模式"有效地解决了孵化器开办费用和项目启动所需的庞大资金供给问题。

第二,运营形式。"峡光模式"企业孵化器完全按企业方式经营运作,把建立孵化器时的政府投入作为经营资本,在经营中承担风险、自负盈亏。峡光公司以资产增值保值为经营目标,以孵化培育创业企业作为经营手段,其经营主体和组织形式采用公司制、法人治理结构。

第三,维持机制。传统事业企业型科技企业孵化器通过组织培训、收取场地租金等形式维持运行成本平衡和资产保值平衡,不具有资产增值能力。"峡光模式"科技孵化器既有短期的服务收入,又有中长期的投资收入,如种子基金投入获利等。峡光公司保证每一个项目组参与项目的成功率,即保证了营利性。

第四,盈利实现。其盈利通过几个层次来实现:一是通过收取日常费用,达到运行成本与收入平衡;二是通过部分在孵企业向社会提供技术服务,达到资产保值平衡;三是通过使用种子基金、持续投入等方式参与在孵企业的投资,与企业建立紧密的合作关系,促进在孵企业成长,达到资产增值的目的。

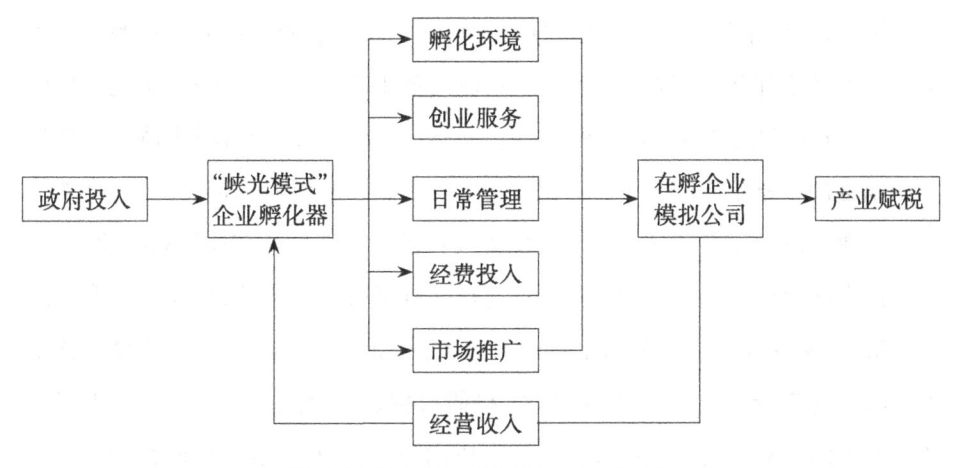

"峡光模式"科技企业孵化器运行模式图

综上可见,"峡光模式"科技孵化器在充分考虑现阶段中国科技企业孵化器的发展实际情况的基础上,吸收了发达国家科技企业孵化器的先进思想,在模式上是科技企业孵化器的创新。

3 完善"峡光模式"科技企业孵化器的建议

中国加入世界贸易组织之后,面对市场经济的机遇与挑战,特别是全球化的科技资源竞争,我们必须探求"峡光模式"科技企业孵化器进一步发展的对策。"峡光模式"科技企业孵化器需要进一步健全项目风险评估机制,按照市场化运作,实现投资主体多元化,积极探索孵化器与风险投资的融合,打造"峡光模式"孵化器品牌,以"峡光"为中心构筑孵化网络,强化峡光模式科技企业孵化器的竞争优势,为区域经济发展提供强有力的支撑。

第一,进一步健全项目风险评估机制。在项目选择时,孵化器要充分考虑项目的可行性和风险性,摸索出切实可行的入孵企业(项目)的审核标准。"峡光模式"主要针对处于种子期的企业(项目),而这一时期的企业(项目)面临三大风险:高新技术本身的技术风险、高新技术产品的市场风险和高新技术企业的管理风险。因此,孵化器必须重视考察入孵企业(项目)的技术可行性、市场化前景和企业经营管理预期,简单来讲,就是对项目本身和项目主持人两方面进行考察和评估。

第二，按照市场化规律运作。"峡光模式"科技企业孵化器应当按照社会主义市场经济规律运作，进一步严格按照现代企业制度建立孵化器，实现产权明晰、责权分明、政企分开、管理科学，使企业孵化器真正成为市场主体。在现代企业制度的基础上，建立公平明晰的利益分配机制和风险承担机制，逐步消除政府事业单位的痕迹。尤其要坚持按市场化的原则选择科技项目和孵化对象，注重技术前景与市场价值，即，要重视选择拥有可市场化技术的项目予以孵化。

第三，实现投资主体多元化。这是指"峡光模式"孵化器的投资主体应该由单一的政府投资模式，逐步转向大学、科研机构、大企业和民间机构、国外资本共同参与的投资模式。这些投资主体可以向孵化器投资，也可以向在孵企业投资。政府在孵化器产业化的进程中，逐步从主要参与者转变为领路人，通过经济政策的制定和执行，引导和鼓励各种类型的资本主体投资于"峡光模式"科技企业孵化器，使其加速发展。

第四，积极探索孵化器与风险投资的融合。科技企业孵化器和风险投资都是科技中小企业创业成功的要素。"峡光模式"科技企业孵化器作为企业，为了自身的增值和价值实现，在企业（项目）入孵前进行严格筛选，在入孵后为其提供各种孵化服务和跟踪，以确保孵化器目标的实现。风险投资在此时与孵化器相结合或介入，则能大大降低投资风险并为以后取得高额回报奠定基础。在风险与利益的博弈中，走孵化器和风险投资相结合的道路可以形成孵化器、风险投资、在孵企业三赢的局面。这是因为种子期的资金投入较少；企业在孵化器和风险投资两者的跟踪监督下，更易成长壮大；项目若成功则孵化器和风险投资都可获得高额回报，项目若失败因先期投入较少，风险投资家损失也较少。

第五，有意识地打造"峡光模式"科技企业孵化器自身的品牌，并加强向社会的推广。"峡光模式"虽已得到国际孵化器网络和科技部的认可，但仍然需要提高自己的社会知名度，争取得到媒体、金融机构、创业者更多的关注。孵化器的形象建设一方面有利于在孵企业获得更多的发展机会，另一方面有利于吸引更多优秀项目和优秀科技企业的加盟，提高孵化成功率。

第六，构筑孵化网络，提升孵化器功能。这是指以"峡光模式"科技企业孵化器为中心，形成有机融合了资讯服务机构和其他类型科技企业孵化器的网络组织,有园区科技企业孵化器与无园区科技企业孵化器的优势互补。入孵企业的需求广、层次多,如法律、财会、股份制改造、盈利模式设计、产品营销策划等,仅靠一个孵化器的力量不能满足需求,孵化器应该实现纵向与横向的网络化,与其他孵化器和专业服务机构合作,将孵化器建设成为集成社会资源,充当起网络资源的中心,把与企业孵化有关的主体联合起来,实现服务、信息、知识、资金、空间等资源的共享。

4 结论

通过上述分析可见,科技企业孵化器"峡光模式"适应市场化要求,架构基本形成,孵化成功率较高。"峡光模式"在孵化器模式和组织管理两方面对当前孵化器进行了创新。在当前经济形势下,"峡光模式"科技企业孵化器的发展面临许多机遇与挑战,要不断调整思路,帮助实现我国经济和科技的跨越式发展。

参考文献

[1]王波,程远桦.推进西部地区高新技术产业化进程[N].科技日报,2003-11-18.

[2]颜振军.中国企业孵化器论[M].北京:中国社会科学出版社,2000.

[3]肖健.中国科技企业孵化器营运模式探讨[J].科技管理研究,2002(2):6—9.

[4]林强,姜彦福,高建.我国科技企业孵化器的影响因素及发展对策[J].中国科技论坛,2003,(1):77—80.

(本文曾发表于《科技管理研究》2004年第5期,此次收录时有改动)

重庆国有企业技术创新模式选择研究

张礼建　郑荣娟　彭小兵

一、技术创新及国有企业技术创新的重要性

所谓创新（innovation）是指把从未有过的关于生产要素的"新组合"引入生产体系，这种新组合包括引进新产品、引用新技术、开辟新市场、控制原材料新的供应来源及实现工业的新组织等方面（熊彼特，1990）。显然，创新的含义十分广泛，指各种可提高资源配置效率的新活动。技术创新是指与新产品的制造、新工艺过程或设备的首次商业应用有关的技术的、设计的、制造及商业的活动，主要包括产品创新、过程创新及其扩散。熊彼特（1990）认为，企业家就是把新发明引进生产体系，创新就是发明的第一次商品化。只有第一个将发明引入生产体系的行为才是创新行为，第二、第三个只能算作模仿。正是在这里，"创新"一词在使用上遇到了麻烦。因为新是相对的，对某个企业而言是新的产品，但对整个国家、地区而言，也许只是模仿。例如，天津在全国最早生产彩电，对中国来说是创新，但对世界而言，这绝不是创新。解决这一困难要从两方面着手：第一，确定这家企业的新产品，是单纯模仿还是自己对这种产品进行了改进。如果是纯粹模仿或和创新厂家联合生产，就不能算作创新。第二，要看创新的层次，如果是在企业层次上的，对企业而言是新的且企业对产品有所改进的，便可算作是创新。但在国家层次上，它们也许就不能算作创新。

国有企业是我国产业部门的主要力量。国有企业提供国内各行业生产必需的原材料，并主导着电力、钢铁、化学和机械等资本密集型部门和航空航天等

战略性产业[2]。回顾重庆市20多年来的改革开放历程,从早期的放权让利、承包,到现在的股份制改造、现代企业制度试点、债转股等,从点上来看这些改革措施确实产生了一些效果,涌现出了一批非常有竞争力的国有企业,但从面上讲相当大比例的国有企业处境非常艰难。在笔者看来,国有企业之所以陷入困境,最直接的原因是产品不能满足市场的要求。而产品不能满足市场的要求背后深层次的原因是重庆市国有企业的技术创新严重不足。企业技术装备落后,原材料消耗高,致使成本居高不下;产品陈旧,长期依靠单一的产品生存,在原有产品市场不断缩小的同时无法迅速组织力量培育新的增长点。

企业的发展基本上都是从一种或几种畅销产品开始的,销量不断扩大,企业也不断扩大规模。随着时间的推移,消费者的偏好逐渐发生了变化,不再认同该产品,这时有的企业适时推出了新产品以替代原来的产品,继续向前发展。但是,另外一些企业由于各种原因没能满足消费者的需求,致使产品被消费者拒绝,企业流动资金变为库存积压或只能降价出售,形成亏损。短期内,当继续生产无法回收固定成本时,企业就应该退出市场;长期看来,企业一旦无法回收可变成本,企业就应该退出市场。可是,由于牵涉到国有资产流失、社会稳定和国家的战略问题,我国的国有企业普遍缺乏退出机制,这时,振兴国有企业的唯一办法就是重新生产出适销对路的产品,而技术创新无疑是使国有企业具备这种能力的唯一途径。

另外,随着经济全球化的进程日益加快,国际上跨国集团通过兼并、联合等形式进入我国市场,而我国企业不仅资产规模偏小,而且在技术装备水平和创新能力方面存在着很大差距,只有尽快提高企业的创新能力,才能在国际竞争中保持较强的竞争力。

二、重庆市国有企业技术创新现状及问题

(一)重庆国有企业的技术创新现状分析

重庆是我国六大老工业基地之一和西部地区最大的工商业城市。改革开放以来,特别是"七五""八五""九五"期间的技术改造、高起点的技术引进以及

较为成功的"军转民",使重庆工业创造了辉煌的历史,形成了汽车摩托车、医药化工、冶金三大支柱产业和电子信息、机械、轻工、食品等优势行业。进入20世纪90年代后,由于国有企业无法适应市场经济的要求,管理落后,效率低下,重庆市工业状况普遍不佳。到了1996年,全市工业出现了整体亏损。重庆市通过实施以"七个一批"为中心的改革措施,终于在2000年下半年结束了全市工业连续4年、国有工业连续6年亏损的被动局面,并实现了全市规模以上工业企业赢利1402亿元。

国家实施破产核算、国债技改和债转股三大政策,对实现重庆市国有企业脱困目标起到了非常关键的作用。然而,重庆市国有工业企业的整体竞争力并没有多大提高,许多深层次矛盾尚未解决,各项工业经济效益综合指标仍低于全国平均水平,工业整体和国有企业的亏损面仍然很高,亏损企业的亏损额也很高;经济增长和国有企业扭亏脱困的基础比较脆弱,结构性矛盾突出;投入不足、经营机制不顺等问题并未得到根本性转变;支撑重庆市经济增长的主要是传统工业,汽车摩托车独臂支撑的状况依然如故。

另外,国有企业及国有控股企业有1400多户,经济比重占全市工业的8成左右,资产占全市工业总资产的87%左右。重庆市有高等学校20多所,科研机构逾千家,但企业、科研院所、高等学校、中介机构的参与程度和动力、能力都显不足。国有企业的自主创新能力薄弱,产品档次低,技术装备与生产工艺落后,产品单位能耗偏高,资源浪费严重。截至2003年,全市396户大中型企业中仅有149户有技术开发机构(表1)。

重庆经济结构是典型的大工业、大农业二元经济结构,近年来经济结构有所调整,但速度缓慢。由于长期忽视企业技术自主创新,导致重庆产品没有竞争力,进而导致各大中型工业企业经济效益低下(表2)。

(二)重庆国有企业技术创新存在的主要问题

其一,政府对国有企业的投入中用于技术创新的比例严重不足。多年来,技术改造投资占国有单位固定投资比重低,且逐年下降。有限的资金被用来扩大生产而不是用于技术和新产品的自主创新和开发。

其二,企业自我改造能力不足。长期以来,重庆市国有企业折旧率很低。除少数上市企业外,绝大多数国有企业技术改造缺乏资本金,大都采取拆东墙补西墙的方法,用生产流动资金顶资本金,严重影响了技术改造投资效益的发挥。

表1　重庆市大中型工业企业科技机构情况(2003)

大中型企业总数	科技机构数(个)	科技机构科技活动人数	科学家和工程师	科技机构经费内部支出
396	149	12674	8705	134232

资料来源:《重庆统计年鉴(2004年)》

表2　重庆市大中型工业企业主要经济效益指标(2003年)

工业增加值率(%)	总资产贡献率(%)	资产负债率(%)	流动资产周转次数(次/年)	成本、费用利润率(%)	全员劳动生产率(元/人年)
39.23	8.19	67.02	1.20	3.65	37430

资料来源:《重庆统计年鉴(2004年)》

表3　全国及重庆市大中型工业企业主要经济效益指标(2002年)

	工业增加值率(%)	总资产贡献率(%)	资产负债率(%)	流动资产周转次数(次/年)	成本、费用利润率(%)	全员劳动生产率(元/人年)
全国	31.91	9.57	57.84	1.66	6.45	76899
重庆	31.51	7.95	59.75	1.24	3.78	56403

资料来源:《中国统计年鉴(2003年)》

其三,企业技术改造融资日益困难。目前,重庆市国有企业正处于新旧体制的转换时期,市场无形的手和各种有形的手都在发挥作用,国有企业技术改造工作面临更加严峻的局面。一方面,政府作为最大的投资主体正逐步退出,而企业作为真正的投资主体尚未完全形成,新旧体制交替导致投资领域出现了"真空期"。另一方面,随着金融体制改革逐步深化,国有商业银行实行资产负债比例和风险管理,在国有企业普遍不景气的情况下,银行资金大量投向基础设施建设,银行技改贷款主要视企业信用等级而定,很少考虑技改项目的情况,用于技术改造的信贷资金更少。

其四,技术引进后消化吸收创新严重不足。企业没有进行消化吸收的一个原因是企业研究力量薄弱。大中型工业企业中有研究开发机构的比例较低,为数不多的研发机构的状况和研究能力又存在许多问题,其中"有经常性开发任务、有稳定经费来源和有一定测试条件的机构"没能占据主流地位,许多机构的研发条件不完善,甚至完全不具备条件的"三无"(无经常性开发任务、无稳定经费来源、无一定测试条件)机构所占比重还呈上升趋势。

国有企业研究力量薄弱造成的直接后果是技术引进经费与消化吸收的经费严重失调,企业将大量技术改造资金用于引进价格高昂的进口设备,没有能力进行消化吸收,资金利用效率低。长期以来,对引进技术的消化吸收创新不够,引进技术只是引进生产能力,技术改造很大程度上只是提高了企业生产装备水平、扩大了生产能力,而没有通过技术改造提高企业的技术创新能力和带动国内研究开发产业的发展,造成技术引进工作陷入引进——落后——再引进的不良循环。

其五,企业缺乏技术创新的动力。由于技术创新利益分配不明确,一些企业认为,技术创新形成的资产和效益是国家的,债务和风险是企业的,责任是经营班子的,负担是职工的,对技术创新的积极性不高,没有技术创新的动力和压力。

回顾我国国有企业的改革和发展历程,实质上是国家和企业利益分配的调整,如放权让利、二步利改税、企业承包责任制、税利分流、股份制改造等。每一次改革都伴随着国家和企业新的利益关系的调整,都不同程度地推动了国有企业的发展。但迄今为止,就满足国有企业技术创新的要求看,仍然没有找到国家和企业二者的平衡点,国有企业仍然没有成为利益分配的主体,没有技术创新的内在动力和压力。所以,国有企业的技术创新活动多年来一直依靠政府推动,技术中心需要国家来建,技术改造项目需要国家来安排,许多企业行为变成政府行为,导致国有企业技术创新效率低下。因此,从有利于重庆市国有企业成长的角度看,政府应该通过税收与资本收益分配的调整,鼓励企业自主地根据国家产业政策导向和市场需求变化去开展技术创新,进行再投资。

三、重庆市国有企业技术创新战略的转型

事实上,重庆市发展至今,走的基本上是"引进+模仿"的道路,引进时还处于国内领先水平,如嘉陵70型摩托车、建设80型摩托车,但引进后没能很好地消化吸收,在形成技术积累后持续创新,而是片面追求国产化率的提高,将大量人力、物力用于提高国产化率,延误了通过技术创新来扩大市场的大好时机。另外,企业还在替代进口的冲动下高估自己的技术水平,盲目搞所谓的自主创新,而不注意继续引进先进技术,致使产品更新换代速度缓慢。

应该说,以当时重庆在全国工业中的地位,上述"引进+模仿"战略是完全可行的。缺陷并不在于战略本身,企业经营者认知模式落后,技术创新管理水平低以及激励不足使得这一进程非常缓慢。但是现在形势已经发生了逆转,重庆工业已相对不再强大,技术水平也较落后,这时的技术创新战略应为"引进消化吸收+自主创新"战略。

长期以来,重庆大中型国有企业被抽血过多,技术创新投入严重不足,而且重庆工业刚刚扭亏,经济基础薄弱,资金紧张。应该把有限的资金用于国内外先进技术而不是成套设备,充分利用本地技术力量雄厚的优势,进行消化吸收,形成自己的技术积累。此外,重庆应抓住国家开发西部的优惠政策,努力改善投资环境,吸引跨国公司来重庆投资,通过为其配套,积累技术,积极发展外向型经济,将技术创新机制和出口机制结合起来,形成双重效应的市场和技术渠道,利用出口市场作为刺激技术创新的一种机制。从长远看来,自主创新终将是重庆大中型企业的必然选择,但前提是拥有雄厚的资金、强大的技术积累以及先进的管理。

采取"引进消化吸收+自主创新"战略的关键是:(1)恰当的市场定位,对国内市场及可能的国际市场的判断和选择准确,是取得经济效益的前提;(2)及时和有效地消化吸收,既是掌握先进技术和工艺,使其发挥效益的条件,又是改

进、创新的基础,也是积累技术的必然途径;(3)改进和创新是"引进消化吸收+自主创新"战略的关键,单纯的引进和模仿只能永远跟在别人后面,也永远无法独立,最终的改进和创新才是目的。

四、结束语

对于国有企业技术创新,最重要的可能还不是如何提高国有企业经营者的认知模式和管理水平,而是解决企业技术创新的战略选择和动力问题。重庆市国有企业确立了技术创新战略模式,在理顺了国有企业技术创新机制和兼顾了国家、企业、个人三者的利益后,国有企业成为重庆市企业技术创新真正的投资主体、风险承担主体,以及新技术、新产品开发的中坚力量。对于具体的技术创新过程管理,对于那些具有战略性的、影响到国家的战略与安全的技术创新,政府应该起主导作用,强化对这样的技术创新的管理,而对于其他产品或技术的创新行为,应以企业自身为主导,按照市场机制去运行,政府不应去管,也管不了[5]。这样,对于支持国有企业技术创新,重庆市政府应该做的首先是着眼于国家及重庆市的安全战略,主导国家及重庆市战略产业的技术创新过程;其次就是理顺与国有企业之间的关系,将政府的国有资产管理职能和一般的社会管理职能区分开来,将国有企业分散的所有权统一起来,正确、充分地行使国家作为所有者的权力,引导而不是指使非战略性国有企业的技术及产品创新。

参考文献

[1]约瑟夫·熊彼特.经济发展理论[M].何畏,易家详,等,译.北京:商务印书馆,1990.

[2]马建堂,黄达,林岗,等.世纪之交的国有企业改革研究[M].北京:经济科学出版社,2000.

[3]重庆市人民政府办公厅.重庆经济年鉴2004年[M].重庆:重庆出版社,2001.

[4]余远牧.再造重庆工业经济发展的基础[R]重庆大学,2001-10.

[5]李军.国家创新系统与企业创新关系分析[J]数量经济技术经济研究,2001,18(7):7—13.

(本文曾发表于《重庆大学学报(社会科学版)》2005年第11卷第4期,此次收录时有改动)

重庆市科技企业孵化器现状、问题及对策研究

郑荣娟　张礼建

1 重庆市科技企业孵化器总体概况

近年来,重庆市科技企业孵化器体系建设得到了较快的发展。重庆市现有各类科技企业孵化器 22 个,孵化场地达到 30 多万 m²,在孵企业达 800 余家[1]。重庆市科技企业孵化器的具体数量和科技资源性质分布特点是"拥有我国首批国际孵化器(IBI)1个,国家级大学科技园 2 个,留学生创业园 1 个,北部新区、国家级高新区和经济开发区各 1 个,光电园区、环保产业园区、软件园区、出口加工区、汽车城和新型医疗器械产业园区各 1 个,5 个国家级生产力促进中心;8 个市级以上工程研究中心,33 个市级以上企业技术中心,66 个市级以上重点实验室,近 1000 个各类科研机构;北碚西南生态农业科技产业示范区、渝北现代农业科技园区、巴南现代农业园区、合川农业高科技园区和荣昌畜牧科技城各 1 个"[1]。重庆市北部新区坚持高新技术为基础的现代产业基地、出口加工区和交通、通信枢纽的功能定位,重点推出了汽车城、光电园区、环保产业园区、软件园区、出口加工区和新型医疗器械产业园区等 6 大园区。高新区完善了基础设施建设和配套政策,优化了管理体制和运行机制,壮大了现有高新技术产业规模,加快了二郎科技新城的建设。重庆市大学科技园成为首批国家级大学科技园,分别在沙坪坝、南岸区、北碚区和北部新区设置了分园,业已成为重庆市高新技术产业的研发中心、企业孵化中心、创新创业人才集聚和培育中心。北部新区、高新区和重庆大学科技园,已经成为重庆市高新技术产业孵

化基地的重要组成力量,其产业布局和服务功能日趋完善。重庆市建立了8个为广大科技人员和师生从事高新技术项目开发和科技创业活动,并能提供法人代理服务的有园区和无园区相结合的示范孵化器。各示范孵化器以有限责任公司或科技孵化服务型机构为载体,以重庆高创中心为依托,以独创的重庆峡光公司运作模式(无园区孵化模式)为工作基础,由项目业主单位以参(控)股、资金扶持、工作指导、服务支撑的方式,借助"创业启动基金"的有效运作,形成重庆科技孵化创新示范体系的基本构架。

在现有科技基础和高新技术产业发展的基础上,重庆市已基本形成了相对完善的孵化器建设体系,具备了从产品研发、中试孵化开始到产业化运作的合理的产业组织链条,以重庆国际企业孵化器、重庆大学科技园和重庆留学生创业园为依托的孵化器组织体系;以高新区、经开区和北部新区为主体的产业化孵化基地;以重庆科技风险投资公司和重庆科技风险投资担保公司为主力的科技投融资体系;以生产力促进中心和重庆技术交易所、重庆峡光科技开发公司等20多家市级以上服务机构为主体的科技服务体系;以重庆市主城区、涪陵、万州和黔江为主体的区域性多级创新企业孵化服务网络体系。

2 重庆市科技企业孵化器发展中的问题及成因分析

2.1 主要问题

(1)政府色彩太浓,企业化运作不足。与国内其他省市类似,重庆大部分科技企业孵化器是由政府组建或具有政府背景的,实行事业单位企业化管理的运行机制或者按公司形式运作。在孵化器的运营模式上,一方面孵化器的主要管理人员采用干部任免的程序聘任,大多缺乏运作企业或者管理企业的经验,对孵化企业的服务与管理则趋于表面化,在如何服务于市场、适应市场上更是缺乏经验;另一方面,在资金上直接或间接地依靠政府资助,自身没有创造价值的紧迫感和相应的能力,创造的价值相对有限。此外,孵化器管理人员的收入与孵化服务的实绩不挂钩,工资基数小、差距不大,因而在人才竞争中处于不利地位,难以吸引和稳定住优秀的管理人才。

(2)孵化器自身的效用难以充分发挥。由于基础不同和建立时间不同,重庆市科技企业孵化器的发展尚不平衡,一些应开展的服务项目没有开展,尤其是社会化服务才刚刚起步。因此,孵化器的服务支撑尚不完备,软服务质量不高,增值服务不足,部分社会资源无法整合,信息未能共享。此时,就孵化成绩而言,孵化出来的企业和孵化器本身的质量都不高,不少孵化器的设施还出现了大量闲置。

不仅如此,大部分孵化器的工作管理人员数量太少,管理工作人员或在孵企业工作人员没有进行定期培训,知识管理水平不足。而对于技术型中小企业,海外归国人员、硕士生、博士生及应届大学毕业生创办的企业,各种优惠政策的承诺往往不能最终实现。

另外,孵化器之间的竞争实际上成了政策环境的竞争,形成对优惠政策的过度依赖,却忽视了孵化服务的提升和品牌的塑造,从而影响了重庆市孵化器行业孵化服务整体水平的提升和统一有效的孵化体系的形成。

(3)在孵企业质量不高。孵化器孵化的企业(也称种子企业或入驻企业)必须具备一定的条件。孵化器寻找种子企业时,一般有以下几个必备条件加以衡量:①从事高新技术产业;②具有开发、生产能力;③市场有规模前景;④具有形成公司管理团队的基础[2]。然而,重庆市孵化器对要求入驻的企业并没有严格的考核,没有把可能成长壮大或有潜力作为入驻企业的考察条件,进驻的企业很多不是科技型企业。

(4)孵化企业普遍存在资金瓶颈,风险投资发展缓慢,政府对孵化器的大量投资大多数用于硬件设施表面的装修,而只把房租作为孵化基地的企业创办基金,且孵化资金缺乏有效的运作机制,没有得到有效的使用。另外,重庆市科技企业孵化器在探索孵化器与风险投资相结合上尚未取得有效的进展。

2.2 成因分析

(1)孵化器的历史与体制因素

我国的孵化器是在借鉴国外企业孵化器成功经验的基础上,在科技部、地方政府及重庆市科委和高新技术产业开发区的支持下建立并发展起来的。这一特定的历史起源与国际孵化器诞生的原委截然不同,它赋予了我国孵化器特定的历史使命,导致了重庆市孵化器的体制障碍,也制约了重庆市孵化器产业发展的方向。

(2)孵化器沦为物业公司

众多孵化器本身与被孵化企业同样年轻,同样没有经验。大多数孵化器都是最近几年建成的,自身资产规模小、投资能力差、专业人才奇缺,孵化器本身还不具备孵化功能或在没有成熟与完善的情形下只好承担起了物业公司的职责。这样,孵化器所能给予一个企业的包括优惠政策、融资渠道、内部管理等在内的温度和湿度,都不是促成企业成功的直接动力,真正吸引资金的还是企业研发生产的具有投资潜力的最终产品。企业往往把孵化器当作福利机构,若对孵化器要求过高,失望将是必然的。

(3)对孵化器的认识不足

孵化器的运作是与创业紧密相联的,是利用社会网络而创造性地培育出可独立运作企业的一种有效平台。但当前孵化器的总体政策基本上是沿用工业园区的模式,孵化器的优惠政策也是向工业园区看齐。事实上,工业园区是依靠投资推动经济发展思路的产物,而孵化器则着眼于以创新推动经济的发展。两者的性质不同,因此不能等同。

(4)创业风险投资体系不完善

重庆市科技企业孵化器的国有及公益性事业组织的性质,导致这些孵化器的风险意识和市场意识淡漠,缺乏必要的竞争动力;同时,风险投资仅依靠国家财政和银行进行,没有充分利用包括个人、企业、金融或非金融机构等具有投资潜力的力量来共同构筑一个有机的风险投资网络,导致风险融资渠道过窄以及风险投资定位不当等一系列问题,最终导致重庆市科技企业孵化器风险投资发展缓慢。

(5)缺乏有效的孵化绩效评估体系[3]

科技企业孵化器的运营模式是影响科技企业孵化器发展的主要因素。当前,重庆市科技企业孵化器的孵化模式虽然有多种,但内容与功能各异,没有形成有效的孵化绩效评估体系。这既不利于孵化体系自身突破发展过程中的瓶颈,促进孵化行业整体素质的提高,也不利于从总体上把握孵化体系的专业化方向和迅速打造地区产业竞争优势。

3 完善重庆市科技企业孵化体系的对策建议

3.1 完善服务功能,提高孵化质量

重庆市政府、市科委要进一步明确孵化器的社会任务和功能定位,注重科技企业孵化器的市场拓展。同时,孵化器自身要强化有效服务和服务质量的观念,不断增强服务能力。科技企业孵化器要通过全方位的服务来营造适合科创企业迅速成长的环境,落实对在孵企业的优惠政策和风险资本的引导政策,完善孵化种子资金、信贷担保基金或科技型中小企业创新基金、产权交易和上市渠道,并注重引入商业投融资机构,注重创业文化与氛围的营造,有意识地打造科技企业孵化器自身的特色服务、品牌和形象。

3.2 发展多种类型的科技企业孵化器

要根据重庆市各区县的资源、产业发展方向和市场需求,积极创办专业孵化器,提高重庆市科技企业孵化器的发展质量。在科技资源相对分散、经济发展相对滞后的区县,坚持以政府为主导创办孵化器;在重庆市中心城市和高新区等发展较好的地区,在政府主导的基础上,充分发挥市场配置资源的作用,鼓励有条件的国内外机构、企业创办各种类型的孵化器,推进孵化器向多样化、多元化、网络化和国际化发展。注重以大学、科研院所为依托,因地制宜地选择孵化器的发展模式,注重科技企业孵化器建立的可行性研究。

3.3 促进孵化体制的创新

孵化器发展的过程就是不断创新的过程。随着国内外形势的变化,孵化器的建设与发展面临着新一轮的改革。孵化器向专业化、多元化、网络化和国际化的方向发展。孵化器由公益性机构向非营利性,甚至营利性机构的转变不但是可能的,而且为大幅度提高孵化器的孵化质量和服务水平所必需。这要求大

胆探索孵化体制与机制的创新。孵化器质量的优劣和服务水平的高低,关键在于管理队伍和带头人。合格的孵化器管理队伍应根据孵化器类型由专业化的高素质人才组成,并逐步实现职业化,具备职业道德、服务意识和团队精神。

3.4 注重风险投资与中介服务机构的引入

风险投资由于在商业策划、管理上对科创企业具有强大的提升作用,其与孵化器结合构成双赢局面。孵化器对创业者的"聚集"和对科创企业"种子期"的资金注入,使风险资本寻求投资对象的成本和风险降低。风险资本的后续跟进,使科创企业获得了充足的发展资金、管理经验,能提高孵化器的孵化质量和孵化效率。因此,从宏观层面上,重庆市政府应注重探索和改善孵化器与风险投资相适应的政策法律环境,增强风险意识和市场意识。从微观层面上,只有多角度拓展风险融资渠道和退出渠道,才能解决制约重庆市科技企业孵化器风险投资的"瓶颈"。同时,科技企业孵化器不可能也不应当包揽所有孵化服务,许多孵化服务还应当借助于社会上相应的中介服务机构来完成。

3.5 建立有效的孵化绩效评估体系

要尽快建立统一有效的孵化绩效评估体系[3]。基于此评估体系,有关部门根据孵化器的性质正确进行引导、考核和评估工作,以孵化功能的完善、服务水平的提高、创业成功率、入驻企业的优劣、在孵企业的成长速度、毕业企业的质量和水平、科技资源的聚集与转化、创业资本的吸引与使用、在孵企业和毕业企业对孵化器的评价以及孵化器对当地科技产业化发展、传统产业改造和产业结构调整、创造就业机会等方面的贡献来衡量孵化器发展的优劣。

参考文献

[1]刘志新,何玉荣,赵广辉.我国企业孵化器发展趋势及问题研究[J].科学管理研究,2001(1):53—54,67.

[2]杨迎平,李军.科技孵化器机制的创新——北京北航天汇科技孵化器有限公司

孵化实践评析[J].研究与发展管理,2000(5):42—46.

[3]张礼建,郑荣娟,程乐.科技企业孵化器孵化绩效评价指标体系构造[J].重庆大学学报(自然科学版),2006(3):147—151.

(本文曾发表于《科技与管理》2007年第4期,此次收录时有改动)

基于人文向度的技术创新路径分析

张礼建

德国哲学家恩斯特·卡西尔在其著作《人论》中提出:"人这种存在物在建造人的世界时是不依赖于他的感性材料的性质的。"[1]这就是说,技术的演进,是沿着人的需要与目的来发展与拓宽技术的境域的。马克思在他那个时代就特别关注技术问题,也认为"(技术)探究从来不是孤立的,而是自始至终同对人的现实生活世界、人的整体生存发展的关注结合起来的。其根本目的与其哲学宗旨相一致:通过对人的现实生存境遇的反思和批判,寻求通往人的解放和自由、全面发展的现实道路"[2]。但是在市场经济条件下,现代技术的技术创新活动以追求利润的最大化、单一目标的驱使、成本和利润和效率原则为准则,以技术本身的系统优化和在市场中的兑现(即技术仅被看成手段本身)的最大化来考量技术创新,人文理想渐渐被边缘化,背离了人文精神的崇高目标,同时也使技术及技术创新自身陷入了发展的困境。

1.目的与手段:技术创新的预设

技术创新是基于人的生产与生活需要取向,拓宽人的实践能力,开拓实践的范围而进行的一种技术构建活动。人的生存与发展的需要是技术创新的终极预设。但是"人的生存与发展"在不同时期有不同的内涵,导致对技术创新有不同的预设目的,从而在运用效果上也有不同的考量指标。

随着对工业化道路的深度反思,人们开始对影响人类进步的技术及技术创新开展不同层面、角度和路径的研究与思考。在当代,各种影响对技术及技创新的反思中最引人注目的时代背景是："可持续发展"取得广泛的共识；对我国而言还要具体化为"科学发展观"的倡导。技术创新必须回应可持续发展的要求，并在科学发展观下开展技术创新及运用；提倡"科技以人为本"的理念，彰显技术、技术创新活动人文关怀的价值取向；以目的来统摄手段，提升对手段与目的的系统考量，这是对技术创新路径分析的现实选择。在这种路径转向上，在理念与实践上提出的"技术创新生态化"就是一种积极回应。这种技术创新的目的不单纯是实现市场价值、获取最大商业利润，更是要充分考虑生态效益、社会效益的新型的技术创新；是促进经济发展、自然生态平衡协调、社会生态和谐有序的技术创新；是应对人文精神在技术活动中的目的性要求的技术创新，即"本质上是一种珍视人的自由而全面发展的精神"[3]。

技术创新生态化体现了发展观、科技观、思维方式的变革，是技术创新理论的新发展，是目的与手段的协调统一。从更深层次上说，技术创新生态化是内蕴了人文精神的技术创新观，它与人文精神具有价值同一性、伦理道德相融性、终极目标一致性、审美情感互通性，是真、善、美的统一。技术及技术创新，在人类文明的进程中起着十分关键的作用，它改变了人类在自然界进化过程中的一般意义上的自然存在形态。这正如恩格斯所指出的："劳动是整个人类生活的第一基本条件"[4]，从这个意义上说劳动创造了人，而劳动过程同时也是应用和制造劳动手段并胜于实践的过程，其中在劳动过程中，技术体现着"人对自然界的活动方式"或"能动关系"。列宁说："世界不会满足人，人决心以自己的行动来改变世界。"[5]从这个意义上说，人对自然界的改造同时就是创新，人是靠自己的创造性活动去满足自身需要的主体性存在，是"通过实践创造对象世界，改造无机界，人证明自己是有意识的类存在物"[6]。马克思所说的"类"指的是人的总体特征和个体本质的辩证统一。人的总体特征就是每个人都具有的主体性实践创新活动。当然，主体性实践创新活动并不是一次就完成的，而是通过每次实践活动不断创造自身，不断地对自己的存在进行超越。人类的创新不是简单意义上的抛弃，它是在种群自然属性的基础上的扬弃与超越，成为超物种生命的人类不仅具有自然属性，而且具有社会性和历史性。人类就是在一定社会关系中进行实践创造活动的存在物。由此得出，创新在本质上是人类的实践活动和人类根本的存在方式,同时,也是一种物质关系。"人类不断创造出新世界的实践活动是人以其物质力量借助物质手段改造对象的关系,这是一种物质关系。"[7]创新实践活动充分体现了人的一种自主性行为,它需要人的独立自主的意识与批判精神。人类要想把自己的目的、计划和设想等主观愿望作用于自然客体对象,就得不断地对现存物质世界进行批判和否定,改变现存事物,即一种"武器的批判",从而达到创造出新的客观物质对象世界的目的,进而推动人类社会的发展。在这种层面上讲,人类不断超越自我生命的意义就在于,不断解决人与自然之间的能动和受动矛盾,使得人性能够从自然物质属性的制约下部分或全面地解放出来。由此,人类所特有的创新实践活动就是以不断地实现人类自我本质与自我愿望为目的,并在这样的过程中又不断增强人类的创新能力,体现出人类"合目的性"的本质。所以,我们认为创新的本质是实践本体论意义上的扬弃和超越过程,是在人类社会意义上的一种超越活动,它既含人的实践活动的合规律性的认识要求,也含人在社会意义上的合目的性的价值取向。

美籍奥地利经济学家约瑟夫·阿罗斯·熊彼特指出的"创新"虽然是一个经济范畴而不是技术范畴,但结合了技术与经济的含义,体现了技术变革对经济发展的作用。他认为创新是指将新技术上的发明应用于经济活动中去所引起的生产要素与生产条件的重新组合,即新的生产函数的建立。而熊彼特所说的新的生产函数的建立,也可以说是一种新的生产能力的形成。其形成的过程也就是使科学技术成果由潜在的生产力转化为现实的生产力的过程,从而获取经济效益。诚然,技术创新是一种生产过程,但这种生产过程具有商业目的。正如熊彼特所认为的,创新的原因是,由于创新能使人们获取超额利润。因此,技术成果向市场的转化及其价值的实现这一过程,是技术创新理论的重要内容。只有在把技术发明投入生产和市场,并在市场中占有一定的份额后,这时的技术发明我们才可称之为技术创新。从此角度上讲,企业家有着不断地应用科学技术发明创造原理,制造出新产品或引入新工艺,不断推动技术创新而获得利润的内在动力。现代几乎所有的技术创新理论都是在熊彼特创新理论的基础上衍生和发展起来的。

在现代社会的市场竞争经济中,技术创新的关键在于技术创新的市场认定和技术创新的扩散效应。技术创新是在市场上实现新产品、新工艺以及新服务的全过程。这一过程使市场的"需求拉动"不仅成为技术创新的动力,也是企业真正成为市场主体的推动力。

从人类的发展史来看,工具的发明和应用都体现为技术创新的过程。无论是理论的规范还是实践的客观发展都告诉我们,技术创新是一个客观过程,这种客观性体现在两方面:一方面体现在海德格尔所提出的人是"技术性的动物",即人通过技术的不断创新来提升和发展自己;另一方面体现在由社会实际进步和效果来证实,即"任何技术的生产,决定性地由获取最大收益的原则所决定"。[8]技术创新推动了生产力本身的创新,而生产力就是人在改造自然的过程中体现的客观物质力量。

我们认为,技术创新是在人的创造力的参与下对现有技术因素的"重组",其结果是技术产品的价值的提升、功能的扩展,从而在市场竞争中保持优势的一种过程。但同时我们更要认识到,技术创新也是有人的价值取向的参与和引导的过程。

2.技术创新是"合理性"与"合意性"的统一

马克思在比较"最巧妙的蜜蜂"与"最拙劣的建筑师"时提出,建筑师是在观念中就明确了自己要做的目的,而这正是技术的一种人文向度,这种取向使他"知道他的目的,把它当作规律来规定他的行动的式样和方法"。[9]从历史的角度来看,技术来源于经验。从近代以来,特别是从19世纪开始,技术已从经验转到对科学的自觉运用。由于科学代替经验成了技术的主要源泉,使技术更加自觉地利用科学已经揭示的自然规律来改造和利用自然,这体现了技术的"合理性"。但作为工业经济时代的产物,技术创新不可避免地打上了那个时代的烙印:技术理性有余而人文精神不足,"工具理性"获得最大的张力。在工业经济社会向知识经济社会转型的过程中,疏于人文关怀的技术创新逐渐暴露出了它与社会发展的不适应性。

技术以及技术的发展是在社会中产生的,人的意志与目的就必然要求技术发展的向度、速度和目的。特别是从商业的角度来讲,技术已经是在为社会特别是为经济服务和左右了,而经济就是物的应用,更是人的价值需求的展现。从这个层面来看,技术创新又要符合社会的"合意性"才能得到充分的发展和实现。由此,技术创新必然地要考虑到二者的统一,特别是在科学已成为"大科学",技术发展到"高技术"的今天,二者结合得好与不好,以及如何结合都直接影响到社会的和谐发展、人类的未来和幸福。这就是为何今天我们要强调"科技以人为本",要注重技术创新的人文向度的理由所在。

技术作为追求物质目标的理性程序和有效手段,其最基本的特点是科学合理性。任何技术都必须符合自然规律,违背自然规律的技术是不存在的。从这个意义上说,巫术、占星术等不是技术,因为它们游离于科学合理性之外。技术赖以建构的技术原理有其科学上的理论依据,它是以客观的因果必然性为其内在根据的,是人类理性的产物,是基于客观理性、经验理性或科学理性基础上的。可以这样说,现代技术是人类"理性—文化"的产物,是科学理论的对象化,"是物化的知识力量"。

同时,任何技术都是人们出于一定的目的、为满足特定的需要而创造的,都是作为价值客体而存在的,因而需要具有社会合意性。技术目标的设计和发明,包含有知识因素,体现着人的理性智慧,并以人的目的、意向、愿望和文化理想为基础,依赖于人的价值取向和价值选择。可以说,技术本身体现着人的价值期望、价值追求。在技术设计、发明与应用的过程中,人的目的和价值观念内化于其中。技术提供并增强了人类实现其目的、满足其需要的能力,从根本上改变了人类生存发展的现实条件和空间,实现了人类超越现实、求得自由和全面的发展。同时,技术也是"这种超越与实现活动的基本方式和方面,或者说,技术活动本身就具有目的性价值,或人道价值"[10]。我们认为,技术活动是科学合理性和社会合意性的统一,也是工具理性与价值理性、客观理性与主体理性的统一。对此,马尔库塞在其《单向度的人》一书中也曾明确地表达了这样的意思,即技术始终是一种历史的和社会的设计,一个社会和在这个社会中占统治地位的利益,总是要用技术来设计它企图借助于人和物而要做的事情,这就使得统治的某些目的和利益不是'在后来'和从外面加于技术的,而是早已渗透进技术设备的构造中。

在今天,技术及其创新要获得正确的发展向度,必须借鉴人文学科的一些有价值的东西。我们认为人文学科对科学技术发展与应用起着提供动力、确定目标、端正方向的作用。应大力提倡自然科学、社会科学和人文科学知识的结合,深化科学精神与人文精神的交融。在现代化的过程中,技术的不合理应用而产生的现实结果已向人类提出了严峻的挑战。因而,技术合理性的社会建构要充分地考虑其人文向度,也必须坚持自然科学与社会科学、人文科学,科学精神与人文精神相结合的原则来构建现代意义上的现代技术。

3. 技术创新的人文向度的辩证思考

技术的发展与应用是为了人与社会的和谐发展,使我们的生存环境更加有利于人类的生存而非其他目的。但我们构建技术时往往忽视了这个目的,单纯在市场经济运作下来考虑某种技术的发展与应用,缺乏人文的关怀与对技术意义的思考。在现代技术条件下,对技术创新进行人文向度的辩证思考显得尤为必要。

3.1 技术创新要符合社会和谐发展的需要与人的全面解放

技术创新既要合乎物性,即事物的本质、规律,社会和谐发展是社会发展的规律所在;同时,又要合乎人性,即人的目的、需要,人类的最终目标就是人的全面解放。也就是要追求合规律性与合目的性相统一。应在尊重客观规律的基础上,高度重视人的主体性,关心、尊重人类生存与发展的命运。从唯物主义立场来看,技术的创新及其应用有其不以人的意志为转移的客观规律,从根本上决定了技术创新及其应用的性质、方向和发展道路。只有掌握客观规律,并依据客观规律,技术创新才能达到预期的目的;相反,如果技术创新不能达到合乎规律的要求,甚至违背规律,那么,技术创新及其应用就会失败并遭到惩罚。但是,技术应用的合乎规律并不等于其合理应用的全部内容。人类从事任何实践活动都是基于自己生存和发展的需要,又把自己的内在尺度即目的、需要、本质力量运用到客体对象上去,创造出人类所需要的新的有用客体。人们在遵循客观规律的同时,必须按照人的目的和需要应用科学技术,去认识世界和改造世界,才能使自然事物的改变符合主体的最终目的和需要,既满足人的当前利益,又要考虑人类的长远利益,使人类获得最终的全面解放。一定时期的主体在获得更多自由的同时,也为技术创新提供更大的空间与内在发展潜力。

3.2 技术中的"创新"与"限制"是一对矛盾,协调与平衡这对矛盾需要人文精神的深度介入与引导

我们认为"创新"的最终目的是使人类获得全面的自由。然而,人通过技术而获得的发展总是具体的,而不是抽象的。从理论上看,借助于技术,人们每一次所能实现的发展总是有限的,所能满足的需要也是特殊的,所能实现的自由也是个别的。实现了这一方面的发展,就要牺牲另一方面的发展,反之亦然。换句话说,发展总是有限的、局部的、具体的、历史的和阶段性的,而不可能是全面的、至善至美的。全面发展或完全自由只是一种理想状态,而不是一种现实状态。因此,"创新"与"限制"是一对矛盾。

技术创新活动作为人获得解放、借以发展和争取自由的手段和条件,是片面与全面、相对与绝对的矛盾统一体。技术系统的根本目标是把人从体力劳动中解放出来,使人获得自由而全面的发展。这是技术活动的终极目标,也是体现在技术理性中的价值理性与主体理性的基本内容。因此,技术创新的评估需要人文因素的引导。

人文是指社会文化价值,即人的价值,或者说,人文是自由的理想。我们认为可以有两种办法缓解技术价值和人的价值之间的矛盾:一是使现有技术适应当前人们的道德、伦理水平,来确立技术评估的价值观,以此来发展和评估技术;二是使人们的道德、伦理水平来适应技术发展的水平,从而设定新的道德规范。从技术发展与人类社会发展的历史来考察,技术创新评估的价值观是一种动态的建构过程。在这个过程中,人们的价值观也在发生着变化。二者的相互制约、相互影响,形成了今天的技术发展指向,也形成了今天的不同于传统的价值观。"科技以人为本",是人类追求技术创新及其发展的方向。虽然在这个过程中,功利主义技术价值观在市场经济的影响下有一定的地位,但人类追求着生活质量与数量的统一,需要人类终极关怀的观念正逐渐地被认同,"这一基础应当作为所有技术活动的前提,成为对这些活动进行的全部思考的前提。"[11]

3.3 技术创新过程中要始终体现出对人的尊严、人的价值和人生意义的终极关怀,特别是对理想社会、理想人生的执着追求

技术创新过程中要始终体现出以对人生价值的终极关怀和现实关切为原则,以实现人的完整人性为基础、以全面而自由发展为目标,正确处理人的社会属性和自然属性、个体与集体、理性与非理性的关系,从而彰显实践活动的人文精神,体现人的价值与尊严。正如爱因斯坦所说:"仅凭知识和技巧并不能给人类的生活带来幸福和尊严。人类完全有理由把高尚的道德标准和价值观的宣道士置于客观真理的发现者之上。"[12]虽然,在追求的过程中绝对的自由与全面的发展对于任何人来说都是不可能的,然而,就人的不断发展而言和从总的趋势上看,无论对于个人还是集体或者人类,每一步的创新与发展都是向着人的全面自由发展的阶段与环节,这就要求在每一技术创新活动中时时关注技术的目的与价值走向。

从技术发展史来看,正如卡普所说,技术是人的器官的投影,人类肢体的延长与外化是沿着"手工工具→机器系统→智能工具"的路线进行的,人类体力的放大与外化过程是沿着"火力→畜力→煤炭→石油→电力→原子能"的路线进行的,人类智力的放大与外化则是沿着"象形文字→符号文字→符号系统→各门具体科学"的路线进行的。借助于技术创新,人类从古到今,获得了一次又一次的解放,赢得了一个又一个的自由。虽然在每一次都是具体的和有限的,但从发展的趋势和前景上看,我们仍然有理由相信,技术及其技术创新确实是人类获得解放、借以发展和争取自由的有效手段。但我们期望着这样的"有效手段"不要在功利与市场环境下迷失了目的与方向。

4.结束语

技术创新及其发展囿于特定的社会情境,技术创新活动受到技术主体的利益、文化选择、价值取向和权利格局等社会因素所决定,也就是说,在现实的技

术创新活动中,技术及技术创新依据的客观基础是主体间的建构事实,技术主体是具有价值取向和利益需求的具体人群,而与主体相关的技术创新活动存在着复杂的社会利益和价值冲突,因此,技术创新是社会利益和文化价值倾向所建构的产物,在技术与社会的互动整合中形成了技术的价值负载。在各种取向的层面上,应该有一种基于人文向度的取向,这种取向是一种纠偏的标准与罗盘。因而,人的文化价值即人文向度,对技术创新过程中所出现的问题进行引导在今天显得十分紧迫与必然。唯此,方可达到在技术创新过程中把技术价值判断同社会价值、技术主体的利益相结合,从而推动人类文明的健康发展。

注释

[1]恩斯特·卡西尔.人论[M].甘阳,译.上海:上海译文出版社,1985:46.

[2]于春玲,李兆友.马克思《1844年经济学哲学手稿》中的技术观——基于文化哲学视角的阐释.自然辩证法研究[J].2009,25(12):50—54

[3]孟建伟.关于"人文精神"的定位问题[J].北京行政学院学报,1999(2):59—63.

[4]恩格斯.自然辩证法[M].曹葆华,于光远,谢宁,译.北京:人民出版社,1957:137.

[5]列宁.列宁全集(第三十八卷)[M].中共中央马克思恩格斯斯大林列宁著作编译局,编译.北京:人民出版社,1960:229.

[6]马克思,恩格斯.马克思恩格斯选集(第一卷)[M].中共中央马克思恩格斯斯大林列宁著作编译局,编译.北京:人民出版社(第2版),1995:46.

[7]王金福,辛望旦.实践的唯物主义:对马克思"新唯物主义"哲学的一种理解[M].苏州:苏州大学出版社,1996.130.

[8]冈特·绍伊博尔德.海德格尔分析时代的技术[M].北京:中国社会科学出版社,1993:32.

[9]卡尔·马克思.资本论(第一卷)[M].中共中央马克思恩格斯斯大林列宁著作编译局,编译.北京:人民出版社,1975.172.

[10]朱葆伟.关于技术与价值关系的两个问题[J].哲学研究,1995(7):27—36,58.

[11]E.舒尔曼.科技时代与人类未来——在哲学深层的挑战[M].李小兵,谢京生,张峰,等,译.北京:东方出版社,1995.380.

[12]海伦·杜卡斯、巴纳希·霍夫曼.爱因斯坦谈人生[M].高志凯,译.北京:世界知识出版社,1979.72

(本文曾发表于《重庆大学学报(社会科学版)》2010年第2期,此次收录时有改动)

试论转型期社会中企业创新的动力机制建设

张礼建　卢燕

建设创新型国家,核心就是把增强自主创新能力作为发展科学技术的战略基点,同时更要把企业创新作为创新的主体,由此来实现科技创新的目标。在转型期社会更要考虑影响企业创新的因素,并适时地构建企业创新的动力机制,由此走出中国特色自主创新道路。从目前来讲,要把增强自主创新能力作为调整产业结构、转变增长方式的中心环节,在企业中要形成有利于自主创新的动力机制。中国未来15年科技发展的目标是:2020年建成创新型国家,使科技发展成为经济社会发展的有力支撑。中国科技创新的基本指标是,到2020年,经济增长的科技进步贡献率要从39%提高到60%以上,同时全社会的研发投入占GDP比重要从1.35%提高到25%。要完成这个艰巨的任务要求认真分析并切合实际,形成企业的创新动力机制。由此,对企业创新动力机制的探讨就显得必要与紧迫。

1 转型期社会的需求特征与企业自主创新的要求

从大环境来说,企业创新的外部环境特点是什么?从企业内部来讲,创新的内在要求是什么?为什么要创新?依据什么来创新?内在的动机是什么?这些问题涉及了社会转型过程中对企业的要求,特别是生存的要求。

社会学视野中的"社会转型",是指社会结构发生整体性、根本性变迁(一种国际性话语)。然而,中国社会转型是在"稳定压倒一切"和"有计划、有步骤"的诉求与选择中进行的,是以基本制度不变为前提的,具有社会结构局部性变迁的性质。其次,以市场为取向的改革使中国经济结构发生局部性变迁,出现了人们期许和尊重的"公平竞争""优胜劣汰"等市场法则,特别是社会主义市场经济建立所要求的经济运行模式、组织形式、资源配置方式和管理手段等等。这些要求的逐步市场化持续增强着市场机制的作用,并使社会经济的基本构成在优胜劣汰环境中发生分化。这些要求也是我国企业目前面临的巨大现实问题。同时,我国企业面临的还有更残酷的国际问题:国际上已有经过多年市场经济发展环境成长起来的国际性企业的竞争。

加强自主创新是我国科学技术发展的战略基点。自主创新,就是从增强国家创新能力出发,加强原始创新、集成创新和在引进先进技术的基础上的消化吸收与再创新。目前,我国政府规划到2020年,全社会研究开发投入占国内生产总值的比重从目前的1.3%提高到2.5%以上,力争科技进步贡献率达到60%以上,对外技术依存度降低到30%以下,本国人发明专利年度授权量和国际科学论文被引用数均进入世界前5位。这都要在企业中落实才能把上述目标实现,如果企业没有创新的要求与冲动,或者说没有形成一个创新动力机制,上述目标都是空中楼阁。

创新的主体在企业,如何来评价企业的创新能力呢？欧美企业界提出的一种用以评价某个企业的创新能力的"知识力量专长"理论可以借鉴。该理论主要考虑三项参数:其一,是一个企业在一段特定时间里所能创造出的新点子的数量;其二,是该企业能加以利用的新点子数量;其三,是从这些新点子中创造出来的有效产品和服务的数量。这些指标是从评估指标角度来衡量企业创新水平,而如何激励企业内部的创新动力则需从企业在一定时期对社会的需求来思考。经济主体的树立,要求以一个相对独立的经济实体来从事经济活动。转型期社会中企业处于一种改制的过程中,绝大多数企业都知道创新是企业发展的原动力和命脉,但在市场经济压力下,当眼前的生存成为第一需要时,企业只能先顾眼前利益搞销售,把技术创新往后放,企业内部创新的动力机制难以形成。

目前,我国强调要从各个方面来营造有利于企业自主创新的制度环境,其中就提到了完善企业财务和分配制度,加快企业财务制度改革,建立符合现代企业制度、有利于企业自主创新的财务管理制度体系;改革和完善企业分配制度,允许企业对有突出贡献的科技骨干实行股权激励等政策,鼓励企业引进科技人才。

同时,为了保护企业在创新中的成果,并在激烈竞争中能持续性地创新和享受创新所带来的成果,就要注重对创新中知识产权的保护,增强专利保护意识。努力掌握自主创新知识产权是企业实现跨越式发展的一个关键。在转型期社会中的企业更应从知识产权角度来确保创新中的成果,这既是一个企业利益的思考,更是使企业能持续性创新的法律和经济保证。据统计,从2005年开始,企业首次成为国内职务专利申请的主力军,在国内职务发明专利申请中,企业申请量为12万件,占总申请量的80.2%。这充分说明我国企业在创新过程中对研发水平很重视,并且注重通过法律手段保护自主创新成果。

2 企业内部创新机制的形成要与个人主体利益需求及企业内部的人文环境建立关联

企业的创新关键在于企业内部人才的创造能力能否激发出来。最近,华盛顿大学圣路易斯分校教育和心理学教授基思·索耶在他最近的一本新书《创造性:人类创新的科学》中就提到一个观点,即:人人都有创新潜质。企业创新要以人为本,要充分考虑企业内部员工的需求动向,并善于从人力资源的合理、科学利用上来激发其创新意识。以马斯洛的人的需要层次理论来看,人的需求要经历从低级到高级,从"生理需要"到"自我实现的需要"的阶段,员工在每个需要阶段的创新意识也相对应呈现一种从无意识到强烈创新意愿的状态,因此,企业对个人的利益需求要循序渐进、合理引导、利益共享,营造出良好的创新氛围。

企业的人文环境在创新力的形成过程中同样也是必不可少的。在2005年11月,美国沃顿商学院和波士顿咨询公司对世界上最具创新力的企业进行了一次调查,调查结果排在第一名的是美国苹果电脑公司。为什么苹果公司有如此的创新力?得到的答案是人文环境。优良的人文环境能激发出企业人才对产品的不断创新。有人把创新形容成"灵感的闪现",但实际上创新的人文环境中形成的创新文化才能把新奇的点子和建议变成产品和工具。一个企业要形成一种有利于创新的人文环境比发明创新本身更困难。

企业内部良好的有利于创新的人文环境是一个平台,能持续性地推动企业进行创新活动,否则一个企业即使有一两个创新也只是昙花一现,难以持久。创新的深层内涵是如何在企业的日常运行中创造出一种独特性,一旦有了这种独特性,就能使企业今后的产品或服务不再是简单的复制。从某种角度来讲,企业产品或服务的真正价值源泉就在于差异,当这种差异在今天是由于科技创新活动所带来的,它就会使其产品或服务更有用、更具有诱惑力,就会使一个企业在激烈的竞争中立于不败之地。

3 转型期企业创新动力机制的构建

3.1 创新模型的研究评述

熊彼特在早期曾指出:"对超额利润的追求和企业家的创新精神是企业创新的原动力。"[1]根据这一思想,研究者们总结出了著名的熊彼特创新模型Ⅰ[2]。

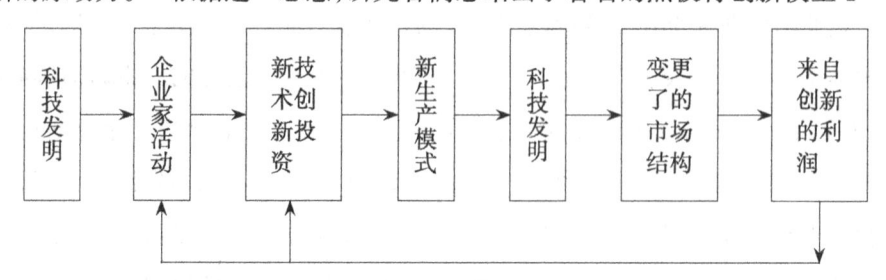

图1　熊彼特创新模型Ⅰ

根据英国著名经济学家弗里曼的观点,熊彼特创新模型可以理解为:

其一,模型中的各个要素以一种非特定的方式运动,并且它们会受到一个潜在需求或者未满足需求的观念的影响。

其二,在熊彼特看来,企业家在创新中扮演主要角色,这些人认识到这些创新的潜力,然后准备冒险进行开发和创新,这种冒险的行动不可能由一般的管理者来承担,而这一类敢于承担冒险的人在熊彼特眼里,才能被称为企业家。

其三,一旦进行了一项重大创新,它将导致现有市场结构的不均衡,成功的创新者获得了额外的增长速度和暂时的垄断利润作为报酬,从而引起了技术创新的周期性群集现象。

显然,这个模型基本上是一个具有几个连续阶段的线性模型,并在其中蕴含着从成功的创新到增加研究开发活动的反馈环路模型。这一模型到目前为止仍然是技术创新动力研究的理论基础。到了熊彼特晚年,他进一步发展了其关于创新在资本主义经济中的核心作用的观点,认为大企业在资本主义的经济发展和创新过程中起着决定性作用。在此思想基础上,研究者归纳出了熊彼特创新模型Ⅱ[3]。

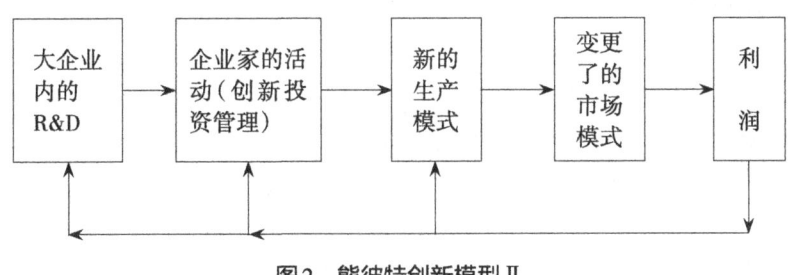

图2　熊彼特创新模型Ⅱ

熊彼特创新模型Ⅱ与创新模型Ⅰ有一个共同点:它们都是从单一的角度——企业内生的科学与技术活动的角度思考。可以说,它们都是技术推动模型,即强调技术创新是企业内生的,是技术进步推动着经济的增长。其基本含义是:技术创新的速度、规模和方向取决于技术进步的速度、规模和方向,更多的研究开发投入就意味着更多的技术创新的产出。大企业在研究开发支出方面具有优势,所以,它们在技术创新方面也必然具有先天性的市场优势。正是由于它们都特别强调研究开发对于技术创新的推动作用,后来的学者将熊彼特的两个创新模型合称为"技术推动型"。这种简单的线性技术推动模型是从科学发现到应用研究,逐步前进到技术开发以及企业的生产活动,最终使新产品进入市场。市场只被看作研究开发成果的接受者。这个模型的基本假定是"更多的研究开发投入等于更多的创新产出"。虽然熊彼特的模型在对企业创新动力机制的研究上得到许多国内外研究者的认可,但它们也有不足的地方,熊彼特创新模型在解释企业创新机制的动力因素时只考虑了技术创新和企业家的作用这两个因子,在解释实际应用的时候,由于模型缺乏对组织系统内部其他因素以及组织外部环境的关注,造成对特定创新事件的解释模糊不清。因此其理论存在明显的结构缺陷。正如西安交通大学李垣教授(1994)在其著作中写道的:"应当指出的是,在不同的环境条件下,多数企业具体创新动力决不会是单一的或固定的动力因素结合,它们的创新活动表现出丰富多样的组合。"[4]

3.2 转型期企业创新动力机制模型的整合

结合上述事实和理论,我们认为,在中国的社会转型期,应该加入其他的创新动力因子,在熊彼特的创新模型Ⅰ的基础上,我们提出了社会转型期企业创新动力机制的新模型:

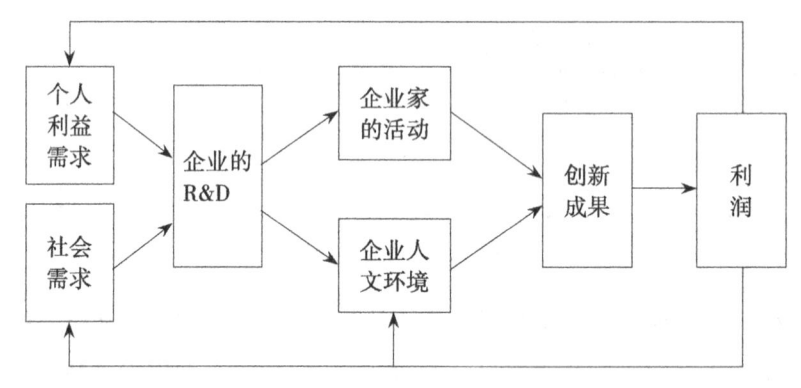

图3 企业创新动力机制新模型

4 模型的解释

这个模型的基本思想是把个人利益需求和企业利润的追求作为企业创新动力机制的核心。企业个体的创新意识、精神和来自创新效益的利益驱动,促进了对企业利润持续增长和企业持续发展目标的强大而持久的追求,这就形成了企业持续创新的根本动力。

从这个模型中我们可以看到个人利益需求和利润是如何一步一步影响到企业创新,然后又推动利润的再创造行为的。我们把这些相互作用的因素分为三类,将个人需求和利润称作内部因素将社会的需求称作外部因素,其他的因素介于这两者之间,可以称作中间因素。

4.1 内部因素——个人需求和利润

企业的创新动力依然是来自企业内部。人是企业的主体,每个人在企业中的地位不同,相应的权力、责任、利益也有较大的差别。企业中的各个利益主体都希望通过变革为自己争取更多的利益。作为投资者,最关心的是企业发展状况和资本的增值,追求投资收益的最大化。他一方面希望通过企业创新进一步增强企业活力,推动企业的发展壮大;另一方面希望通过管理创新,加强对企业运行的监督和控制,有效地保护自己的权益。作为经营者,追求的是个人效用的最大化,即通过创新扩大自己的权力,提高自己的工资收入、补贴,享受更好的在职消费,提高自己的地位、个人价值和影响,为自己的发展积累形象资本。作为员工,也期望通过创新提高收入,获得更好的待遇,并能有效地保护个人的合法权益。利润是企业持续发展和持续增长的基础。在转型期社会背景下,必须把企业利润的增长和企业中个体的切身利益联系起来,形成企业创新力的个体物质利益驱动力。在现代企业中,有部分企业已经采用企业家和员工持股的产权制度形式和薪酬制度形式来形成这一企业创新的动力要素。

4.2 外部因素——社会的需求

20世纪80年代末到90年代初,中国社会发生了急剧的转型,国家经济领域的改革开放步伐正在加快,商品经济意识不断渗透到各个社会领域,社会经济体制也随之转轨,统治了中国近四十年的社会主义计划经济体制向社会主义市场经济体制转型。在这种情形下,企业首先必须全面、客观地分析和掌握外部环境的变化,找出企业的优势和劣势以及所面临的机遇和挑战,并以此为基础和出发点来制定企业的战略目标,根据社会的变化不断推出创新项目,包括产品创新、工艺创新、原材料创新、市场创新、组织创新、管理创新和制度创新等。

4.4 两个模型的比较

熊彼特创新模型	转型期企业创新模型
Q 利润是核心动力	Q 个体需求成为核心动力之一
b 由企业家推动	b 企业文化环境也是推动因素

续表

熊彼特创新模型	转型期企业创新模型
⑨成功依靠企业家	⑨依靠组织中的所有因素
⑩官僚组织的直接控制	⑩扁平化组织的过程控制
⑪企业家的责任是追求利润最大化	⑪企业家关注的重点是企业文化环境
⑫间断性增长	⑫持续性增长

4.3 中间因素——企业内部研发、企业家活动和人文环境

企业家的活动除了投资管理以外,还应该包括企业家的创新精神和意识。熊彼特提出了"企业家"精神的基本内涵,即:(1)企业家的"首创精神";(2)企业家的"成功欲";(3)企业家甘冒风险,以苦为乐的精神;(4)企业家的事业心。除此之外,还应包括一种为实现企业的创新与发展目标而锲而不舍地寻求和捕捉机遇的执着精神。

企业家创新意识则包括对创新的重要性和必要性的深刻理解,和一种企业"要么持续创新,要么灭亡"的明确意识,以及在人类追求社会、经济、生态环境可持续协调发展的时代背景条件下寻求和抓住新的绿色创新机遇,走绿色持续创新道路的强烈意识。

5 结论

在市场经济转型期的条件下,企业的创新核心动力来自企业内部,但也不能忽视外部因素的推动力。企业创新的动力机制来源于两项相互作用和相互联系的动力要素:一是内部动力要素,二是外部动力要素。从外部角度来讲,特别加强政策的持续与配套,同时要注重各政策部门的协调作用,要从系统工程的角度来理解与解决企业的创新动力机制的形成与建设问题。要充分地理解创新动力机制是企业持续创新机制的基本构成部分,是全社会的问题而不是仅是政府与企业的事情。我们相信企业中持久的创新动力和能力与转型期社会机遇相耦合,是企业创新得以实现的源泉,尤其是在当今国际社会的竞争环境中。

参考文献

[1]约瑟夫·熊彼特.资本主义、社会主义与民主[M].吴良健,译.北京:商务印书馆,1992:164.

[2]张建华.创新、激励与经济发展[M].武汉:华中理工大学出版社,2000:37.

[3]柳卸林.技术创新经济学[M].北京:中国经济出版社,1993:13.

[4]李垣.企业技术创新机制论[M].西安:西安交通大学出版社.1994:45—48.

(本文曾发表于《科技管理研究》2010年第12期,此次收录时有改动)

试析文化中内蕴的创新元素及其培育路径[①]

张礼建　向礼晖

著名美国学者塞缪尔·亨廷顿曾比较加纳与韩国在20世纪60年代初的经济数据和两国在30年后的经济发展情况,得出两国发展快慢之所以如此悬殊,文化是一个重要原因。劳伦斯·哈里森———一位国际开发署官员在1985年由哈佛国际事务研究中心出版了一本引起争议的书——《不发达是一种心态——拉丁美洲案例》,也注意到文化及对人的心态的影响与经济社会的发展有关。1987年德国面对日本企业的竞争攻势,柏林科学技术研究院成立了一个名为"技术创新成功的文化因素"的工作组,关注"文化"这一创新的深层动因,并发表了一本堪称名著的《文化VS技术创新:德美日创新经济的文化比较与策略建议》,从文化的视角来审视国家和国家之间的经济、社会发展,特别是今天在以创新为主要驱动力的转换过程中,理解和挖掘文化中的哪些元素及这些元素之间构成的机制有利于创新活动的萌发、培育和发展,这对有意识地构建创新文化建设具有重要的现实意义。

1 理解"人类进步"的内涵是判别创新文化元素的基础

在一般意义上,"人类进步"是指一定社会趋向于经济发展和物质福利、社会—经济公正及政治民主方向的演进。在影响这种趋势的因素中,文化因素是最持久、最绵长的,其中既有正向促进,也有负向阻碍。从文化的维度理解"人

[①] 重庆市中国特色社会主义理论体系研究专项课题:新常态下重庆市创新文化建设的路径研究(重点委托项目:2016ZDZT07)

类进步",是基于文化对经济发展、社会进步和政治民主的影响效果来判断的。一般来讲,文化是指一个社会中的价值观、态度、普遍信念及导致的行为规范,不同的文化在这几个维度上对人的行为要求是有所不同的,从而导致对"人类进步"的影响力和作用也就有所不同。

自古典经济学发轫,文化对经济、政治、社会等领域的影响就已进入学者们的研究视野。亚当·斯密(1776)在《国富论》中从文化视角对"经济人"概念做的解释中,认为"经济人"活动是"经济与道德"的统一,社会财富的增进是需要那些具备了必要的伦理道德价值观念的个体来促进的,即特定的文化观念是市场拓展和经济进步必要的条件;马克斯·韦伯(1910)在解释资本主义的兴起时,认为它基本上是一种根植于宗教信仰的文化现象;哈耶克(1978)认为,任何一种制度都是文化进化的结果,现代经济增长与文化变迁有着千丝万缕的关系;Hofstede(2005)在探讨"人类进步"中的社会发展层面时,强调社会发展与文化认知的关联性,认为"文化的观念为形成个人看法和决定提供了重要的模板,并提供了'思想的软件'作为我们'理性'选择的基础"[1]。在学理上,讨论社会进步往往与制度变迁相关。针对文化影响"人类进步",制度主义理论提出,"制度是一种具有高弹性的社会结构,由文化认知、准则和法令规章三个要素组成,并与活动和资源相联系,为社会生活提供稳定性和规则"[2]。那么,在制度变迁的理论背景下,文化的哪些要素在社会系统中更能促进社会创新呢?我们认为对这些问题的回答有助于理解并挖掘当前创新活动背后的文化元素,对推动创新文化建设有启示。

从一般意义上讲,文化是一种包含精神价值和生活方式而体现出的一种集体人格(余秋雨),它包含物质层面和精神层面。从一个系统来分析,它包含价值观念、制度体系、行为规范、物质载体。从影响层次上分析,具有一定价值取向的文化影响着制度的设计、构建,而形成的制度又引导着一定时期和范围群体的行为,而创新行为是人群众多行为中最能推动"人类进步"的活动。在目前的社会发展阶段上,转换驱动动力(创新驱动)来推动经济发展成为一种必然,这也是我们今天研究创新活动背后蕴藏的创新文化元素的初衷所在。

我们从有利于"人类进步"来判别文化正负面的影响,以此逻辑理路来思考创新文化,即从文化因素中去挖掘哪些元素对创新实践活动有正面影响效应,这些元素之间如何相互作用形成一种有效机制,从而促进人类进步。故此,我们认为在"人类进步"维度上来衡量文化的功能,从中挖掘文化系统中哪些元素对创新活动有积极支撑和促进是一种可行的研究思路。诚然,不同的文化背景下形成的人群及其行为是有所差异的,更何况在具体的不同创新阶段——初期、中期、后期——促进创新的文化元素是有所差异的。在分析研究中以溯因法,即从果寻因来展开分析,从分析具体的创新实践活动(创新型企业)中背后有哪些有利于创新的"创新文化"元素,并进而探寻这些"元素"中相互作用的机制,由此归纳上升为一个带有共性的有利于促进创新活动的创新文化体系。

2 内蕴于文化中的有利于创新的文化元素的分析

以溯因方法来分析讨论文化中有利于创新的文化因素,即从现象和结果来反推或寻求结果背后的原因是一种可能的分析路径。

所有的创新活动都根植于特定的文化土壤中。从宏观层面上来看:其一,文化因素影响着个体和机构的个性和行为,进而在很大程度上决定着一个组织的创新成败;其二,文化因素是国家间组织能力和制度能力差异的重要根源,而这种种差异性往往导致国家间竞争力的差异。本研究主要关注第一方面,即文化因素对个体和机构的个性和行为的影响,从而推进创新文化的建设。

本研究通过在经济、科技创新方面有成效的具体案例分析探讨背后有利于创新活动的文化因素,从中提炼出带有共性的有利于创新的文化因素有哪些,以及这些元素间相互影响的机制,研究它们如何整合成一个有机的整体,以此来推动创新活动的持续开展。

不同国家或地区在科技、经济、社会发展的过程中,虽然历史背景不同,但从文化的发展过程中我们可以看出,由个人与群体的价值取向而形成价值观,在价值观的影响下形成制度,在该制度的引导下形成行为机制。一定时代的人们的行为是由价值观来促成的,正是不同的价值取向决定了人们有什么样的行为和重视什么样的实践活动。

创新是与常规不同的实践活动,涉及新的思想、新的思路、新的产品或新的生产工艺，从而带动经济的增长，并促进"人类进步"。文化内涵中所包含的价值观、态度等范畴如何对经济发展产生影响，是理解一般意义上的"人类进步"的一个重要方面。经济发展并不同于经济增长，在熊彼特看来，经济增长的出现"常常是我们所谓的发展的一个条件。但即使它们常常使得我们所谓的发展成为可能，可是它们并不从自己身上来创造这种发展"[3]，即，分析影响经济发展的因素，需要从经济体自身内部自行发生的变化中探求，这种变化是资源使用方式的进步，即创新。

与创新实践活动有关联的文化元素有价值观、态度、信念、取向以及人们普遍持有的见解，它们在经济发展的长周期演变中是作为内生因素而存在的。在制度经济学的研究场域中，文化被作为"非正式约束"而长期影响着经济发展，正如诺思所言，"对包含在非正式约束中的信息进行文化处理，在长期意味着，它在制度的渐进演化方面起着重要的作用，从而成为路径依赖的根源"[4]。这意味着文化内在性地影响制度变迁，而制度最终决定经济发展的方向和结果。诚然，文化的渐进性和渗透性决定了其作为非正式约束不会立即对正式规则的变化做出相应的反应，意味着文化对于经济发展和经济变迁的作用是间接与缓慢的，但在"人类进步"的经济意蕴中，持续性和稳定性的经济发展是关键，而文化则对理解这种经济变迁的方式有着重要的影响。

那么，在具体的创新实践活动背后去寻找其支撑的文化元素，就应该在价值观、态度、信念、取向以及人们普遍持有的见解中概括归纳。依此逻辑思路，什么样的价值观、态度、信念、取向或见解对创新活动有决定性的影响作用呢？我们认为有两种理路来思考，其一是从学理的角度；其二是从对具体创新活动的概括归纳的角度。前者是由上到下的分析，后者是由下到上的分析。对于前一种角度，前面我们已分析了文化与创新的关联性，后者才是我们关注的重点。这也正是塞缪尔·亨廷顿比较加纳与韩国在20世纪60年代初的经济数据和两国在30年后的经济发展情况后，得出两国发展快慢的重要原因是文化时采取的方法。或者说，在方法的角度是一种唯象研究，而有时这往往是一种最有说服力的方法。

3 文化的主要维度对社会创新影响的分析

所有的创新经济都根植于特定的文化土壤中。小到个人、团队,大到企业、行业和政府,文化因素渗透于一切经济行为中,决定着创新的个性。重视文化因素对创新的基础性作用的认识和把握,这对于创新的持续性而言至关重要;同时对于同样一个创新问题,不同国家、不同企业的做法有时却有天壤之别,因而借鉴其他创新的经验和典型个案时又要对影响创新的文化因素的具体体现做区别分析。

在文化包含的主要因素之中,价值观是其主要的元素。价值观涉及对物、人、行为的取舍及取舍的权重问题。在一定的社会系统中,什么重要、什么值得追求,什么不重要、什么不值得追求在一定程度上是由当时社会环境下的价值取向决定和引导的。

将价值观嵌入一定的社会系统中考察,指向的是创新发展理念下创新性的价值观对社会制度结构的形塑,这种结构上的形塑是我们分析社会创新的前提。在塑造长期社会绩效的社会创新过程中,社会的准则性结构和文化结构扮演着重要角色。在技术—经济范式所主导的创新研究中,社会创新的范畴被解构为法规性创新、准则性创新和文化创新,内在地包含了"改变了明确的条例";"挑战了既定的价值承诺,并将价值观细化为合理的社会准则的方式";"转变心理范式、认知框架和理解习惯,对解读现实的方法形成挑战"三个方面的内容。由此,海斯卡拉从结构和权力的角度对社会创新提出了制度结构的嵌入性表达[5]。

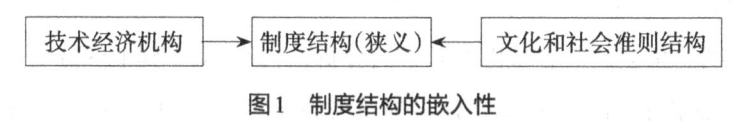

技术经济机构 → 制度结构(狭义) ← 文化和社会准则结构

图1 制度结构的嵌入性

在狭义上的制度结构仅指社会制度结构的改变在提升社会绩效中的社会创新过程。因此,就社会创新而言,在技术—经济的研究范式中,社会创新受到技术经济结构改变带来的影响,包括由技术进步引致的经济增长带来的社会变迁效应,同时文化和社会准则结构又对社会创新过程的价值观体系和观念态度产生形塑的作用。

制度结构的嵌入性表达对社会创新的解释作用极具参考价值,但在"人类进步"的文化范畴中,社会创新的"技术—经济"范式正在转换为"文化—社会"的研究范式,并且伴随着结构主体之间相互关系的重塑。正如拉特利尔所言:"在分析社会生活时,必须考虑社会为了赋予构成社会的互相作用以物质形式而自身具备的客观设施。这些设施不仅包括用于经济活动中的工具等,还包括'思想工具'"[6],我们将"思想工具"理解为文化的核心要素——价值观。社会创新的文化建构是文化—社会范式与社会创新、价值观体系的互动关系,是社会创新的互动性表达。

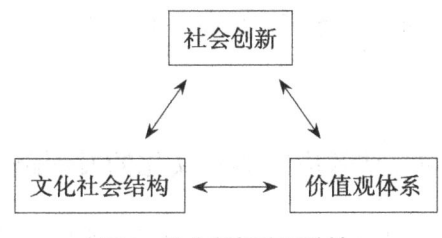

图2 社会创新的互动性

图中的箭头既可理解为相互作用,也可理解为因果关系。文化社会结构的考量基于马克思和恩格斯对历史及社会分析时运用的核心思想,即生产方式思想,这也是历史唯物主义的基础。生产方式最初是用来划分不同的经济制度的主要标准。在分析社会历史的变迁时,我们更不要仅抽象地理解生产方式,而要关注这些生产方式的内部结构,即生产力和生产关系。马克思在研究生产力时指的是社会物质生产的方式,它包括人口、技能、艺术、技术和人工制品等;而生产关系指的是指导生产力并分配产品的社会安排。生产力和生产关系不是狭义的经济概念,生产力体现人们的技能和技艺,因此它与其文化和技术传承有着内在联系。生产关系必然包含着法律、政治和社会方面的束缚,这些方面的束缚合法化并强制维护了不同利益团体的社会角色。

帕森斯的"文化决定论"也为社会创新的互动性提供了理论依据。社会创新的核心是价值观体系的进步和创新,他认为"文化世界观为我们定义了世界,在实际社会情况中,这些抽象的概念明确为价值观,并可再次明确为社会准则",并且"抽象的文化尺度层面构成了重新开创新社会习惯的基础"[7]。

今天我们提创新文化建设,既要关注构建有利于生产力提升的文化因素,也要关注构建与生产力影响相关的生产关系因素——相关的法律、政治和社会方面的因素,从影响生产力与生产关系提升和优化的相关文化的两个主要维度来推进文化的建设。可以这样说,现代技术是人类理性—文化的产物,是科学理论的对象化,是物化的知识力量[8]。在文化的意蕴中理解"人类进步"的社会创新层面,文化社会结构的优化和创新体现在对价值观体系的创新性构建中,价值观体系所内蕴的创新观念、公正与公平、竞争与协作、契约精神等又为文化社会结构的优化和完善提供基础,在两者的互相作用下整体性的社会创新发展又对文化社会结构和价值观体系提出更高要求,这种循环过程是改善社会绩效的重要基础。

4 政治与文化的互动效应影响着文化的发展路径

在一定程度上,文化既是一个自变量,也是一个因变量。就文化作为因变量而言,政治或其他行动能改变或消除文化对于社会进步的障碍,而社会经受一个转折的变化后也可能相应地在影响或改变其文化。在这个层面上,塞缪尔·亨廷顿在其《文化的重要作用——价值观如何影响人类进步》一书中说:"政治改变了文化,使之免于沉沦。"[9]政治与文化之间并不是单向性的影响关系,尽管政治影响文化的发展进路和它们的反向影响关系可能是确定无疑的,但考虑到所有政治现象的复杂性和相互依存,从广泛的意义上讨论政治与文化之间的相互关系显得大而无当。因此,我们将从有局限性的政策和制度层面探讨政治对文化发展进路的影响,而文化的讨论范围主要以价值层面为核心。

将制度变迁理论作为分析政治(狭义)如何影响文化发展这一问题的路径是可能的。诺思曾深入解释:"制度分析从根本上来说并不是研究博弈规则,而是研究个人对这些规则的反应",他进而在制度分析中提出正式规则与非正式准则(即文化)的互动关系——"个人对规则变化的反应是一个极其复杂和缓慢的适应过程,规则的变化要求规范、惯例和非正式准则的演进"[10]。尽管政治的发展与文化的演进并不同步,但在长周期的制度变迁中,文化的演进体现出对政治的路径依赖特征。从制度的显性方面——政策——来考察,单一考虑政治制度是通过政策实践来实现经济、社会发展的,政策实践在实然层面与不完备的市场机制作用下强化了经济、社会发展的可能路径,如相应的区域产业政策。但与此同时,这也固化了内蕴在区域产业发展过程中所体现的价值观基础,形成了相对稳态的文化范式,如墨守成规、实用主义等价值观念,造成文化的路径依赖特征。这样的产业发展模式一旦形成,从创新的角度看,沉没成本和心理惰性都会更加强化这样一种依赖,路径依赖的导向可能是使得制度变迁和文化演进进入良性循环的优化轨道;也有可能导致制度变迁的停滞和价值观的固化,从而导致企业放弃寻求创新窗口,也难以形成创新性和进取性的价值观念,仍沿着旧有的发展路径从而产生制度的"锁入"和路径依赖。诺思指出:"路径依赖来源于一旦走上某个特定路径就能强化这一方向的报酬递增机制"[11],进而成为创新文化发展的桎梏。

事实上,政治与文化的互动效应,一方面体现为政策对文化演进的形塑,另一方面则是文化打破对制度的"锁入"状态和路径依赖,进而形成创新文化对政策的正向影响。一项实证研究解释了权力与创新文化的关系,结果表明,权力的非正式基础显著地影响着人们对组织环境的创新性的判断,在低一层级的指标中,政策制定过程中体现的专家权力、政策连接力和政策指示力[12]与创新文化有显著的相关性[13]。从这个层面看,组织、制度和文化发生创新性的变革时"锁入"状态的风险才会降低,而路径依赖才可能会被打破,进而创建一条新的发展路径。经济的全球化和当前供给侧结构性改革可以被看作驱使我国创建新的发展路径的最重要因素,由此导致的激烈竞争和建立的新竞争标准,使得我们不应该也不能期待过去成功的生产方式保证未来也能成功,因此,创新是必然的选择。完整的"创新链"过程,是生产函数的多次转移,创新文化是创新过程的催化剂,这样一种创新文化是将创新性的价值观融入政治、经济、社会发展的全过程,基于人的创造力、企业家文化、试错容错的包容心态等的创新文化体系的建构将打破文化演进在制度变迁过程中的"锁入"和路径依赖,进而创造出新的创新发展路径。

5 引导创新的文化因素的个案分析

宏观的文化导向必然影响着局部的变化发展,对一个社会而言,创新的基础在于企业。企业的创新如何,折射出企业文化的状况,同时更反映出社会与创新文化的关系。那么,什么样的文化元素对一个企业的创新有正向激励作用呢？我们对以目前的标准认为有创新型特征的企业进行分析,梳理出它们蕴含哪些文化因素,然后从文化的基本构成要素上进行分析,从而筛选出有利于社会、企业创新的文化要素来,以此来构建起创新文化的框架。

创新文化是将创新纳入文化框架中考量的结果,不同的社会文化环境会产生不同的经济表现和创新效率,"但实际上创新的人文环境中形成的创新文化才能把新奇的点子和建议变成创新的工具和产品。"[14]美国硅谷地区与128公路地区的兴衰正是由于社会经济文化因素的不同,以及制度体系和组织方式对区域技术创新支持的差异所导致的,进而影响了两个地区不同的经济表现和创新表现。硅谷的创新文化使其成为全球创新发展的区域样板。硅谷的创新文化包含在其价值观和组织制度之中,而组织制度中又蕴含着创新的价值观念和创新信念。在硅谷的组织制度中,一是营造自由、宽松、平等的工作环境,包括衣着随意、等级不严格、上班时间采取自由时间制和弹性时间制;在管理制度方面,一是扁平式的组织结构,而非一种"自上而下"的"单线链条式"的"等级森严"的管理模式。二是组建知识型团队,将个人与企业发展结合起来,用企业的力量来帮助个人开发价值。三是授权与释能。"授权与释能"给予各级管理人员和各级员工以相当的自由,以使他们可以在工作中随情况的变化随时做出自己的决定,决定做什么,该怎样做。辜胜阻等人以硅谷和温州的创新发展为例,研究了区域经济文化对创新模式的影响,总结了硅谷地区的创新文化:企业快生、宽容失败的创业精神;鼓励冒险,开拓进取的创新文化;容忍跳槽、宽容"背叛"的开放思维;竞争与合作并重,更重合作的协同意识;包容开放、海纳百川的流动偏好;守信守约的信用观念[15]等6个主要方面。区域创新文化逐渐内化为企业追求卓越的内驱力之一。

在企业创新的层面,创新文化同样是那些创新型企业——如谷歌、腾讯

——认为能够从本质上提高企业长期绩效的要素之一。从谷歌公司的创新发展来看,"往大处想"是谷歌推崇的创新思维方式,同时也不断融入企业自身的创新文化当中;营造一个让各种创意因素以新奇的方式自由碰撞的环境,提供时间及自由,让小部分创意进化和生存,并让余下的大部分凋零和消亡的创新机制;"70/20/10原则"是谷歌创新资源配置的原则,即70%的资源配置给核心业务,20%分配给新兴产品,剩下的10%投在全新产品上,进一步强化"创意喜欢限制"的意识,将资源的稀缺作为激发创新的催化剂;自由灵活的时间管理,20%的空闲时间给予工作人员去创造和探索,尊重员工的创意并支持其进行尝试;以及"与钱无关"的价值观态度,使谷歌以创新促进人类进步的信念不断发展[16]。腾讯的创新文化不排斥中国传统文化的影响,与全球经济创新发展的文化相结合,逐步形成了尊重员工个性,呵护创新种子,鼓励员工用跨界、整合的思维激发创新,允许和接受员工试错,推崇竞争,避免"不作为"的创新文化氛围。

实际上,创新被认为是影响区域和企业在当今竞争激烈的市场中取得长期发展的关键因素之一,而文化作为能够影响个体在组织中的行为模式和企业创新发展的"非正式准则",在实证研究中已被证实是能够刺激或抑制创新的一个重要因素,创新性的文化价值观体系是创新和绩效预测指标之一[17]。这种对创新的刺激或抑制取决于内外部环境形成何种文化价值观。而刺激创新的创新文化框架包括:开拓进取的创新精神、试错容错的创业意识、资源配置的自由流动、竞争与合作思维、开放包容的态度、契约精神的信用观念等。

6 结论

创新文化的形成可以被作为制度变迁过程中新的路径创造的基础,创新文化对于开辟一条新的国家发展路径来说十分重要。在长周期的经济发展中,创新实质上可以用来解释经济长波现象——创新是世界经济发展中连续出现的产业革命过程中最重要的特性。同时,创新的首次出现为二次创新提供借鉴,进而形成创新集群,这也是经济发展和经济长波的一个重要机制。在社会创新层面,文化—社会结构的范式转换为创新文化在提高社会创新绩效的意义上提供了理论指向。而创新文化与政治的互动效应,从制度变迁的层面为文化的发展方向提供了可能的路径依赖。相应地,创新文化又形塑了制度变迁中的权力结构,从而寻求创新性的路径创造。创新文化的建构不是一朝一夕可以完成的,是在长期演化中,在传统文化与世界经济文化融合发展过程中形成的。传统的文化价值观并不过时,在经济社会发展动能的转换下,重要的是形成一种创新性的价值体系将新老价值观衔接起来,建立一种可能的创新价值观基础,在文化的讨论范畴内促进"人类进步"。

注释

[1] Hofstede G, Hofstede G J, Minkov M. Cultures and Organizations: Software of the Mind, Third Edition[J]. Business Expert Press, 2005.

[2] 蒂莫·J.海迈莱伊宁,里斯托·海斯卡拉.社会创新、制度变迁与经济绩效:产业、区域和社会的结构调整过程探索[M].清华大学启迪创新研究院,编译.北京:知识产权出版社,2011:3.

[3] 约瑟夫·熊彼特.经济发展理论[M].何畏,易家详,等,译.北京:商务印书馆,1990:94.

[4] 道格拉斯·C.诺思.制度、制度变迁与经济绩效[M].杭行,译.上海:上海人民出版社,2014:53.

[5] 蒂莫·J.海迈莱伊宁,里斯托·海斯卡拉.社会创新、制度变迁与经济绩效:产业、区域和社会的结构调整过程探索[M].清华大学启迪创新研究院,编译.北京:知识产权出版社,2011:57.

[6] 让·拉特利尔.科学和技术对文化的挑战[M].吕乃基,王卓君,林啸宇,译.北京:商务印书馆,1997:51.

[7] Ali, M., & Park, K. The mediating role of an innovative culture in the relationship between absorptive capacity and technical and non-technical innovation[J]. Journal Of Business Research, 2016, 69(5), 1669—1675.

[8] 张礼建,郑荣娟,程乐.试论技术创新的人文向度[J].科学学研究,2006(3):470

—473.

[9]塞缪尔·亨廷顿,劳伦斯·哈里森.文化的重要作用——价值观如何影响人类进步[M].程克雄,译.北京:新华出版社,2002:4.

[10] North D C. institutions, transaction costs and economic growth[J]. Economic Inquiry, 1987, 25(3):419—428.

[11]道格拉斯·C.诺思.制度、制度变迁与经济绩效[M].杭行,译.上海:上海人民出版社,2014:133.

[12]政策连接力是在政策制定者与政策接受者之间体现的沟通能力;政策指示力则表示政策执行中民众的接受程度和支持程度。在一定程度上,创新文化所体现的创新价值观可能会对政策中关于如何走向创新发展有所影响。

[13] Norbom H M, Lopez P D.Leadership and Innovation: Informal Power and Its Relationship to Innovative Culture[J].Journal of Leadership Studies,2016,10(1):18—31.

[14]张礼建,赵向异.试论转型期社会中企业创新的动力机制建设[J].科学学与科学技术管理,2006(8):60—63.

[15]辜胜阻,郑凌云,张昭华.区域经济文化对创新模式影响的比较分析——以硅谷和温州为例[J].中国软科学,2006(4):8—14,45.

[16]埃里克·施密特,乔纳森·罗森伯格.像谷歌那样去创新[J].清华管理评论,2015(10):14—20.

[17] Naranjo-Valencia J C, Jiménez-Jiménez D, Sanz-Valle R. Studying the links between organizational culture, innovation, and performance in Spanish companies [J]. Revista Latinoamericana De Psicología, 2015, 48(1):30-41.

(本文曾发表于《探索》2017年第5期,此次收录时有改动)

区域共享视角下影响科技资源持续供给的因素探析

——基于公共物品理论的视角

张礼建　甘仕文

科技资源包括仪器设备、文献出版物、R&D投入以及科技人才等,是科学研究与技术创新的物质基础,其拥有状况与利用水平在国际竞争中尤其重要。区域共享使仪器设备等得以充分使用,提高了科技资源的利用水平,因而为人们所重视。自20世纪80年代起,国内就开始对图书馆资源的共享进行探讨,但时至今日,我国科技资源的共享水平仍有待提高。科技资源因其使用具有一定程度的非竞争性和非排他性,故而是公共物品或准公共物品。类似于生态环境治理等其他公共领域所出现的"公地悲剧",科技资源的区域共享也存在同样的境况。

供给学派认为,供给是实际需求得以维持的唯一源泉,政府不应当刺激需求,而应当刺激供给[1]。这为避免公地悲剧提供了一个解决思路,即考虑公共物品的持续供给。由此分析,科技资源的有效共享须依赖于资源建设的持续性,而当影响科技资源持续供给的因素不曾被充分考虑时,将影响科技资源应用水平,从而制约区域的技术创新与经济发展。

1 "牧草"的归属:区域共享中科技资源的产权是否明晰?

在自由经济时代,市场被认为是个人利益与社会利益的协调者,市场主体在追求自身利益的同时也将带来社会利益的实现。然而,世界经济的历史表明,市场机制不能完全解决个人利益与社会利益的矛盾。市场失灵问题促使我们重新研究公共领域,催生了公共物品理论。萨缪尔森1954年在《公共支出的纯理论》中指出,公共物品是指这样一种商品,其效用不可分割地影响整个公众,而不管其中的任何个人是否愿意消费[2]。公共物品具有使用或消费上的非竞争性和非排他性。非竞争性是指使用某种物品的消费者不断增加时,不会影响原有消费者对该物品的消费,也不必增加社会成本,其新增消费者使用该物品的边际成本为零。非排他性是指公共物品一旦被生产出来,任何人都可以自由地使用,而不需要经过其他人的许可。布坎南等人随后发现,严格符合萨缪尔森标准的公共物品并不多见,而介于公共物品和私人物品之间,效用不可分割地影响多数人,使用中一定程度上又具有非竞争性和非排他性的准公共物品(俱乐部物品)却大量存在。

科技资源是科技活动的物质基础,它是创造科技成果,推动整个经济和社会发展的要素的集合。具体来说,科技资源是由科技人力资源、科技物理资源、科技财力资源、科技信息资源组成的物质基础,并由它推动区域创新的可持续发展[3]。可见,科技资源的外延十分广泛,几乎涵盖了科技活动所涉及的人、财、物和信息等。科技资源效用不可分割地影响人们的生活和社会发展,因而在其宽广的外延中正确界定哪些资源属于公共物品或准公共物品,哪些资源属于私人物品,就成为迫切的需要。

国家财政在科技资源建设中起引导作用。2012年全国共投入R&D经费10298.4亿,占当年GDP比重为1.98%[4]。此前,中共中央、国务院更是提出"十二五"期间全社会R&D经费占当年GDP之比应达到2.2%[5]。高校、研究所等承担国家科研项目,进行课题研究,在基础研究、前沿技术研究、社会公益研究等公共科技活动中起重要作用,是财政科技投入的主要去向。其建设的科技资源具有效用的不可分割性,能影响一个国家、社会的发展,因而是公共物品或准公共物品。

企业是技术创新的主体,承担了科技资源中私人物品部分的建设。目前,在我国的科技投入中,企业投入占60%以上,接近于发达国家的水平。在经济发达的地方如宁波,目前研发经费投入的90%出自企业[6]。企业在市场经济中投入科技资源是要提高生产效率、赢得市场竞争、获得产业利润。但社会化生产中,企业发展又无一例外地享受了公共利益,得到了政策鼓励,其科技成果也不同程度地影响了社会生活。因而,企业自身投入建设的科技资源首先是私人物品,但同时也是公共物品或准公共物品的补充。对专利权只给予一定期限的保护,就是要在保护企业合理的利益后实现私人物品向公共物品的转化。

由于管理体制、观念和各方面利益的驱使,不少科研单位中的"科技资产部门化"问题严重。部分机构或专家学者垄断把持着由财政投入所获得的科研设施和数据资源,拒绝对外共享,更有甚者将科研课题经费挪用、贪污或不当使用[7]。其次,我国科技计划种类多、涉及经费数额大、多部门管理投入,导致科研项目"一女多嫁"现象也较为突出。同一个科研项目可以在好几个部门立项、拿钱,导致极少数的科技人员拥有大量的科研经费,科研经费使用效率低、浪费严重。此外,由于知识产权保护制度的不完善,拥有科技资源的企业害怕共享自身的科技资源后被他人过度使用,使自身的经济利益受损。因此,区域共享中科技资源的持续供给有赖于明晰的产权归属。

2 "牧羊"的动机:科技资源建设者参与区域共享的动力?

明晰的产权归属是区域共享中科技资源持续供给的前提。然而,从共享参与者的角度来看,高校、企业等资源建设者参与区域共享的动力何在呢?欧美各国在继续加大科技投入的同时,都强调提高科技资源的使用效率。科技资源的应用水平以及社会化服务程度,已成为科技与经济发展水平的重要标志。过去我国侧重于科技资源的建设,而忽略了通过区域共享来提高资源的使用效率。全国政协教科文卫体委员会的调研资料显示,我国拥有的科学仪器设备数量比欧盟15国的总量还多,而且87%为进口产品,但相较于不少发达国家170%—250%的仪器使用率,我国大型科学仪器设备平均使用率不足25%[8]。因此,区域共享对我国合理配置科技资源、提高科技创新能力和建设创新型国家具有重要的现实意义。

统计数据表明,高校用占全国16%的研发人力,不到10%的研发经费,产出了全国2/3的国际论文[9]。高等院校,特别是研究型大学,在建设创新型国家中的重要作用日益突出,已成为科技资源的最大建设者。以重庆大型科学仪器资源共享平台为例,重庆大学、西南大学、第三军医大学等高校入网共享仪器621台,占平台仪器总数的50.53%;此外,重庆计量质量检测研究院等研究所入网共享仪器389台,占31.65%。高校、研究所两类合计入网仪器1010台,占平台仪器总数的82.18%。在我国,高校、研究所运行的经费主要由财政拨入,部分从社会受赠。因而,这些单位在科研过程中建设的科技资源是公共物品或准公共物品,理应共享出来,让有这方面资源需求的社会成员也可以共同使用。因学科力量强弱、大科学研究等原因,高校、研究所并非总是科技资源的供给者,在某些时候也需要其他成员共享科技资源。如已成立的重庆市大学联盟,其宗旨就在于积极推动成员之间的图书文献、实验设备、信息资源等的共享与共建,推进联盟成员之间医疗、体育等资源的共享,相互开放校园。此外,大型科学仪器设备这样的科技资源,往往需要充足的运行、维修等配套经费。由于大型仪器运行成本高,加之保修期后的维修费用昂贵,如果科研人员缺乏足够的课题经费支撑,往往导致大型仪器设备不能正常运行使用,这一现象目前在不少实验室较为突出。而共享这些设备给社会使用并收取一定费用,则可以有效解决配套经费缺乏的问题。

企业是科技创新的重要载体,在区域科技资源共享中最为活跃,也是受益最多的主体。科技创新对于经济社会的发展作用显著,区域经济学和现代经济增长理论都表明,科技创新是区域经济增长的重要源泉[10][11]。一方面,企业参与区域共享能够从节约成本以及市场回报中获利。在多数领域,由于关键技术受制于人,我们的企业只能从事经济附加值较低的"代工",无法进行产业转型升级。使用共享的科技资源,则能够降低企业的研发成本,促成高校科研成果的生产力转化,增强企业的科技创新能力,实现产业的转型升级,并使企业在激烈的市场竞争中获取丰厚的利润。而共享资源的建设者为提供科技资源也付出了人力和管理成本,因此需要对企业所获利润进行再分配,即付费对共享资源的建设者进行补偿以保证共享科技资源的持续建设。另一方面,以完善的知识产权保护制度为前提,企业将本是私人物品的科技资源共享给社会使用,在获得资源使用者经济补偿的同时,还实现了企业的社会价值。在重庆大型科学仪器资源共享平台上,以长安汽车为代表的企业合计入网共享仪器219台,占

17.82%。

区域共享,因其在合理配置有限资源并增强我国科技创新能力方面的巨大作用,已成为我们的现实选择。前文分析,高校、企业等主体参与区域共享,既是社会的发展需要,也符合自身的经济利益要求。因此,在我国提倡区域科技资源共享的目的恰是参与者自身,即满足参与者的共享经济利益,进而形成合力,促进区域的科技创新。只有认识到科技资源兼有公共物品或准公共物品、私人物品的不同属性,在强调社会发展需要的同时,兼顾"公地"参与者的共享经济利益,共享科技资源才能够持续供给。

3 "牧场"的管理:现行机制是否有利于共享科技资源的持续供给?

前文指出,区域科技资源共享的目的恰是参与者自身,即满足参与者的共享经济利益,进而形成合力,促进区域的科技创新。在区域共享中,只有参与者的科研需求、经济报酬等共享经济利益能得到满足,大家才有意愿参与共享,有能力持续建设科技资源。但现行机制或影响了大家参与区域共享的意愿,或影响了参与者的科技资源建设能力,暴露出不少弊端。

一是缺乏促进科技资源共享的具体法规,知识产权保护制度不够完善。为加强科学技术普及工作,我国专门出台了《中华人民共和国科学技术普及法》,但没有出台为促进科技资源共享的具体法规。在许多政策文件中,虽有一些关于资源共享的零散规定,但这些规定也仅是倡导性的。如国务院于2006年2月颁布《国家中长期科学和技术发展规划纲要》(2006—2020年)中第九条第4款,"建立有效的共享制度和机制是科技基础条件平台建设取得成效的关键和前提。根据'整合、共享、完善、提高'的原则,借鉴国外成功经验,制定各类科技资源的标准规范,建立促进科技资源共享的政策法规体系。针对不同类型科技条件资源的特点,采用灵活多样的共享模式,打破当前条块分割、相互封闭、重复分散的格局"。因此我们有必要出台促进科技资源共享的具体法规,法定要求财政投入建设的作为公共物品或准公共物品的科技资源必须共享,鼓励作为私人物品的企业自建科技资源参与共享,并规定共享参与者的权利与义务。此外,现行的知识产权保护制度为"山寨"现象所嘲讽。在2013年大使知识产权圆桌会议上,有大使强调知识产权保护对创新和企业发展的重要性,认为与商业秘密相关的法律保护仍不尽如人意,呼吁在政府间、学术机构间、法院间、企业间应有更多合作[12]。不够完善的知识产权保护制度,成为作为私人物品的科技资源不愿被企业拿出来共享的首要原因。

二是在建设共享科技资源的过程中,政府包办的方式造成了对社会力量进行引导的忽略。过去政府通过科技立项投入资金研究经济社会发展所需要的科学技术,再向社会提供技术,并组织推广运用。然而,当前的财政科技经费已经无法负担经济社会发展所需技术的全部供给。政府包办科技资源建设这一方式不具有可持续性,这就需要政府转变职能。除继续加大对战略性的国家重大科技项目的直接财政投入外,还可以采取一些间接的方式,引导社会力量建设共享科技资源,诸如以考评结果为参考对共享资源建设的服务予以财税支持,鼓励共享资源的建设者优先使用科技资源,奖励建设共享科技资源的贡献者等。由于我国东西部差异较大,各地区拥有科技资源的丰富程度不同,这就要求政府立足地方实际,研究适宜本地区的共享机制。在经济发达的地区可以考虑将科技资源的区域共享服务外包,由社会资本成立公司制的科技中介服务机构,具体运行实施科技资源的区域共享工作。可见,在区域科技资源共享中,政府可以转变角色,从包办科技资源建设的方式转向引导社会力量共同建设的方式。

三是区域共享意识淡薄,在科技资源建设中忽略了产学研的结合。目前,我国科技计划种类多,涉及经费数额大,在立项、考核、管理等方面都忽略了通过资源共享促成产学研结合。立项时,"单位迷信"和"专家迷信"致使建设经费集中于少数单位,科技资源分配不公。经费富余的单位重复购置大型仪器设备的现象较为突出。在2008年上海市政府资助科研项目大型仪器的购置申请中,有11台设备因重复购买被否决,核减经费预算达3951万元[13]。针对实验室的不少考评,因重视大型仪器设备等硬件指标而忽略实质性共享,致使共享意识难以起到作用。在科技资源管理方面,许多因课题研究需要而购置的科研设备由于没有太多相关课题使用,使用时间少,使用效率非常低,加之缺乏长期的运行经费,非常容易损坏。如果实验室管理不到位,将最终导致仪器设备瘫痪,产生巨大的浪费。在科技活动中加强共享意识,充分考虑产学研的结合,可以在解决企业研发困境的同时为科技管理筹集经费。双赢的结果将促成科研单位与企业的协同创新,使区域的科技创新能力得以增强。而区域科技创新的结果,是使得资源建设者有能力创造更多、更好的共享科技资源,并形成区域共享的良性循环。

4 "牧羊人":科技人才的培养、储备是否能实现代际延续?

科技资源包括人、财、物、信息四个部分。从区域共享的角度进行资源分配,将提高政府、企业等投入的科技资金的使用效率。仪器设备、文献信息通过区域共享为科技人才所使用,并通过科技人才的研发得以再创造。可见,科技人才的培养、储备对于共享科技资源的持续供给起着重要作用。一方面,是科技人才资源自身对于社会发展的供给。诺贝尔经济学奖获得者舒尔茨指出:人是社会进步的决定因素。这可以从美国1950年后大量吸纳科技人才促进经济持续增长的现象中得到例证,据世界银行统计,1949—1972年间,迁入美国的高级专家达20万人,1973年以后每年引进的科学家和工程师仍超过6000人,在美国118名诺奖获得者中,有32名是外国移民,还有32名是获奖后移居美国的[14]。另一方面,是经由科技人才的智力活动,发明仪器设备,研究基础科学,创造技术工艺,通过物和信息方式对社会的供给。因而,科技人才的培养、储备是否能实现代际延续,将影响共享科技资源的持续供给。

学者陈国平认为,在人才培养方面的某些问题影响了科技人才资源的代际延续。一是高素质科研带头人匮乏。由于历史原因和人才流动性差,教授和研究员等科研岗位大多由本单位提拔而非采用招聘制引进,致使拔尖人才匮乏,高校整体科研人员素质不高。许多研究不是为了科研兴趣,而是为了发表论文、提升职称。在人才引进计划中,不少海归学者申请到大量的学术经费,但同时还在国外担任全职教授,对国内科研贡献不大。许多高素质科研人才兼任各种行政及社会职务,也影响了科研成果的创造。二是科研经费投入不足且分配不公。在科研经费分配中,院士、学科评议组成员、资深教授等享有主导权,接近学术前沿并具有创新意识的青年学者的科研经费却严重不足。三是一线的科技人才力量薄弱。在国外,从事科研的核心技术力量是一大批具有良好专业知识和掌握现代实验技能的博士,研究生为了从事科学而攻读学位,科研工作效率高。而我国,多数实验任务由研究生完成,多数研究生为了学位而攻读研究生,影响了科技人才资源的持续供给。可见,在区域共享中应重视科技人才资源的代际延续,以保障科技资源的持续供给。

明晰的产权归属、参与者共享经济利益的实现、与共享相适宜的社会机制以及科技人才资源的代际延续等四个方面,都影响着区域共享中科技资源的持续供给。这就需要我们充分考虑以上四个方面的影响因素,积极培育科技资源共享、共建的浓厚氛围,研究适合本地区的共享机制。无疑,通过立法要求作为公共物品或准公共物品部分的科技资源必须共享,对作为私人物品部分的科技资源给予知识产权保护并鼓励其参与共享,将是区域科技资源持续供给的基础。在科技资源共享实践中,强化资源建设者对公共物品和准公共物品部分所肩负的社会信托责任,保障参与者的共享经济利益,才能实现共享资源的持续供给,在建设创新型国家这一背景下真正做到"共享共建、合作共赢"。

注释

[1] Arthur B. Laffer, R. David Ranson. A formal model of the economy[J]. Business, 1971,44(3):247—280

[2]保罗·A.萨缪尔森.萨缪尔森辞典(经济学卷)[M].陈迅,白远良,译释.北京:京华出版社.2001:19—20.

[3]周寄中.科技资源论[M].西安:陕西人民教育出版社,1999:107—108.

[4]国家统计局、科学技术部、财政部.2012年全国科技经费投入统计公报[R].北京:2013.

[5]中共中央、国务院.关于深化科技体制改革加快国家创新体系建设的意见[R].北京:2012.

[6]赵磊.宁波创新型城市建设稳步推进 知识产权工作成效显著[J/OL].[2012-04-12].http://edu.zjol.com.cn/05edu/system/2012/04/12/018409625.shtml

[7]胡德维.对糟蹋科研经费的要用重典[N].光明日报,2013-7-30(02).

[8]史晓龙,郑猛.民盟中央:让国家重点仪器设备发挥更大效能[N].中国税务报,2008-3-14(002).

[9]朱四倍.科研经费被"自娱自乐"是对公众的戏弄[N].中国商报,2009-10-27(007).

[10]郝寿义,安虎森.区域经济学[M].北京:经济科学出版社,1999:135—139.

[11] Lucas Jr, R.E. On the mechanics of economic development[J].Journal of Monetary Economics, 1988,22(7):3—42.

[12]方圆.2013大使知识产权圆桌会议在京召开[N].中国新闻出版报,2013-11-15(01).

[13]王春."你"有"我"用共享不浪费[N].科技日报.2008-12-26(014).

[14]周寄中.科技资源论[M].西安:陕西人民教育出版社,1999:123.

缺陷叠加：透视政府购买公共服务市场化困境之谜

——基于L市民政局公共服务购买案例的分析

张礼建 陈彪 李文靖

1 引言

政府购买公共服务作为提升政府服务效能、推进政府职能转变、建设服务型政府的重要举措而备受重视和推崇，推进政府购买公共服务市场化是公共服务供给侧改革的重要方向和关键举措。党的十九大报告指出，要支持社会力量增加非基本公共服务供给，促进基本公共服务均等化，满足人民多层次、多样化的需求。近年来，《关于政府向社会力量购买服务的指导意见》《政府购买服务管理办法（暂行）》《关于在公共服务领域推广政府和社会资本合作模式的指导意见》等一系列文件陆续出台，推动了公共服务供给机制创新。政策的密集出台和层层递进，彰显出中央对政府购买公共服务的高度重视和大力支持。政策的推动使政府购买的规模快速增长，范围迅速扩大。政府采购服务金额从2004年的138.4亿元增长至2017年的8901.6亿元，占政府采购总规模的比例从7%提升至27.7%。政府购买范围从2003年《中华人民共和国政府采购法》中规定的仅限于购买维持政府自身运作的后勤服务，扩展到2012年财政部列举政府购买服务项目多达24个领域。各省对政府购买服务项目进一步细化拓展，如：广东省级政府向社会组织购买服务项目目录多达260余项，涉及基本公共服务、政府履职辅助性和技术性服务、行业管理与协调事项等。然而，伴随着政府购买服务规模、领域快速增长的是"政府内部购买"现象的大量存在，市场化程度严重滞后。

2 案例描述

政府购买公共服务在我国地方政府中不乏实践。笔者选取了 L 市民政局政府购买作为个案,透过 L 市民政局政府购买实践,分析我国政府购买现状,挖掘政府购买服务的困境之谜。L 市地处我国西北内陆,人口 370 余万,是西北大市,基于公共服务需求,其下属单位民政局是承接政府购买的主要部门。L 市民政局政府购买发生于 2014—2016 年间,购买金额共计 1734.985 万元。购买时间跨度近 3 年,时间较长,便于更好地跟踪;采购金额多达 1000 余万,金额较大,具有一定的购买经验;购买领域涉及殡葬、物业、审计、技术服务等领域,内容较广,具有一定的典型性。综上所述,一是鉴于案例的易获得性;二是鉴于个案分析本身不同于实证分析,强调个案的典型性而非代表性;三是案例本身的特点满足本文研究的需要;故本文选取 L 市民政局政府购买为例透视政府购买公共服务困境之谜。经整理,L 市民政局政府购买情况如下:

表1 L 市民政局 2014—2016 年政府购买情况表

序号	购买项目	购买金额(万元)	购买方式	承接组织类型	项目主要内容
1	殡葬服务	1249	单一来源	事业单位、社会团体	殡葬服务:鲜花、乐队、摄像、幻灯、灵位、守灵
2	物业服务	62.64	公开招标	民办非企业、社会团体	物业安全、卫生清洁
		30.44	自行采购		
3	法律服务	4	自行采购	事业单位、社会团体	法律咨询、法律援助
4	社会管理服务	50	分散采购	事业单位、社会团体	民间组织管理
5	公共体育	15.8	自行采购	事业单位、社会团体	体育活动组织
6	审计	18.6	委托购买	事业单位、社会团体	离职审计
7	技术服务	15	自行采购	民办非企业、社会团体	技术培训、系统构建、技术服务
		194.44	单一来源		
		70.4	公开招标		
		24.665	分散采购		

从上表不难看出,L市民政局三年共计采购公共服务金额为1734.985万元;购买方式主要为单一来源、委托购买、自行采购、公开招标等方式;承接组织主要包括事业单位(含下属或附属机构)、社会团体、民办非企业等;购买领域主要涉及殡葬服务、物业服务、法律服务、社会管理服务、公共体育、审计及技术服务等。L市民政局近3年的政府购买整体上呈现出政府购买金额较大、政府购买领域较广、购买方式齐全、承接主体多样化等特点。但仔细分析发现,在L市民政局政府购买中,单一来源购买金额为1443.44万元,占比为83.2%;自行购买、委托购买金额为158.505万元,占比为9.1%;公开招标购买金额为133.04万元,占比为7.67%。从购买金额看,单一来源购买依然是政府购买的主要方式,尤其是大额采购;从购买方式选择上看,L市民政局也更易于采用自行购买和单一来源,较少采用公开招标方式。从公共服务承接组织看,事业单位、社会团体为主要承接主体,民办非企业单位较少。从购买项目类型看,此类产品大多属于服务范畴,难以清晰量化。从购买产品属性看,此类产品大多具有公共属性,受益主体具有大量性、公共性和非排他性。

L市的情形并非个例。据学者詹国彬调查,宁波市2011年40家职能部门的服务购买中公开招标的项目只占到了总数的1/3,直接商定、委托或"商定+招标"的方式达2/3。[1]可见,当前我国政府服务购买项目仍然采用直接协商、内部委托等方式,市场化购买严重不足。"圈内购买""体制内吸""伙伴关系""管家关系"等已成为学界描述政府购买非市场化现象的热词。政府购买为何难以市场化?这成为学术界值得探讨的话题。

3 文献回顾

目前,学术界不乏对政府购买公共服务的研究,尤其是对政府购买市场化不足等领域做了大量有益探索。概括起来,目前学界对我国政府购买非市场化现象缘由的解释主要集中于四个方面:

一是政府行政干预。政府运用权力和行政力量介入非政府组织进行强力控制,两者结成利益联盟,形成授权和垄断、控制与被控制的关系[2];将科层或依附关系隐藏于政府购买合同之下,形成管家策略。[3]

二是政府经济干预。通过政府独资或合资等直接发起或倡导成立社会组织,[4]形成"依赖关系非竞争性购买""独立关系非竞争性购买"等[5],本质上是一种"体制内吸"或"体制外非正式的按需购买"。[6]

三是隐性壁垒的存在。主要表现为"服务需求设定的高度针对性""基层政府的怀疑和不信任态度",导致陪标、拆包规避招标、量身定标现象突出[7],产生"需求方缺陷"和"供给方缺陷"。[8]

四是制度缺位。政府公共服务购买缺乏行政法等法律法规的有效规制[9],制度缺位让政府购买服务呈现出体制内需求为导向,就近圈内购买现象严重,无论政府独立自行购买还是依赖型购买,都是一种非竞争性的"定向"购买等。[10]

不难看出,既有研究已经从行政干预、经济干预、购买模式、制度缺失等角度对我国政府购买服务的非市场化现象进行了分析和阐释,且有学者注意到了政府购买中的"需求侧缺陷"与"供给侧缺陷",但现有研究更多地从公共服务属性本身、政府与承接组织的委托代理关系以及公共服务提供的监管问题出发,尚未涉及政府购买的"内因解释";对社会组织作为公共服务供给方的分析,主要从市场培育不完善、竞争不充分等维度出发,较少探析不同供给主体在政府购买结构中的巧妙位置关系。政府购买公共服务内部消化,无疑让政府购买公共服务的竞争性、效率性、优质性大打折扣。本文拟将政府购买的需求侧和供给侧作为切入点,结合L市购买实践,分析政府作为需求侧倾向圈内购买的"内因解释",以及作为政府购买提供方的供给侧在政府购买实践中呈现出的竞争力不对等缘由,探索政府购买公共服务市场化困境之谜。

4 缺陷叠加:透视政府购买公共服务市场化困境之谜

结合L市民政局的购买实践,本文基于政府购买信息的模糊视角和不同组织项目获取能力两个维度,从政府购买"需求侧"与"供给侧"对政府购买市场化困境进行分析,试着窥探其内在影响机理。马奇是模糊理论的主要贡献者,"信息的模糊性"主要是指信息无法做到清晰、无歧义地表达,无法有效解决信息模棱两可的困境。[11]即,人们可能根据自身的认知,对于同样的信息做出不同的解释。模糊性理论大量运用于公共管理和公共治理领域,孙志建提出"模糊性治理",解释在公共治理中出现的"目标模糊""角色模糊""职责模糊"等现象。[12]本文运用模糊性理论主要是说明政府购买公共服务中遇到信息模糊现象而形成的"需求侧缺陷",具体来看,一方面,公共服务产品的模糊性、购买制度的模糊性、交易关系的模糊性构成了政府购买信息的模糊性,模糊性的存在制造了市场主体公平竞争障碍。另一方面,从供给侧来看,不同组织对政府购买模糊性的适应能力不一致。为研究方便,在此,按照市场承接主体的不同属性和其在政府购买中距离政府中心位置的远近为维度,将承接主体划分为:紧密组织、松散组织和独立组织[13]。紧密组织凭借与政府机构的高度一致性和高度依赖性在政府购买中具有天然优势;独立组织远离政府中心位置,在政府购买中处于相对劣势;松散组织则具有一定依赖性和相对独立性,游离于二者之间,由此带来的承接组织竞争力的天然不对等形成"供给侧缺陷"。此外,政府权威和思维惯性的存在,让政府部门对独立组织的公共服务能力持怀疑态度,认为社会组织容易带来风险,造成不稳定因素。[14]政府购买的需求方缺陷与供给方缺陷叠加、政府购买惯性的存在是政府购买难以市场化的困境之谜。

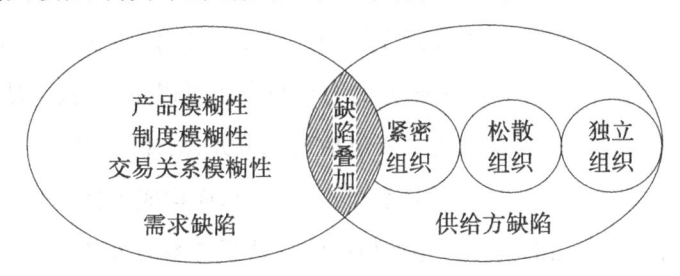

缺陷叠加与政府公共服务购买逻辑框架图

4.1 需求侧缺陷:政府购买信息的模糊性是政府购买公共服务市场化困境之主要症结

按照科斯的交易成本理论,信息的标准化有助于降低交易成本,提升市场主体的竞争性。信息标准化是指采用统一的信息交换规则、编码,使之增加可理解程度,减少传递过程中的理解偏差,使之不必拘囿于人格化情境,不需要太多的默会知识,降低信息理解成本。[15]而政府购买服务的现实是,由于公共服务购买产品的复杂性、交易制度的复杂性、政社关系的复杂性等多重因素,很难做到各类信息的标准化,我们称之为政府购买服务信息的模糊性。L市民政局购买金额多达1700余万元,购买领域也极为广泛,大多属于公共服务领域,且各类公共服务项目的所涵内容属性、评价标准、收益评价均无法做到客观量化,加之交易制度的不完善,使得政府购买信息的模糊性突出。首先,公共产品的模糊性。随着购买范围的扩大以及公共产品的虚拟性、复杂性等属性,限于能力和人员的双重有限,面对纷繁复杂的公共服务,政府很难对所需要的公共产品进行准确的描绘、对服务的要求进行准确的界定,要做到购买公共服务的"清晰可见"无疑对政府提出了巨大的挑战。其次,政府购买制度的模糊性。政府购买公共服务制度政出多门,多宏观指导,少微观规制,在制度实践层面依赖于执行政府机构的"自由裁量"。最后,交易关系的模糊性。政府强权威、一家独大的局面由来已久,它们更倾向于严密的科层管理而非平等的契约。那么,它们究竟是如何影响政府购买市场化的呢?

4.1.1 公共产品的模糊性加大了市场化购买的交易成本

公共服务是一种特殊的商品,具有普通商品不具有的一些特殊属性,如:商品本身的非客观性、难量化性,甚至部分准公共产品的公共服务还具有消费的非排他性,这又客观上导致购买服务的结果与产出难以量化,甚至缺乏基本的衡量依据。L市民政局政府购买主要包括殡葬服务、法律、社会管理服务等,这些公共服务的数量、质量、效益等信息难以测定,从而构成了公共服务的产品模糊性。那么,公共产品的模糊性是如何影响公共服务购买市场化的呢?公共服务产品的模糊性导致售买双方在建立契约关系时难以清晰界定双方的利、责、权,无疑大幅增加了公共服务购买合同的制定、执行、考核与评估等多方面的交易成本,这也意味着更大的合同风险。作为科层制政府,安全和稳定是政府考虑的第一要素,当面对风险与稳定、安全与效益之间的决策时,政府"稳中求进"的工作基调也会优先选择安全可靠的交易方式,哪怕显得不是那么"高效率"。因此,公共产品的模糊性加大了政府购买市场化的交易成本,导致政府购买市场化的积极性下降,甚至面对上级政府购买公开招标的强制要求时,政府购买方也会采取"陪标"等手段进行规避,形成形式上的招标而并非实质性的招标。

4.1.2 购买制度的模糊性为公共服务购买的市场化提供了反向操作空间

政府购买市场化的执行依赖于一整套交易制度和交易规则。首先,制度本身的不健全产生模糊性。长期以来,政出多门现象普遍存在,政府购买领域也不例外,就政府购买公开招标而言,主要涉及两部法律——《中华人民共和国政府采购法》《中华人民共和国招标投标法》,但经仔细研究我们发现,两部法律所规范的主体和内容高度叠加,侧重点却各有不同,尤其在政策适用、法律执行与监督等方面都存在着一定冲突和扯皮现象。地方也大多按照中央的两部法律"修正"为本地指导意见。虽然,政府部门后续又陆续出台了《政府购买服务管理办法(暂行)》等进行补充,但限于公共服务的复杂性和地方差异性等原因,对许多具体事项也仅仅是点到即止。目前,L市的政府购买主要是依据《L市政府向社会力量购买服务实施办法》以及《L市市级政府向社会力量购买政府履职所需辅助性服务专门化目录》两个文件。其次,制度执行层面的模糊性。制度的不健全和不规范为制度实践操作层面提供了可寻租空间。面对上级政府的规制要求和纷繁复杂的多重任务,一方面地方政府一般会采用变通应对策略,通过"形式合法化"或"程序合法化"积极应对上级的监管考核,规避政治风险,即形式市场化购买而并非真正市场化购买;另一方面也会积极利用政策缝隙,采用夹缝生存策略,利用政策空白实行变通购买、内部购买等形式推动政府购买的执行。在L市民政局的政府购买中,民政局具有政府购买的实际权力,由于购买量大,购买范围广,购买方式灵活等,往往政府购买都由当事部门"相机决断"。最后,制度模糊性形成了圈内承接主体与圈外承接主体之间的不对等,由于不同承接主体在市场和政府之间所处的位置不同,掌握的信息和资源也各不相同,客观上形成了不同主体之间对同一制度规则的理解偏差。因此,制度的模糊性为政府提供了"自由发挥"的空间,为政府购买市场化提供了反向操作机会。

4.1.3 交易关系的模糊性对公共服务购买市场化形成的隐性壁垒

承接主体与购买主体形成的售卖关系,我们称之为交易关系。但这种关系会因彼此之间相对位置的不同而造成信息含金量的不同和理解上的偏差,我们称之为交易关系的模糊性。这主要体现在以下几方面:第一,不同位置关系所获取的信息迥然不同。政府的科层制构建是一种典型的封闭系统,处于政府中心周边的承接主体更能获得其他社会组织无法获取的信息。中国自古以来就是"人情社会",对陌生社会组织而言,政府机构往往缺乏信任,"不愿意多言",对自己信得过的组织,往往能"吐露心声"。第二,与政府位置关系的远近让承接客体所接受的信息价值不一样。关系亲近的社会组织能够领会政府购买的真实意图、内在动机,从而提供更加贴心的服务;而关系疏远的社会组织往往只能抓住事物的表面,抓不住政府购买的核心。由此形成了一种现象,哪怕不同承接主体获得了相同的信息,也因信息结构的不同和自身位置的不同,而对同样的信息产生不同的理解。第三,交易关系的模糊性也为维持圈内购买产生了动力。市场化招标产生的承接主体需要较强的交易磨合期,而圈内购买因其与政府的高度融合,从而开展起来得心应手。同时,关系模糊为政府购买公共服务景观化提供了空间,在政治"竞标赛"的压力下,各级政府都渴望从政绩竞赛中脱颖而出,市场化契约式购买难以满足政府政绩景观化的要求,相反,圈内购买可以通过"项目置换"等方式办政府想办的事。这也能有效解释L市民政局购买实践中单一来源和委托购买往往成为L市的主要购买方式,此外,承接L市民政局政府购买的社会组织也大多为事业单位或其附属机构、社会团体,民办非企业单位往往较少等现象。

4.2 供给侧缺陷:不同社会组织距离政府位置关系直接影响其项目获取能力

前文我们从政府需求侧的视角对政府购买难以市场化的三个维度进行了阐述,那么对社会组织而言,不同的组织又是如何应对信息的模糊性呢?本文从不同社会组织项目获取能力的供给侧视角进行剖析。为了研究的方便,本文根据社会组织距离政府主体之间关系的远近程度将其分为紧密组织、松散组织和独立组织,发现并分别阐述三种组织是如何应对政府购买的项目选择的。

4.2.1 紧密组织与政府主体的高度一致性使其在政府购买中具有天然优势

紧密组织是指那些由政府直接出资和直接管理的企事业单位,这类组织尚未市场化,它本质上属于政府科层组织的一部分,这类组织在政府购买中往往享受优先特权。具体看来,紧密组织与政府主体具有高度一致性,主要体现在紧密组织的资金来源多源于政府拨款或以争取项目的形式从政府获得拨款;紧密组织往往是政府职能的延伸,其人事任免由政府委派或由政府退休官员担任,高度熟悉政府运营体制,与政府购买主体具有天然的联系;这类组织在政府购买中往往具有天然优势。首先,从信息渠道看,直属管理或官员主管的优势让紧密组织往往直接参与到政府的日常事务中来,很容易获得政府购买的信息,而且信息的含金量往往是圈外组织无法相比的。其次,从交易关系上看,紧密组织与政府购买主体具有天然的信任关系,长期以来的合作关系让政府不用花更多的时间和精力对该组织进行过多的考察,可以放心地将项目服务交给它们承担。最后,过程和结果干预更加灵活,政府购买由于产品的模糊性往往对购买结果不能事先约定,紧密组织关系让政府对购买项目的过程和结果指挥更加灵活,而不用受限于契约的约束。从L市民政局政府购买的案例可以看出,紧密组织(事业单位、社会团体等)是政府购买单一来源或委托购买更倾向选择的承载组织。

4.2.2 松散组织具有依附性和相对独立性,游离于政府与市场之间

松散组织与政府主体的关系介于紧密组织和独立组织之间,这类组织既对政府主体具有一定的依赖性,又保持相对的独立性。如果说紧密组织相当于我们亲戚关系中的近亲关系,那么松散组织则相当于我们亲戚关系中的远房亲戚。这类组织往往是从政府体系中改制出来的企事业单位或社会团体。在组织关系上,政府机构对松散组织具有一定的或间接的控制权,两者往往也存在着一定的业务往来,有着一定的日常联系基础,但又不构成直接的组织领导和控制关系。从运营关系上看,这类组织又具有相对独立性,不完全依附于政府的严格控制,组织内部也往往根据自身发展的需要开展一些独立化的组织运作。这类组织在政府购买中享有仅次于紧密组织而高于松散组织的优先级,因其与政府购买主体之间若即若离的关系,政府往往会把服务产品中模糊性稍弱的产品承包给松散型组织。在L市民政局政府购买服务中,包括社会团体为主的松散型组织也往往会与紧密组织一道赢得政府购买的支持和选择,且采购方式也较为多样化。

4.2.3 独立组织在政府购买中处于相对劣势

从与政府关系的距离来看,紧密组织对于政府机构具有高关联性或强控性,松散组织对于政府机构具有一定的关联性和相对独立性,则独立组织基本脱离于科层政府,是更为彻底的市场化主体,其与政府之间的关系基本上属于市场主体之间的平等契约关系。这类组织在参与政府购买的过程中往往较其他两类组织具有相对劣势。表现在:第一,具有信息的相对劣势。由于位置关系的距离,独立组织要获得内部信息其难度在三类组织形态中是最大的,信息的失衡让独立组织在参与政府购买中缺乏竞争性,其表现往往滞后于其他两类组织。第二,具有信任的相对劣势。一方面,从独立组织的发展看,由于我国的独立组织起步较晚,存在规模较小、专业化程度不高、社会影响和公信力弱等"供给方缺陷"情况。根据中国社科院发布的《慈善蓝皮书:中国慈善发展报告(2018)》,2017年我国社会组织总数量约为80万个,按每万人拥有社会组织数量计算,法国为110个,日本为97个,美国为52个,我国不足6个[16],且分布不均衡。独立组织功能不强,自身的资源吸取能力较弱,大都依靠政府项目支持来运作,尚未形成独立发展能力。此外,独立组织专业化程度还不高,能力参差不齐,专业人才缺乏,参与大型公共服务能力建设的经验不足,导致民间社会组织的政府信任度较低,产生"供给方缺陷"。另一方面,从政府购买的视角看,根据前文所述,由于产品模糊性和关系模糊性的存在,政府不愿意花更大代价,更愿意相信长期合作伙伴而非平等的市场化独立组织,政府购买活动与私人活动之间的完全理性人假设不同,政府在选择公共服务时需要平衡效率和其他因素,有时"稳定压倒一切"是政府思考问题的逻辑起点[17],产生"需求方缺陷"。当然,独立组织也并非完全不作为,独立组织往往会动员私人关系,加大对政府购买主体的项目攻关,以此弥补政府机构对独立组织的信息劣势和信任劣势,但这对"关系人物"的依赖比较大,而且这种关系往往也是暂时的。L市民政局在政府购买中公开招标产生的承接组织大多属于松散组织。

综上所述,由于公共服务产品模糊性的存在,无法对产品和服务进行有效界定;由于制度模糊性的存在,政府购买主体往往可以相机而动;由于关系模糊性的存在,政府更加青睐"熟悉的"组织。不同组织在政府购买中的地位各不相同,紧密组织因其与政府主体的高度一致性,往往在政府购买中是最大的赢家,松散组织也凭借自身的相对优势在政府购买中占有一席之地,独立组织往往更加难以与紧密组织和松散组织相竞争,最终政府购买陷入"圈内购买",难以真正市场化(见表2)。

表2 不同承接组织对政府购买公共服务信息模糊性的适应力排序

		信息分类		
		产品模糊	制度模糊	关系模糊
组织分类	紧密组织	适应力强	适应力强	适应力强
	松散组织	适应一般	适应一般	适应一般
	独立组织	较弱或不确定	较弱	较弱或不确定

说明:按照适应力对三类组织进行排序,适应力的强弱乃是三类组织的相对比较,而非绝对比值;一般而言,适应力越强,政府购买的优先级越高。

5 破局之道:推动政府购买公共服务市场化的政策建议

不难发现,政府购买公共服务难于市场化是受到了政府需求方缺陷和承接主体供给方缺陷的双重影响。政府购买公共服务产品的模糊性、购买制度的模糊性和交易关系的模糊性是政府购买公共服务市场化程度不高的症结所在,不同类型社会组织距离政府中心距离的远近直接影响其项目获取能力。因此,建议通过建立公共服务市场化清单,明晰公共服务的边界;完善购买制度体系,强化制度约束;加大培育社会组织,强化功能引导;优化公共服务购买机制,提升竞争购买等举措,提升政府购买公共服务的市场化程度。

5.1 推进建立公共服务市场化购买清单,明晰公共服务的边界

如前文所述,公共服务产品的模糊性是公共服务难以市场化的重要成因。国家陆续出台了大量公共服务购买的政策规范,购买范围、购买领域正在逐步变清晰,但限于公共服务的多样性和地区差异性,各地区要加快政府购买公共服务的地方化"制度清单"的跟进。建议重点做好以下几个方面的内容:一是明确公共服务购买市场化范围。对公共服务按公共属性、职能属性、效益属性进

行有效分类,一般而言,准公共产品和服务、非政府职能属性、市场化购买更具效率的公共服务应加快推进实现"应买尽买",重点落实市场化购买。既要以正面清单列举政府购买公共服务的范围与方式,又要以负面清单清晰划定公共服务市场化的边界[18],规范政府公共服务购买,提升公共服务提供效率;二是界定公共服务的边界。按照定义清晰、量化可操作的原则推进公共服务量化工作,对公共服务的内容、规模、预期成果、投入成本进行综合评估,加快建立公共服务购买清单,实现公共服务的"照单购买"。三是完善公共服务购买效益和过程评估。通过明确公共服务的购买范围、界定公共服务购买清单、强化公共服务购买评估,为推进公共服务购买市场化奠定坚实的基础。通过建立公共服务市场化购买清单,减少或消除公共服务难以市场化的"产品模糊性"。

5.2 完善政府购买公共服务市场化制度建设,强化制度约束

政府购买公共服务市场化制度建设的重点包括公共服务购买信息公开制度建设、购买过程制度建设、监督制度建设,以构建完备的公共服务市场化制度体系。同时,还应该更加注意政府购买服务法律法规的统一性,避免政出多门、政策之间相互扯皮的现象。首先,完善政府购买信息公开制度。完善政府购买服务项目基本情况披露制度、购买方式披露制度、投诉和反馈制度、责任追究制度,为购买市场化提供透明的制度环境。其次,完善政府购买方式和程序制度。政府购买公共服务主要有合同外包、公私合作、政府补助、凭单制等方式[19],每一种购买形式涉及不同的法律和制度条款,甚至对其规范的程度也不一样。对各种形式的政府购买,加快形成从需求规划、项目确定、公开招标、合同签订,到项目执行、项目评估、违约条款等购买程序的完整化、制度化管理。最后,完善政府购买公共服务项目评估制度。完善政府购买评估体系,推进第三方评估主体的建设,避免公共服务项目评估过于主观化。通过制度建设,搭建完备的公共服务市场购买体系,降低或消除公共服务购买的"制度模糊性"。

5.3 培育公共服务市场化社会组织建设,注重功能引导,提升参与竞争力

社会组织的发育不足也是我国政府购买公共服务市场化程度不高的重要原因,培育公共服务市场化承接主体,通过规模做大、功能引导,提升其参与竞

争的能力,是推进政府购买公共服务市场化的有效策略。首先,加大市场化承接主体扶持力度,完善扶持政策。目前,我国每万人社会组织个数不足6个,与发达国家有较大差距。一方面,与社会组织发展相关的《社会团体管理条例》制度门槛过高,不利于市场化承接主体的培育,建议适时修订或放宽社会组织准入。另一方面,资金短缺、税费过多已成为影响我国市场化承接主体发展的直接因素,应通过税收优惠、资金补贴、引入社会资本等方式培育一批市场化公共服务承接主体。其次,加快社会组织功能培育。要重点完善市场化社会组织法人治理结构,明确法人主体地位,实现规范运营、规范管理、自负盈亏。重点强化市场化社会组织能力建设,通过人才培育、分类引导、公私合作等措施,强化市场化社会组织专业能力培育。最后,营造公平、公正的社会组织经营环境。赋予不同身份公共服务承接主体一律平等的法律地位,保障市场化组织参与权、公平竞争权,消除不公平竞争的制度门槛。

5.4 优化政府公共服务市场化购买机制,提升政府购买公开透明度

毫无疑问,未来政府购买公共服务的政策走向是市场化,构建规范统一的政府购买公共服务市场化平台、引入多方参与,有利于完善我国的政府购买公共服务市场化机制。首先,探索建立统一的公共服务购买平台,实现政府购买公共服务的统一管理、规范运作。统一政府购买平台有利于规范政府购买信息发布、公开招标、资金预算、绩效评价,避免了各级政府、各部门自行采购的无序性,可通过个别试点、逐级推广稳步推进统一政府购买公共服务平台建设工作,搭建统一的政府购买公共服务平台。其次,探索建立"集中采购为主、自主采购为辅"的购买模式。探索试行一级集中采购(中央)、二级集中采购(省级)政府购买服务机制,降低自主采购比重,集中购买能有效提升购买效率,降低政府购买成本,预防和减少政府购买寻租行为的发生,通过职能集中管理,规范统一集中采购,有效提升政府购买的公平性。最后,积极引入第三方机构、专家决策、市民参与的决策和监督机制。按照公共服务属性,引入专家、媒体、审计、市民等多方参与决策购买、服务提供、绩效评估等环节,提高政府购买、执行和评估的公开透明度,强化政府购买监督。

6 结论

政府购买公共服务市场化是政府购买政策的价值取向,也是未来政府公共服务购买坚定不移的发展方向。本文结合L市民政局政府购买实践,从政府购买需求侧缺陷、供给侧缺陷的角度,阐释了"缺陷叠加"是当前我国政府购买公共服务难以市场化的现实困境之谜。具体来看,"需求侧缺陷"包括政府购买公共服务产品的模糊性、购买制度的模糊性和交易关系的模糊性构成政府购买信息的非标准化,直接影响政府购买公共服务的市场化;"供给侧缺陷"则是指不同社会组织距离政府中心距离的远近直接影响项目获取能力的"先天缺陷",紧密组织依靠与政府购买主体的高度依赖和高度信任具有赢得政府购买的先天优势,独立组织在政府购买中处于相对劣势,往往通过动用"个人关系"获取政府购买,但随意性较大;松散组织介于二者之间。加之,政府高权威和思维惯性往往倾向于"圈内购买",造成政府购买公共服务难以市场化。建议通过建立公共服务市场化清单,明晰公共服务边界;完善政府购买公共服务制度体系,强化制度约束;加大培育社会组织力度,强化功能引导;优化公共服务购买机制,提升竞争购买等举措,破局政府购买公共服务市场化难题。

注释

[1][8]詹国彬.需求方缺陷、供给方缺陷与精明买家——政府购买公共服务的困境与破解之道[J].经济社会体制比较,2013(05):142—150.

[2]范明林.非政府组织与政府的互动关系——基于法团主义和市民社会视角的比较个案研究[J].社会学研究,2010,25(3):159—176,245.

[3]敬乂嘉,胡业飞.政府购买服务的比较效率:基于公共性的理论框架与实证检验[J].公共行政评论,2018,11(03):137—161,212—213.

[4]王浦劬,[美]莱斯特·M.萨拉蒙,等.政府向社会组织购买公共服务研究:中国与全球经验分析[M].北京:北京大学出版社,2010:28.

[5]王名,乐园.中国民间组织参与公共服务购买的模式分析[J].中共浙江省委党校

学报,2008(4):5—13.

[6]韩俊魁.当前我国非政府组织参与政府购买服务的模式比较[J].经济社会体制比较,2009(6):128—134.

[7]邓金霞.公共服务外包中是否存在隐性进入壁垒?[J].中国行政管理,2016(5):53—58.

[9]王丛虎.政府购买公共服务与行政法规制[J].中国行政管理,2013(09):34—37,103.

[10]王向民.中国社会组织的项目制治理[J].经济社会体制比较,2014(5):130—140.

[11]詹姆斯·G.马奇.决策是如何产生的[M].王元歌,章爱民,译.北京:机械工业出版社,2007:41.

[12]孙志建."模糊性治理"的理论系谱及其诠释:一种崭新的公共管理叙事[J].甘肃行政学院学报,2012(3):55—71,127.

[13]本文在组织类型划分上借鉴了美国学者维克提出的"牢靠组织"与"松散组织"理论,并受到李晨行等《科层与市场之间:政府购买服务项目中的复合治理——基于信息模糊视角的组织分析》一文的启发。

[14][16]韦诸霞,周均旭.政府购买社会组织公共服务的三重机制与变革路径[J].求实,2017(12):74—83.

[15]李晨行,史普原.科层与市场之间:政府购买服务项目中的复合治理——基于信息模糊视角的组织分析[J].公共管理学报.2019,16(01):29—40,170.

[17][美]唐纳德·凯特尔.权力共享:公共治理与私人市场[M].孙迎春,译.北京:北京大学出版社,2009:5—14.

[18]宋世明.美国政府公共服务市场化的基本经验教训[J].国家行政学院学报,2016(04):108—113.

[19]李军鹏.政府购买公共服务的学理因由、典型模式与推进策略[J].改革,2013(12):17—29.

后记

　　文化是一个国家、一个民族的灵魂。在当今激烈竞争的市场环境下,企业文化如何将决定一个企业能否生存与持续发展。在新的历史条件下,创新作为发展的第一动力成为共识,在经济发展新常态下体现得尤为充分。创新的背后是众多因素在支撑,但文化的因素是最基础、最根本的。企业是创新的主体,其企业文化的构建决定着创新能否持续,研究此问题由此显得极其必要与紧迫。

　　本研究以对文化的基本构成的分析为基础,从价值观念、制度体系、行为规范、物质载体四个方面,结合与重庆产业特征相似的国内外创新型企业文化中的四个方面进行梳理分析,梳理出具有共性的文化元素,在此基础上与重庆市典型企业中的企业文化进行对比,其目的是寻求新常态下构建重庆企业创新文化的可能的、有效的路径,并提出相应的建议,以此为相关部门在推进重庆市创新文化建设上提供一点参考,是为本研究的初衷所在。

　　本书正文之后收录了8篇论文,其中《缺陷叠加:透视政府购买公共服务市场化困境之谜——基于L市民政局公共服务购买案例的分析》《区域共享视角下影响科技资源持续供给的因素探析——基于公共物品理论的视角》这两篇尚未发表,其余6篇曾分别发表在《科技管理研究》《重庆大学学报(社会科学版)》《科技与管理》《探索》等学术刊物上(具体见各篇篇末的说明),它们均与本书的研究主题相关。在此,我对这些支持我们学术研究成果发表的专业刊物表示谢忱!在收录时,我们根据出版社的相关要求对论文格式进行了相应调整,文字表述也有所改动,但基本观点均保持不变,所涉及数据也以当时的研究为准,特在此说明。

在本研究中我的团队中的博士研究生和硕士研究生在资料收集、实际调研、统计分析方面做了大量初始工作，他们是：向礼晖（参与第二章撰稿）、李文靖（参与第三章撰稿）、刘银（参与第四章撰稿）、庞谦、左粟菡、骆红旭、陈妍西、冉兴萍、冉欢、杨蕾、刘奕岑、卢栎亚、熊彦斌、杨诗雨。研究是一种锻炼，也是一种提升，相信团队成员在此研究中都有心得与收获！

在研究中我们参考了相关同行和学者的研究成果，在此表示感谢！

此研究得到了重庆市中国特色社会主义理论体系研究专项课题"新常态下重庆市创新文化建设的路径研究"（重点委托项目：2016ZDZT07）和中央高校基本科研业务费项目人文社科专项""新时代推进政府购买公共服务市场化机制研究"（项目编号：2019CDJSK49YJ10）的资助，特此感谢！

张礼建

2022年6月18日于重庆大学柏树林高知楼守拙斋